国家社科基金高校思政课研究专项"新时代高校党政领导干部讲思政课常态化机制研究"（项目批准号：20VSZ014）

PHILOSOPHY

人民日报学术文库

新时代高校党政领导干部讲思政课常态化机制研究

麦均洪　王晓丽 | 著

人民日报出版社

北京

图书在版编目（CIP）数据

新时代高校党政领导干部讲思政课常态化机制研究／
麦均洪等著 . —北京：人民日报出版社，2023.12
ISBN 978‑7‑5115‑8107‑5

Ⅰ.①新… Ⅱ.①麦… Ⅲ.①高等学校—思想政治教
育—教学研究—中国 Ⅳ.①G641

中国国家版本馆 CIP 数据核字（2023）第 236022 号

书　　名：新时代高校党政领导干部讲思政课常态化机制研究
　　　　　XIN SHIDAI GAOXIAO DANGZHENG LINGDAO GANBU JIANG SIZHENG KE
　　　　　CHANGTAI HUA JIZHI YANJIU
作　　者：麦均洪　王晓丽

出 版 人：刘华新
责任编辑：曹　腾　季　玮

出版发行：人民日报出版社
社　　址：北京金台西路 2 号
邮政编码：100733
发行热线：（010）65369509　65369527　65369846　65369512
邮购热线：（010）65369530　65363527
编辑热线：（010）65369523
网　　址：www. peopledailypress. com
经　　销：新华书店
印　　刷：三河市华东印刷有限公司
法律顾问：北京科宇律师事务所　010‑83622312

开　　本：710mm×1000mm　1/16
字　　数：268 千字
印　　张：17
版次印次：2025 年 1 月第 1 版　　2025 年 1 月第 1 次印刷

书　　号：ISBN 978‑7‑5115‑8107‑5
定　　价：95.00 元

目　录
CONTENTS

绪　论

一、研究缘起

高校思想政治理论课是事关人才培养的关键性、基础性和战略性课程，长期以来受到党和政府的高度重视。新时代，思想政治理论课（简称"思政课"）更是被提升到立德树人"关键课程"的地位。因此，如何办好思政课，如何让思政课切实发挥育人实效，如何让思政课成为名副其实的"关键课程"，是党和政府以及包括高校在内的各个主体需要深思的现实课题。作为思政课体系的重要构成以及思政课建设的重要环节，高校党政领导干部讲思政课并非现阶段的新生事物，而是我们党自成立以来就非常重视的一项思想政治工作。

在新民主主义革命时期，党的领导人对工农革命群众以及人民军队指战员展开了多种形式的思政课讲授实践活动，尤其是在延安革命根据地建立后，党的领导干部亲自登台讲思政课逐渐形成一项制度予以确立。新中国成立后，党政领导干部讲思政课的优良传统得以传承和发扬，其目的也已经转变为加强思想政治理论课建设和发展的一项重要内容，为新中国建设思想政治理论学科体系并培养社会主义建设人才发挥了重要作用，尤其是有效缓解了新中国成立后一段时期思政课教师严重匮乏的问题，有力地保障了思想政治理论课程及学科体系的建设和发展。改革开放后，党政领导干部讲思政课的使命和目标也发生了全新的转变，逐渐演化为思想政治理论课教学的重要补充和强化思想政治理论课建设领导体制的重要内容。这一转变，为提升思想政治理论课实效性，发挥思想政治理论课育人功能，保障思想政治理论课的正确发展方向、立场提供了有力支持，也为培养建设中国特色社会主义事业的接班人发挥了重要作用。这一阶段，党政领导干部讲思政课的课程建设职能转向为培育时代新人的育人功能。

新时代，高校党政领导干部讲思政课被赋予新的价值指向，更加强调其作为加强党对思想政治理论课建设领导的重要内容，正如习近平总书记指出："学校党委书记、校长要带头走进课堂，带头推动思政课建设，带头联系思政课教师。"① 高校党政领导干部讲思政课在新时代所担负的重要使命，要求我们必须不断完善这一制度，畅通其运行机制，更好地发挥其效应。当前，虽然高校党政领导干部讲思政课在制度上得以确立，保障其运行的各种机制也在逐渐建构和完善，实践层面的实施也已经全面展开，相应地，理论研究也不断得到重视，产生了一系列重要理论成果和现实实践范例。但是，整体来看，高校党政领导干部讲思政课实践存在主体、介体和客体等不同层面的问题，还需要不断地加以完善和强化，才能更好地适应社会主义现代化建设对于高校思想政治理论课持续创新和发展的需求。基于此，本研究选择事关高校党政领导干部讲思政课更为基础、更为关键的制度层进行研究，从高校党政领导干部讲思政课常态化机制建构入手，从历史的、理论的和现实的三重维度出发进行研究，以充实和丰富当前关于高校思政课建设的埋论内容，也为高校党政领导干部讲思政课的实践机制提供一些有益的启示。

二、研究意义

高校思想政治理论课是落实"立德树人"根本任务的关键课程。高校党政领导干部讲思政课作为高校思政课建设的重要构成，从授课主体、授课内容、授课方式等不同方面为新时代高校思政课的创新和发展提供动力。因此，本研究基于历史、理论和现实三重维度，系统梳理高校党政领导干部讲思政课的理论渊源，深入分析高校党政领导干部讲思政课的历史进程和现实实践，在此基础上建构高校党政领导干部讲思政课常态化机制，为新时代高校思想政治理论课建设，为高校党政领导干部讲思政课实践的规范化发展，提供一定的理论价值和现实价值。

（一）理论意义

通常来看，高校党政领导干部讲思政课主要聚焦于实践层面，作为传统思

---

① 《习近平谈治国理政》（第三卷），北京：外文出版社，2020 年，第 331 页。

政课堂教学的重要补充，发挥完善和丰富思政课教学体系的作用。事实上，高校党政领导干部讲思政课蕴含着丰富的理论资源价值，对其研究有利于在理论层面认识和把握其发展规律，并为上好思政课提供理论指导。

1. 拓展了高校思想政治理论课研究视域

关于高校思想政治理论课（简称"思政课"）的研究一般着力于课程本身的分析，从思政课育人价值、课程教学内容、教学方法、教学模式、教学评价和考核等不同方面进行探讨，这些研究领域虽然涉及了高校思政课建设方面的重要内容，但在一定程度上忽视了高校党政领导干部在思政课建设过程中的重要领导价值，更缺乏相关的制度性分析。同时，关于高校党政领导干部讲思政课的研究，大多分散于高校思政课建设研究的不同专题内容，且往往粗略地进行简单描述，缺少对其重要作用的理论研究。因此，本课题专门以高校党政领导干部讲思政课为主题，从高校党政领导干部讲思政课常态化机制分析和建构着手，对高校思政课建设进行制度性分析，形成高校思政课建设研究的专门视域，拓展高校思政课建设相关问题及其价值的研究领域。

2. 深化了高校党政领导干部讲思政课的专题研究内容

当前，学术界关于高校党政领导干部讲思政课的专题研究，基本是以"价值-问题-对策"为逻辑主线展开，通常是从领导干部讲思政课实践中发现问题、分析问题，最后较为针对性地解决问题。还有一些研究是以课题组形式，通过实证调研，以期通过数据形式较为客观地呈现党政领导干部讲思政课的问题。但是，这些研究偏重于进行宏观性分析，以求在理论层面全面研究党政领导干部讲思政课，而缺乏对其进行微观层面的具体分析，呈现出"空洞""不实"等研究印象。因此，本课题聚焦于高校党政领导干部讲思政课常态化机制的建构分析，着力于从体制机制的制度层面进行研究，从历史、理论和现实三重维度展开，以期清晰地梳理高校党政领导干部讲思政课常态化机制的演进过程、理论渊源和现实实践，深化当前关于高校党政领导干部讲思政课的内容研究。

（二）实践意义

本课题通过建构高校党政领导干部讲思政课常态化机制，对于高校党政领导干部讲思政课从顶层设计到高校层面的具体实施，都具有一定的实践意义。首先，高校党政领导干部讲思政课已经得到中央的高度重视，通过不同政策文件的出台，基本形成高校党政领导干部讲思政课制度的"四梁八柱"，为其具体实施提供了制度保障。但是，这些制度层面的规定通常是宏观性的描述性文本，对于高校党政领导干部讲思政课的具体实施缺乏体系化运作机制的设计，例如制度保障如何实现、监管效应如何发挥、评价反馈是否通畅等，相关机制的缺失极易导致高校领导干部讲思政课过程中出现形式化、运动式、主观化等问题，偏离高校党政领导干部讲思政课制度设计的初衷。因此，本课题通过体系化建构高校党政领导干部讲思政课常态化机制，为顶层设计提供一定的参考，一定程度上为未来高校党政领导干部讲思政课更为规范化、更为成熟、更为持续展开提供体制机制保障。

其次，高校党政领导干部讲思政课在具体实施过程中，地方政府负有直接的领导和监管责任。地方政府应对属地高校在实施这一制度过程中，加强领导，保证其按照顶层设计的预定目标和规划路线持续推进，同时，为高校党政领导干部讲思政课提供有力的政策支持、物质保障和人员支持等，提升高校党政领导干部讲思政课的实效性。当前，各地基本都出台了针对性的制度措施，以保障属地高校领导干部讲思政课的规范化运行。但是，地方政府通常从"存在与否"的制度前端进行介入和参与，对于制度实施过程、实施结果等中端和末端涉及不多，例如，不同地方具有差异化的区域经济、政治、文化等特色，如何在国家整体框架内更为凸显本地特色，高校领导干部讲思政课如何更有效地实施，实施后的效果如何，怎么评价反馈以更好地提升高校党政领导干部讲思政课实践的质量，等等，这些涉及机制层面的问题，当前依然未得到应有的关注和重视。因此，本课题所建构的高校党政领导干部讲思政课常态化机制，将地方政府主体纳入整体体系范畴，对于地方政府在高校党政领导干部讲思政课机制运行的过程中所应发挥的效应、承担的责任及相关行为的实施进行了相应的设计，为接下来地方政府更好地谋划属地高校党政领导干部讲思政课的蓝图，更好地发挥其效力提供一定的思路和指引。

最后，高校作为党政领导干部讲思政课实践机制运作的直接场域，它在领导干部讲思政课常态化机制的整个运行过程承担着核心主体角色。当前，各个高校都在中央和地方的制度框架内实施了领导干部讲思政课，在师生中取得了较大反响，整体达到预期效果。但是，高校党政领导干部讲思政课在具体运行过程中，也产生了一系列问题，如何更好地应对这些问题以发挥高校党政领导干部讲思政课的实效，成为高校思政课建设亟须考虑的问题。基于目前高校党政领导干部讲思政课的现状，一些高校形式化问题明显，集中于"是否存在"，仅仅依据相关制度规定，安排领导干部讲思政课，具体怎么讲、主题如何选择、受众覆盖率如何、师生评价如何、怎么改正等一系列关涉高校党政领导干部讲思政课质量的问题，缺乏清晰的制度规划，"一讲了事"成为部分高校和一些高校党政领导的真实写照。同时，高校党政领导干部讲思政课绝不仅仅关涉领导干部个人，需要发挥高校不同部门不同主体的共同合力，而很多高校存在不同部门"各自治水"的碎片化问题，极易导致高校党政领导干部讲思政课的无效困境。因此，本课题在建构高校党政领导干部讲思政课常态化机制过程中，重视对主体运作模式的研究，将发挥不同主体的协作合力视为机制运作的首要环节，其次对于高校主体如何实施不同的运作机制进行设计，为高校更为精准地实施党政领导干部讲思政课建言献策，提升高校党政领导干部讲思政课的实效性。

三、研究现状

党政领导干部讲思政课制度的出台及实施，引起了学术界的广泛关注，学者们从不同视域展开分析，形成了一系列富有价值的理论成果，为党政领导干部讲思政课的实践提供了有力的理论支撑。通过搜索相关著作、文章等文献发现，当前，还未出现专门研究高校党政领导干部讲思政课的系统理论成果。对于高校党政领导干部讲思政课的研究，主要以网络理论频道和报刊文章的形式存在，少数研究散见于一些著作的个别章节。基于高校党政领导干部也属于我国领导干部体系的重要组成部分，因此，本研究以"领导干部上讲台""领导干部讲思政课"等为关键词，搜索各式文献60余篇。通过文献梳理可知，当前，学术界关于党政领导干部讲思政课的研究，主要从以下几方面展开。

（一）关于党政领导干部讲思政课价值的研究

党政领导干部讲思政课既是中国共产党的优良传统，也是新时代我国高校思想政治理论课改革创新的必然要求。因此，学者们从不同维度，基于不同视角，对党政领导干部讲思政课的重要价值进行了阐述。

1. 关于促进党的建设的研究。祝彦认为，领导干部上讲台在党的历史、党的建设发展中，起着十分重要的作用，是建设马克思主义学习型政党的"催化剂"；是全面从严治党的"强抓手"。① 孔祥宇则更为具体地分析了党在延安时期，领导干部上讲台的优良传统对党的建设的重要意义。他指出，延安时期党的各级领导干部登上讲台，产生了深远的影响，有效推动了党的建设这个新民主主义革命胜利的"法宝"；消除了党内各种错误思想，使党的建设进一步走向成熟；培养了相当的具有先进理论和丰富实践的党政军干部，为抗战的胜利奠定了主体性的领导基础。因此，延安时期党的各级领导干部登上讲台，对于推进革命根据地建设和战争的胜利发挥了重要的引领作用，同时，其所蕴含的优良传统和先进经验也对当前高校党政领导干部讲思政课实践提供了重要的借鉴。② 刘建国从领导干部讲思政课对领导干部自身发展的重要作用出发，强调领导干部带头讲思政课，具有重大的历史和现实意义：首先，它是继承和发扬党的思政工作优良传统的体现；其次，是提高领导干部自身政治素质和理论水平的体现；最后，是加强领导干部思想作风建设的体现。③

2. 关于促进思政课内涵式发展的研究。一方面，一些学者从思政课内涵式发展的过程性角度进行分析。张振芝认为，党政领导干部讲思政课从纵向上有利于统筹推进大中小学思政课一体化建设；从横向上有利于促进课程思政与思政课程、思政课主客体协同发展。④ 于政泉、李福岩指出，党政领导干部讲思政课首要的是聚焦于精品思政课的建设，以其为核心要点和基础，用新时代的新思想、精品课程的力作铸魂育人。其次，聚焦于丰富思政课的形式建设，将其作为关节点进行精准发力，推动思政课建设的形式化创新。再次，推动思政课建设的内涵式发展，由量的提升转变为质效的实现，并加强对教师的引领，凝聚起合力促进思政课建设的改革创新。最后，从"小处着手"，着眼于具体问题

① 祝彦：《"领导干部上讲台"是党的优良传统》，北京：《人民论坛》，2017 年第 4 期，第 26-27 页。

② 孔祥宇：《从延安时期干部上讲台活动中学些什么》，北京：《人民论坛》，2017 年第 4 期，第 28-29 页。

③ 刘建国：《高校领导干部要带头讲好思政课》，贵阳：《贵州日报》，2019 年 7 月 24 日，第 12 版。

④ 张振芝：《党政领导干部讲好高校思政课的三重维度》，武汉：《学校党建与思想教育》，2021 年第 19 期，第 66-69 页。

的发现和分析，并提出切实举措予以解决。① 冯刚认为："要落实高校党委书记是思想政治理论课建设第一责任人的责任和校长负起政治责任和领导责任，进一步完善思想政治理论课教学工作制度，建立健全教学督导机制。要加强各地党委教育工作部门对属地高校思想政治理论课教学工作的统筹管理，结合实际制定政策、创造条件，从整体上提升思想政治理论课教学质量。"② 另一方面，部分学者从思政课内涵式发展的结果性角度进行分析。权麟春将高校党政领导干部讲思政课作为高校思政课建设质量评价体系的重要指标，明确指出："高校党委书记、校长作为思想政治理论课建设第一责任人，要带头走进课堂听课、讲课，结合自身学科背景和人生阅历每学期至少给学生讲授 4 个课时的思想政治理论课……学校领导班子其他成员每学期至少给学生讲授 2 个课时的思想政治理论课，可重点讲授'形势与政策'课。学校每学期上'党委书记、校长思政第一课'，各学院结合各自专业，每学期上'书记、院长思政（或课程思政）第一课'。"③ 基于这一指标的要求，评价高校思政课建设质量。

3. 关于提升高校思想政治工作实效性的研究。首先，一些学者从宏观上分析了高校党政领导干部讲思政课对高校思想政治工作的重要意义。麦均洪从推进高校党政领导干部上好思政课常态化机制建设的重要意义出发展开论述，他认为，推进高校党政领导干部讲好思政课是发挥思政课"育人""树人"功能的必然要求；是高校党委书记重大而光荣的时代使命与职责所在；是高校党委立足本职、旗帜鲜明地加强思想引领的坚实保障；是高校党委全面加强思想政治建设的工作阵地和重要抓手；是提升师生政治素养和本领最直接、最有效、最快捷的机制；是思政工作系统中问题反馈机制的重要体现与建构应用。④ 陈胜利认为，领导干部上讲台具有重要的意义和作用：第一，改变师资单一的格局，

① 于政泉、李福岩：《不断深化认识 探索新机制 形成新常态——关于领导干部带头讲好思政课的再思考》，沈阳：《辽宁教育行政学院学报》，2020 年第 4 期，第 65—68 页。
② 冯刚：《改革开放以来高校思想政治教育发展史》，北京：人民出版社，2018 年，第 107 页。
③ 权麟春：《新时代高校思想政治教育工作质量评价研究》，北京：中国社会科学出版社，2021 年，第 179 页。
④ 麦均洪：推进高校党政领导干部上好思政课常态机制建设［DB/OL］. https://m.gmw.cn/baijia/2020-06-29/33949753.html，2020-06-29.

打破思政课教师在知识体系和实践经验领域的局限性。第二，丰富思政课教学的内容。领导干部通常具有较为丰富的理论知识和实践经验，尤其是对于现实中的一些问题，能够以生动形象的语言和案例进行分析，对于热点和难点的社会问题，也表现出深刻的见解与有效的应对能力。第三，更好地促进管理工作。党政领导干部在思政课教学的过程中，能够补充以往所缺失的更为先进性和紧贴时代性的理论知识，更好地开阔理论视野，提升自身的理论素养，有利于以更为科学的方式和方法进行管理实践，提升管理成效。第四，倒逼领导干部加强学习。领导干部上讲台需要凭真才实学来体现"讲"的水平，这就要求领导干部要舍得花时间，倒逼自己努力学、刻苦学。第五，更好地联系群众。领导干部通过亲自讲思政课，有利于更加直接地面对师生群体，加强相互间的交流，提升群众工作的实效。①

其次，一些学者从微观上分析了高校党政领导干部讲思政课对高校思想政治工作的重要意义。郭凤至基于高校思想政治理论课教师队伍完善的视角，指出："国家支持高校有关校领导、哲学社会科学教师、辅导员班主任骨干兼任思想政治理论课教师，鼓励、支持、推动主渠道与主阵地两支队伍的有机融合。"② 程贵林、张海丽认为，高校中包括党政领导、思政课教师、行政管理人员、哲学社会科学教师等相关主体，都应积极参与和承担思政课的教学。通过聘请有关专家学者、学校和地方党政领导、先进模范人物任兼职教师，发挥他们的知识优势，能够有效提高教育的知识含量。③ 冯刚、张晓平、苏洁指出："高校思想政治教育人员结构日益呈现出稳定化、成熟化和多元化的特征。""高校领导班子成员不仅要负责思想政治教育管理，而且也要参与思政课教学工作。"④

---

① 陈胜利：《提倡和推动领导干部上讲台》，北京：《思想政治工作研究》，2014年第3期，第28页。
② 郭凤至：《高校思想政治理论课程建设研究》，北京：北京师范大学出版社，2019年，第209页。
③ 程贵林、张海丽：《高校思想政治理论课改革与创新》，北京：中国财富出版社，2020年，第307页。
④ 冯刚、张晓平、苏洁：《中国共产党高校思想政治教育发展史》，北京：人民出版社，2021年，第427-428页。

（二）关于党政领导干部讲思政课存在问题的研究

新时代，党政领导干部讲思政课对高校思想政治理论课建设发挥了重要作用，但是，在具体的实施过程中，也产生了一系列问题，学者们对这些问题展开分析，以期提出有针对性的解决措施。整体来看，学者们主要分析了当前领导干部讲思政课过程中所存在的以下问题：制度不健全、体制机制不完善、领导个人主观意愿和能力方面的问题。王再新、王意超认为，当前部分领导干部不重视上讲台，缺乏主动性与积极性。具体来看，首先，体制机制建设不完善。顶层设计缺乏整体性，监督机制不完善，考核机制不健全。其次，领导干部上讲台的覆盖面不足。一方面，多数学生难以到现场听课；另一方面，现场互动不够。最后，领导干部上讲台的吸引力较弱。在主观方面，一些领导干部的主动性和积极性不强，没有将思政课教学纳入自己的工作职责范围。在客观方面，一些领导干部由于缺乏讲思政课的经验，在授课形式上缺乏艺术性，在授课方法和载体上较为单一，仍然像思政课教师教学那样以课堂形式为主，难以调动学生的兴趣，使得思政课实效性缺乏。① 黄建认为，党政领导干部讲思政课在领导干部自身的主观方面以及授课过程的客观方面和制度保障层面都存在一定的问题。第一，缺乏党政领导干部讲思政课的具体可操作性制度规定。对于讲课主体、授课内容、授课方式等核心要素，都未能进行明确清晰的规定。第二，在主客观方面，党政领导干部讲思政课还存在一些难题。一是领导干部在主观心理上缺乏对思政课建设重要意义的深刻认识，只是将其当作一门普通知识性课程对待，对其价值性意义明显缺乏了解，因而在实践中就表现出各种行为和心理上的轻视；二是领导干部上讲台亦缺乏系统的机制保障，具体表现为在顶层设计层面缺乏统一的一体化制度体系，使得各地高校在具体实施过程中普遍表现出空档化、碎片化和随意化等问题。② 人民论坛课题组通过实施"领导干部上讲台：现状调查与发展建议"项目，以调查数据的形式较为客观地指出当前领导干部上讲台所存在的问题：从主观方面来看，个别领导干部不知讲什么、

---

① 王再新、王意超：《领导干部上讲台的价值意蕴与实践理路》，北京：《中国高等教育》，2020 年第 5 期，第 26-28 页。

② 黄建：《健全优化领导干部上讲台制度》，北京：《中国党政干部论坛》，2019 年第 8 期，第 77-80 页。

讲多深，因而不愿登台；从客观方面来看，党政领导干部讲思政课缺乏相应的体制机制保障，尤其是授课效果如何，缺乏评价和跟踪机制，使得无法进行有效的反馈，极易导致这一常态化机制陷入形式化的窠臼。①

（三）关于党政领导干部讲思政课提升路径的研究

针对领导干部讲思政课过程中存在的问题，学者们从不同维度出发，具有针对性地提出了相关改进措施。从制度和体制机制的完善、领导个体的主观意识和客观能力的提升等方面，具体提出了相应的对策建议。

1. 关于完善领导干部讲思政课制度的研究。制度发挥着更为基础、更为有力的作用。学者们高度重视领导干部讲思政课的制度建设。周少来指出，领导干部上讲台，应有常态化、长效化的制度安排保障，具体应着力于以下制度建设问题：第一，制度内容体系必须加以明确的规定，针对具体情况应进行分类处理。在关于党政领导干部这一主体方面，应当基于其现实性进行具体要求，例如：基于在职、退休离职、官转学等不同情况，进行更为详细的规定和规范。第二，应明确严禁"变相行贿"和"利益输送"，强化监督制度体系的建立和运作，以规范化、法治化的完善的制度防范违规违法行为的产生。第三，完善制度体系，以推进更为公开、透明的常态化监督。整体来看，党政领导干部讲思政课必须建立和健全其制度体系，以更好地保障其长效实施。② 江俊文指出，建立和完善党政领导干部讲思政课的体制机制，才能为其有效运作提供坚实的保障。首先，制度的整体性建构。党政领导干部讲思政课是一项系统工程，因此，必须在党委的统一领导下，整合地方政府部门以及高校内部教学、教务、行政等思政课教学相关部门，将党政领导干部讲思政课纳入高校的顶层设计，进行全局性考量。其次，制度的具体性建构。在高校党政领导干部讲思政课常态化机制的实施过程中，围绕教学的核心地位进行具体的制度建构，保障和强化部门间的合作，共同推动教学计划及其实施方案的制定。最后，制度的个体性建构。针对党政领导个体，完善相应的联系制度，加强思政课的受众与思政

---

① 人民论坛"特别策划"组：《关于领导干部上讲台——当经验丰富的一方官员遇上思想活跃的青年学子》，北京：《人民论坛》，2017年第4期，第12—13页。

② 周少来：《领导干部上讲台应有长效制度安排》，北京：《人民论坛》，2017年第4期，第38—39页。

课教学主体的领导干部之间的沟通和联系，基于一定的课程需求，协调好两者之间的具体教学关系。① 林华珍指出，全面推行领导干部上讲台制度应从以下几方面入手：第一，将制度建设置于先行位置，通过建立和完善党政领导干部讲思政课制度，助力和深化党的建设相关制度的改革和发展。第二，将方式和方法的创新置于重要位置，通过制定党政领导干部讲思政课的具体计划，以师生需求为授课导向，综合和创新如启发引导、案例分析等多样化的教学方法，吸收其他地区和高校的先进做法，以具有实效性的方式和方法打造以高校党政领导干部为主体的思政"金课"。第三，加强监督，严格考核。采取有效的激励和约束措施，建立相应的考核机制，推动领导干部上讲台由"软任务"向"硬指标"转变。②

2. 关于完善体制机制的研究。学者们非常关注领导干部讲思政课相关机制的运行对其效应的直接影响，希望通过建构和畅通领导干部讲思政课常态化机制，保障其积极效应的发挥。陈华、张志鹏等认为，领导干部上讲台还存在一些难点问题，例如：部分领导干部存在主观思想障碍，部分高校存在行政思维阻碍，运行保障机制还需进一步完善等。为解决这些问题，必须构建领导干部上讲台常态化运行机制，即提升领导干部的理论水平和治理能力，建立和完善相应的制度体系，进一步完善领导干部讲思政课的协调机制，将领导干部上讲台纳入高校思政课实践教学体系，抓好关键环节的全流程规范化管理。③ 李俭认为，党政领导干部讲思政课本身属于思政课建设的重要构成元素，因而，它不是暂时性、边缘化的无关紧要的实践机制，而是必须常态化、长效化的重要的实践机制。基于此，必须建立相应的制度保障机制，确保党政领导干部讲思政课常态化机制的有效运作和可持续性发展。首先，形成轮流登台制度。不同的党政领导干部都应承担一定的思政课讲学责任，轮流登上讲台为师生讲课。其次，建立领导干部讲学评价机制。通过对领导干部授课效果实事求是进行评估，

① 江俊文：《领导干部上台讲课"点亮"思政课实践教学》，北京：《思想理论教育导刊》，2016 年第 5 期，第 117-119 页。

② 林华珍：《推动领导干部上讲台的实践与思考》，郑州：《领导科学》，2019 年第 7 期，第 79-81 页。

③ 陈华、张志鹏等：《党史学习教育视野下领导干部上讲台常态化机制研究》，武汉：《学校党建与思想教育》，2021 年第 18 期，第 47-49 页。

发现问题，以利改进。最后，建立领导干部讲学考核机制。基于党政领导干部讲课实际，作为其考评的重要内容，纳入领导干部的考核评价体系中。① 饶明奇、张鑫从不同实施主体的视角，探索建构党政领导干部讲思政课的长效机制：从党政领导干部的视角来看，主要着力于完善促学机制，即强化干部主体责任，完善学习考评机制，完善全程调研机制，完善集体备课机制，创新教学方法手段。从各级党委政府的视角来看，主要着力于加强组织领导，即明确指导思想和基本原则，建立优秀干部教师资源库，建立整体规划制度，完善各方协作机制，完善督查督导机制，建立激励约束机制。从高校视角来看，主要着力于建构工作机制，即主动联络对接机制，教学组织管理机制，常态化调研机制，质量评估反馈机制，资源共享互补机制。② 程伟指出，应当不断建立和完善党政领导干部讲思政课的制度体系，通过制度性的规范和约束，激发党政领导干部讲思政课的内生动力，使其更加积极主动地参与到思政课建设中。③

3. 关于领导干部客观能力提升的研究。党政领导干部客观能力的强弱直接影响思政课授课效果。学者们主要从讲课载体、授课方式方法等方面进行探讨。熊光清指出，党政领导干部讲思政课实效性提升的一个重要方面，就是着力于授课方式和方法的创新。因此，领导干部可通过课堂教学，举办工作现场会、座谈会或者研讨会等方式进行。④ 人民论坛课题组通过问卷调查和深度访谈的调研发现，受访公众对于领导干部讲课形式的选择，排在前三位的分别是：70.5%的人支持"以主题报告会形式开展，听众可自由提问"；59.6%的人支持"以公开课的形式开展，不定期面向高校全体师生开放"；50.6%的人支持"以讲座形式开展，学生可按照上课时间自愿参与"；部分受访者认为应当充分发挥信息技术工具的优势，利用微信、慕课等网络平台展开思政课教学。因此，互

---

① 李俭：《领导干部走向大学讲台的重大意义》，北京：《人民论坛》，2017 年第 4 期，第 20-22 页。

② 饶明奇、张鑫：构建党政领导干部到高校讲思政课长效机制［DB/OL］. http：// www. dangjian. cn/shouye/sixianglilun/lilunqiangdang/202203/t20220310 _ 6312673. shtml, 2022-03-10.

③ 程伟：《领导干部上讲台的实践及思考》，延安：《中国延安干部学院学报》，2016 年第 2 期，第 68-71 页。

④ 熊光清：《创新领导干部上讲台的方式方法》，北京：《人民论坛》，2017 年第 4 期，第 36 页。

动环节的设置与充实，是领导干部上讲台不可或缺的组成部分。① 姜朝晖认为，省市领导干部带头给大学生讲思政课，要谨防高谈阔论流于形式，也不能成为政策性的文本宣讲说教，高校应起到督促作用，就如何上好一堂思政课，加强同领导干部的沟通交流。② 吴海江认为，领导干部上讲台，应进一步提升高校思想政治教育的亲和力、针对性、实效性。第一，要防止官话套话，照本宣科，注意官方话语向课堂话语的切换，针对学生群体的理论与现实的需要，切中学生群体的关注点。第二，在具体讲课过程中，领导干部应当采取更为生动形象的形式，如幽默的语言、多样化的技术工具、丰富的可视化的案例视频等，更好地启发学生，吸引学生。第三，党政领导干部应当收集师生关于讲课主题以及相关素材方面的需求，基于问题导向，通过自身的知识和经验，更加清晰地分析现象中隐藏的本质，提升思政课的实效。第四，要防止高谈阔论，夸大成绩，回避现行政策或制度存在的问题。③

4. 关于领导干部主观情感提升的研究。一些学者着力于党政干部"如何讲"思政课，从讲思政课的实效性出发，探索领导干部"寓情于课"的途径。霍庆生认为，党政领导干部讲思政课应讲出独具特色的味道。第一，讲出"信仰的淳味"。让广大青少年学生增强对马克思主义的认知，领会马克思主义的真理力量，自觉树立起对马克思主义的信仰。第二，讲出"信念的党味"。让青少年从意识方面认可党，从情感方面亲近党，在浸染熏陶中明理增信、崇德力行。第三，讲出"内容的趣味"。兴趣激发，是党政领导干部讲好思政课的关键所在，要避免课堂样板化和程式化，力求个性鲜明，有滋有味。第四，讲出"严教的辣味"。党政领导干部讲思政课，要切实做到"严而有道"，在"严于师"和"严于学"中体现"辣味"。第五，讲出"不绝的回味"。党政领导干部讲思政课，可以精心设计充满美感的专题课，把理论之魂与艺术之美融合，让青少

---

① 人民论坛课题组：《为什么要上讲台？怎么讲受欢迎？》，北京：《人民论坛》，2017 年第 4 期，第 14-17 页。

② 姜朝晖：《领导干部上讲台值得期待》，北京：《中国教育报》，2015 年 8 月 10 日，第 2 版。

③ 吴海江：《防止官话套话，提升亲和力和针对性》，北京：《人民论坛》，2017 年第 4 期，第 30-32 页。

年在美轮美奂的意境中学思践悟，让经典的理论产生余音绕梁的效果。① 陈超凡认为，地方党政领导干部讲思政课要有根有魂，让思政课有政治高度：地方党政领导干部具有特殊的人生体验，要发挥政策水平较高、实践经验丰富、站位视野开阔的优势，用真理的力量感召学生，以深厚的理论功底赢得学生。要有来有往，让思政课有格局广度：地方党政领导干部要树立宽广的视野，善用"大思政课"铸魂育人，把思政小课堂同社会大课堂结合起来。要有滋有味，让思政课有理论深度：地方党政领导干部要基于马克思主义这一科学理论体系，通过理论阐释现实，关切现实，解决实际问题，同时，创新思政课教学内容和方法，不断增强思政课的理论性和亲和力，让学生学习既感受"新鲜美味"又保证"营养健康"。要有情有义，让思政课有思想温度：地方党政领导干部应厚植家国情怀、传道情怀、仁爱情怀，对思政课投入真情实感，对讲授内容高度认同，对传递的价值坚信不疑，用心用情用力讲好思政课，有效激发学生思想的律动、心灵的涟漪和灵魂的共鸣。②

5. 关于领导干部讲思政课的学理性分析。一些学者从历史发展和现实维度探寻党政领导干部讲思政课所蕴含的理论脉络，从学理性分析视角研究领导干部讲思政课的演变与发展。其一，探索领导干部讲思政课实践所蕴含的理论脉络。张振芝基于习近平总书记关于领导干部讲思政课的重要论述，探寻了其所蕴含的深层次逻辑理路，具体包括：逻辑起点——深刻把握新时代世情、国情、党情新变化；逻辑重心——突出青少年生力军和领导干部先锋力量双重维度；逻辑主线——思政课"是为何"以及领导干部"如何为"；逻辑归宿——提升领导干部在思政课上的引导力以筑牢意识形态前沿阵地。③ 其二，分析领导干部讲思政课实践的历史脉络。麦均洪分析了改革开放 40 多年来，高校建立中国特色的党政领导干部讲思政课的常态化机制的发展历程，整体上包括三个阶段：第一阶段，以重视马列课程教学为主要目的，要求高校领导干部上好思政课。

---

① 霍庆生：党政领导干部讲思政课的"五味"育人 [DB/OL]. https：//m. gmw. cn/baijia/2021−05/10/34833426. html，2021−05−10.

② 陈超凡：地方党政领导干部讲好思政课应把握哪些方面 [DB/OL]. http：//theory. people. com. cn/n1/2021/0519/c148980−32107793. html，2021−05−19.

③ 张振芝：《习近平关于领导干部讲思政课重要论述的逻辑理路》，武汉：《湖北社会科学》，2022 年第 2 期，第 150−156 页.

第二阶段，从加强高校思政课教师队伍建设层面，对高校领导干部上好思政课提出了组织、领导和实施要求。第三阶段，从创新高校思政课教学模式与效果方面，对高校领导干部上好思政课提出了明确具体的硬性要求。①

（四）研究述评

基于历史逻辑、理论逻辑和现实逻辑分析党政领导干部讲思政课相关研究成果可知，学术界总体上廓清了其理论渊源、历史演变和具体实践，为本课题的研究提供了坚实的理论基础。

第一，在理论研究方面。现有研究成果对马克思主义经典作家关于教育无产阶级群众的观点、关于理论掌握群众的思想等进行了较为细致的总结和分析，在此基础上，梳理了中国共产党领导人对于党的领导干部讲思政课的观点和看法，总结了党在革命、建设和改革不同时期关于党的领导干部讲思政课的传统，同时，探究了新时代党政领导干部讲思政课实践所蕴含的理论逻辑，形成了比较完整的关于党政领导干部讲思政课的理论体系，为本课题的研究提供了新的理论视域，奠定了坚实的理论基础。

第二，在政策研究方面。现有研究成果较为清晰地梳理了不同时期中国共产党关于党政领导干部讲思政课的相关政策，呈现了自党成立以来对党政领导干部讲思政课实践和制度发展的全过程，充满着丰富的经验教训。事实上，自中国共产党成立之时起，党的领导干部讲思政课实践就与党的理论发展和革命实践探索紧密相联，随着党的理论和实践发展及创新而不断发展完善，现有研究成果形成了关于党政领导干部讲思政课的革命实践导向、课程建设导向、队伍建设导向和教学方式创新导向四个发展历程，为本课题提供了明晰的历史研究线索，在此基础上，本课题进一步深化现有研究成果，聚焦党政领导干部讲思政课常态化机制的演进历程，探索其历史发展规律。因此，已有研究为本课题奠定了坚实的历史基础。

第三，在现实实践方面。学者们普遍认识到，党政领导干部讲思政课，既为高校思想政治理论课的改革创新带来新动能，发挥较大的自身优势，但是，

① 麦均洪：发扬优良传统 深入推进高校领导干部上好思政课的长效机制建设［DB/OL］.http：//www.dangjian.com/shouye/sixianglilun/lilunqiangdang/202006/t20200623_5685733.shtml，2020-06-23.

也随着实践的深入而产生诸多问题。因此，学者们从主体、介体和客体三个层面，较为翔实地分析了当前所存在的一系列问题，同时，也不断地创新研究方法，加入实证分析，以更为客观地呈现问题之所在，据此提出针对性措施。整体上来看，现有研究成果具有可供借鉴的丰富的现实价值，为本研究建构分析框架奠定了现实基础。

当然，现有研究成果也存在不足之处，成为本课题进一步研究过程中需要关注和应对的重要问题。通过这些问题的分析，本课题认为，高校党政领导干部讲思政课常态化机制在未来的研究中，应当着力于以下几个方面：

首先，如何深入挖掘和形成关于高校党政领导干部讲思政课的完整的理论体系。现有研究对于马克思主义经典作家和中国共产党领导人的相关思想观点进行了梳理，但是，这些理论的应用更多地表现为普遍意义，即适用于整个教育实践。因此，当前的理论阐释成果缺乏对于相关理论的深入挖掘，尤其是缺乏高校党政领导干部讲思政课常态化机制建构相关的理论研究，使得现有的理论阐释无法发挥其支撑作用。未来，深刻分析马克思主义经典作家关于党政领导干部讲思政课的理论观点，深刻分析中国共产党领导人关于高校党政领导干部讲思政课的理论观点，尤其是关于建构高校党政领导干部讲思政课常态化机制的思想观点，形成更具体系化、针对性的理论体系，应是包括本课题作者在内的这一领域研究者们需要重点关注的一个重要内容，也是极具价值的重要领域。

其次，如何对待高校党政领导干部讲思政课发展历史过程中的共性和个性问题。现有研究成果主要呈现出对高校党政领导干部讲思政课历史演进过程的现象呈现，局限于"是什么"的梳理。但是，高校党政领导干部讲思政课在不同历史阶段必然表现为不同特征，蕴含不同的价值导向，例如，在革命年代，中国共产党还未夺取全国政权，党在革命根据地建立的不同性质的大学，以及地下党在国统区高校所进行的宣传教育等实践，与新中国成立后党政领导干部讲思政课所面临的高校性质、学生构成等完全不同，那么，这些完全不同的差异之间，以及差异之外的共性之间，到底有何联系，为后来高校党政领导干部讲思政课的发展提供了何种意义等，这些都需要进行进一步的研究和揭示。本课题虽然关注到这一问题，并在第一部分进行了相关的历史梳理，但是，对于共性和个性之间联系的详细分析，还存在进一步研究的空间。

最后，如何坚持问题导向，形成更具现实价值的高校党政领导干部讲思政课常态化机制。现有研究大多关注到了制度层面的问题，也提出了当前党政领导干部讲思政课实践在制度领域存在的诸多问题，但是，这些问题更多是宏观描述性的，因此，提出的相应制度体系和机制运作的措施也极具宏观性，这些制度和机制如何形成，怎么运作，如何发挥效应等，现有研究缺乏相关分析。基于此，本课题将历史分析和现实分析相结合，从不同制度机制的演化发展入手，探寻其背后的运作机理，以更为精准地分析现存问题，为建构和完善常态化机制提供现实基础。同时，现有研究更多地聚焦于政府党政领导干部，对于高校党政领导干部这一群体鲜有专门论述。事实上，高校党政领导干部和政府党政领导干部既有共性也有差异性，而差异性占据主导地位，因而，本课题聚焦于高校党政领导干部这一主体，分析高校党政领导干部讲思政课常态化机制的建构和运作，扩展了当前相关主题的研究视域。整体来看，关于高校党政领导干部讲思政课常态化机制研究，还存在较多的研究空间，如区域差异、高校差异等不同背景下机制的建构问题等，这需要未来进一步深化研究。

四、研究的基本思路、内容、方法和创新之处

（一）研究思路及内容

1. 研究思路

高校党政领导干部讲思政课常态化机制研究是以理论阐释、历史梳理、现状分析、发展建构和评价优化为逻辑主线，通过文献研究法、历史分析法、系统分析法和案例分析法得出相应的理论成果、实践经验以及问题，最终建构起新时代高校党政领导干部讲思政课的常态化机制，到此本研究并未驻足，而是进一步加以深化，对这一建构机制进行评价以及提出运行过程中需要对一些问题加以防范的优化建议，以更好地解决机制的理论建构与现实运转相统一的问题。

2. 研究内容

首先从理论维度对高校党政领导干部讲思政课的理论渊源、价值、内容等进行了较为翔实的梳理和总结，为全文的研究奠定理论基础。其次，从历史维

度对高校党政领导干部讲思政课在不同历史时期的发展脉络进行系统分析。通过对不同历史阶段高校党政领导干部讲思政课的实施特点及重要价值进行研究，以期把握高校党政领导干部讲思政课历史发展的演进规律，在此基础上，着力探索新时代对高校党政领导干部讲思政课的新诉求和新特点，继承和发扬党政领导干部讲思政课的优良传统，分析其在当前实践中所存在的问题，总结经验教训，建构和完善高校党政领导干部讲思政课常态化机制。最后，从现实维度提出高校党政领导干部讲思政课常态化机制的评价与问题防范，提升本课题研究的关于建构高校党政领导干部讲思政课常态化机制的现实价值和可持续性意义。具体来看，全文包括绪论和结语共六个部分：

绪论部分主要阐述研究的必要性和可行性。首先基于研究缘起确立研究的问题和价值，进而梳理学术界对于这一问题的研究现状，最后提出本研究的研究思路、内容和方法，概括本研究的创新及不足之处。

第一章：主要对高校党政领导干部讲思政课的角色认知、革命传统和新时代转向进行了历史梳理和理论分析，在此基础上提出了建构高校党政领导干部讲思政课常态化机制的时代诉求，为本研究奠定了基本的理论基础，提出了本研究的研究缘由。

第二章：主要对当前我国高校党政领导干部讲思政课常态化机制运作现实进行了探讨。通过梳理当前我国对于高校党政领导干部讲思政课常态化机制的政策设计，厘清高校党政领导干部常态化机制运作的实际，基于历史演进过程探索每一机制的运作逻辑，在此基础上，通过文献调查的方式展现当前高校党政领导干部讲思政课常态化机制存在的问题，为下文对这一机制有针对性地优化和完善提供理论支撑。

第三章：主要针对当前高校党政领导干部讲思政课常态化机制运行过程中存在的问题加以修正和完善，优化和建构适应新时代发展需要的高校党政领导干部讲思政课常态化机制。在具体建构过程中，本研究首先提出相应的建构理念，在这一理念的指引下，形成相应的常态化机制体系，同时，就这一体系如何运作进行操作设计，以提升其现实性和可操作性。

第四章：主要针对所建构的高校党政领导干部常态化机制的运作，展开对其评价的分析，即阐述评价的目标、评价的导向，为高校党政领导干部讲思政常态化机制的评价提供理论指导，实现评价的应有效应，通过评价检测整体机制运行的实效性。最后，从高校党政领导干部讲思政课常态化机制的整体出发，对其过程中可能存在的问题加以分析，提出相应的应对措施，为高校党政领导干部讲思政课常态化机制的有序运作提供可操作性的方案和建议。

（二）研究方法

1. 文献研究法

文献研究法的运用贯穿全文。本课题以高校党政领导干部讲思政课为主题和主要研究内容，以不同历史时期党和政府的政策文件和领导人关于领导干部讲思政课的重要论述为基本依据，对相关著作、期刊论文、报纸、网络文献等进行搜索、查阅和整理，为研究高校党政领导干部讲思政课常态化机制的理论阐释、历史分析、现实考究和未来发展提供了坚实的理论支撑。

2. 系统分析法

采用系统分析法，就是将高校党政领导干部讲思政课常态化机制作为系统进行研究，这一系统作为相互作用和相互依赖的若干组成部分（要素）构成的、具有特定结构和功能、并从属于更大系统（环境）的有机整体来对待，着重分析和把握思想信息系统的整体与部分、部分与部分、系统与环境的相互联系、相互作用、相互制约的关系，从中发现高校党政领导干部讲思政课常态化机制发展变化的趋势。本课题第二章和第三章，通过对高校党政领导干部讲思政课常态化机制构成要素以及要素之间联系的分析，同时，厘清系统整体结构，把握这一常态化机制运作的内在机理，在此基础上发现问题，并有的放矢地加以解决。

3. 历史分析法

采用历史分析法，就是将高校党政领导干部讲思政课常态化机制以动态的发展过程进行研究，通过分析其不同发展阶段所表现出的特征及其产生的相应问题，以分析其背后的实质，揭示其发展规律。因此，要研究高校党政领导干部讲思政课常态化机制的建构，就必须对其发展历程予以分析。本课题主要在第一章和第二章对高校党政领导干部讲思政课的发展历程进行梳理，采用历史分析法，把握高校党政领导干部讲思政课在革命、建设、改革不同阶段的发展变化趋势，为新时代党政领导干部讲思政课常态化机制的建构提供经验借鉴。

4. 案例分析法

案例分析法是对有代表性的事物（现象）进行周密而仔细的分析从而获得总体认识的一种科学分析方法。通过选择比较典型或者有代表性的案例，有助于对抽象事物（问题）进行具体的描述分析，以更好地认识和把握事物的本质。本课题主要在第二章和第三章，运用案例分析法，对于当前一些高校在党政领导干部讲思政课常态化机制建设和运转过程中所呈现的经验和问题加以分析和总结，更好地探索高校党政领导干部讲思政课常态化机制建构的实质，不断完善和优化这一机制的构成和运行。

（三）创新之处

本研究在梳理和总结已有研究成果的基础上，坚持马克思主义立场、观点、方法，坚持理论与实践相结合，以求从以下几方面进行创新。

第一，主题创新。从当前相关的研究主题来看，关于高校党政领导干部讲思政课的研究主要集中于问题描述性的、宏观性的分析，且仅有极少数研究是直接关于高校党政领导干部的，大多集中于政府领导干部。同时，关于领导干部讲思政课研究的具体逻辑路线，虽然存在从历史、政策和现状等方面的分析，但是，从机制角度出发的研究几乎没有，现有研究成果主要是在解决对策层面，以小节的形式对相关机制进行整体性的说明，至于这一机制所包含的要素、不同要素之间的联系以及机制如何运作、如何评价、需要关注哪些问题等，基本没有涉及。因此，本课题基于马克思主义基本原理的指导，立足于思想政治教育学科展开对高校党政领导干部讲思政课常态化机制研究，既是对高校思想政治教育理论研究的进一步深化，又能够深入分析高校党政领导干部讲思政课对高校思想政治理论课建设的重要现实意义及其创新发展。

第二，内容创新。现有研究主要侧重于从领导干部讲思政课实践的历史传统、实施过程中所出现的问题，以及这一实践所蕴含的深层次逻辑理路等展开分析，缺少对于高校党政领导干部讲思政课运行机制的研究，现有的机制为何，机制运作如何，都缺乏清晰的分析。同时，对于现状分析的多，从历史维度、理论维度分析的少；宏观性概括研究的多，微观具体研究的少；现阶段研究的多，整体性研究的少。因此，本课题聚焦于高校党政领导干部这一主体，从高校党政领导干部讲思政课的时代背景出发，提出研究的必要性；从历史脉络梳理与理论渊源出发，较为完整、系统地呈现高校党政领导干部讲思政课的发展历程和理论、实践成果，揭示高校党政领导干部讲思政课常态化机制建构的必要和必然，优化和完善新时代高校党政领导干部讲思政课常态化机制，从理论和现实层面回应和创新新时代我国高校思想政治理论课建设的研究与实践，以更好地推动高校思想政治教育的不断创新和发展。

第三，方法创新。本课题在研究过程中，最重要的一个方面是在研究方法上进行创新，即运用历史分析法，对高校党政领导干部讲思政课进行历史演进进程的梳理，历史分析法，不仅应用于对高校党政领导干部讲思政课进行整体性的历史维度的分析，厘清其发展演变的过程，而且也应用于对高校党政领导干部讲思政课常态化机制的微观分析，探寻这一机制的演化过程，以更具针对性地建构新时代高校党政领导干部讲思政课常态化机制。另一方面，本研究深化了对于文献研究法的应用，将其应用于问题调查领域。基于当前研究多集中于现状的分析，因此，本课题运用文献研究法，通过对学者们的现有研究的分析，提出当前高校党政领导干部讲思政课常态化机制存在的问题，进而更为精准地优化和完善这一机制，以适应新时代高校思想政治理论课创新和发展的需要。

在具体研究过程中，也客观地存在一些问题，主要来自两个方面。

第一，研究方法可能存在一定的主观性倾向。虽然文献研究法的最大优势就是调查研究的便捷性和高效率，但也存在主观性较强的问题。尤其是关于高校党政领导干部讲思政课常态化机制建构的研究，应当加入和运用实证研究方法，例如访谈法、观察法、问卷法，然后基于统计数据建构模型，运用统计软件进行分析，得出更为客观科学的结论。

第二，研究对象聚焦共性，对个案的考察存在一定欠缺。高校党政领导干部讲思政课常态化机制的主要参与主体是高校，当前我国高校数量众多，类型各异，高校间存在一定差异，比如重点和非重点高校、本科和专科高校等。这些高校在落实党政领导干部讲思政课机制过程中必然存在差异，虽然本课题在研究过程中有所涉及，但由于缺乏样本的调查，依然不足以较为完整地分析不同类高校的差异，研究结论具有一定宏观性。未来，将继续深化主题性研究运用更为综合的研究方法，提出创新性观点。

第一章

高校党政领导干部讲思政课的角色认知、革命传统与新时代转向

高校党政领导干部讲思政课是当代青年大学生思想政治教育的重要内容和高校意识形态工作的创新举措。以健全常态化机制为着眼点筹谋高校党政领导干部讲思政课育人实效的提高，应在解读这一制度安排理论依据的基础上深刻把握其历史逻辑和现实逻辑。

高校党政领导干部讲思政课，弘扬了党的优良传统，坚持了思想政治教育灌输论，发挥了领导干部的权威效应。同其他教学主体相比，又具有过硬的政治素质、良好的品德修养，教学素材丰富、教学方式多样，授课时间继起、生活空间并存的能力优势，能够达致铸牢高校意识形态主阵地、增强高校思想政治教育实效性和锤炼社会主义建设者接班人的价值目标，这是对高校党政领导干部为什么要讲、为什么能讲思政课的原因阐释，构成了高校党政领导干部讲思政课理论证成的基本内容。

高校党政领导干部讲思政课具有深刻的历史逻辑，它源自新民主主义革命时期党的领导干部上讲台的具体实践，作为落实立德树人根本任务的战略举措生成于社会主义革命和建设时期，经由改革开放和社会主义现代化建设新时期的深化完善，在中国特色社会主义新时代走上制度化发展的道路。制度化发展是"制度保障"与"常态推进"的辩证统一，高校党政领导干部讲思政课作为一种制度被固定下来，推动这一制度的长效运行便成为新的实践指向。

解读高校党政领导干部讲思政课常态化机制建设的现实逻辑，可以以探析立德树人战略目标的科学内涵作为逻辑起点，因为立德树人是高校党政领导干部讲思政课的价值旨趣。立足新时代，学生成长、领导干部发展和思政课教学是影响高校党政领导干部讲思政课立德树人成效的关键要素，常态化机制建设

既是适应这些要素发展需要的应有之义，也是解决要素发展难题的必由之路。

　　新时代高校党政领导干部讲思政课常态化机制建构是为了更好地传播新思想新理念、培养担当民族复兴大任的时代新人，是为了有效应对国内外意识形态斗争激化、青年人才争夺白热化的制度安排。在阐明高校党政领导干部讲思政课"带头"责任中提升高校党政领导干部的角色认知，在爬梳高校党政领导干部讲思政课的历史嬗变中挖掘讲思政课的革命传统，在解剖高校党政领导干部讲思政课常态化机制建设的诉求理路中探求高校党政领导干部讲思政课的新时代转向，能够为推进高校党政领导干部讲思政课常态化机制研究奠定较为充足的理论基础。

第一节　高校党政领导干部讲思政课的"带头"责任

　　高校党政领导干部应当且必须对自身在学校思政课建设中的重要地位和关键作用有着理性认知，这种认知集中体现在讲思政课"带头"责任的践履层面。高校党政领导干部"带头"讲思政课的责任缘起，可以从高校党政领导干部讲思政课的理论依据、能力优势和价值意蕴三个维度予以解读。

一、高校党政领导干部讲思政课的理论依据

　　透视高校党政领导干部讲思政课的证成逻辑，需要解决领导干部走上思政课讲台的理论依据问题，而对这一问题的回答需要从马克思主义经典作家相关论述和中国共产党思想政治教育学中寻求答案。高校党政领导干部"讲"思政课坚持了思想政治教育的灌输论，指涉为什么要"讲"，"高校党政领导干部"讲思政课发挥了权威主体的积极效应，指涉"谁"来讲，"高校党政领导干部讲思政课"继承了党的优良传统，关涉"怎么"讲，共同搭筑起高校党政领导干部讲思政课的理论框架。

　　（一）坚持思想政治教育灌输论

　　高校党政领导干部讲思政课中的"讲"不能仅从字面意思来理解，而应从方法论范畴去解读。哲学意义上的方法是主体作用于客体并达成特定目标的媒

介方式，高校党政领导干部以"讲"为媒介桥梁将思政课和青年学生联系起来，并通过"讲"来达致思政课教化学生的价值旨趣，体现了思想政治教育的灌输论。灌输作为传播社会主义思想的根本方法最早萌芽于马克思恩格斯的理论著述，在列宁的《怎么办？》中得到了系统阐释，后全面贯彻于中国共产党领导的思想政治教育实践，并应时代发展需要完成了创造性转化与创新性发展。

马克思恩格斯高度重视灌输在思想政治工作中的作用，认为灌输作为一种教育方式既可为资产阶级所用，如马克思批判"资产者认为道德教育就是灌输资产阶级的原则"①，亦可为无产阶级服务。如恩格斯赞扬德国画家许布纳尔的一幅画在宣传社会主义方面要比100本小册子都大得多，"这幅画在德国好几个城市里展览过，当然给不少人灌输了社会的思想"。② 同时，他们还强调了灌输的策略原则，反对"硬灌输"。恩格斯指出，不能把别人在刚开始还不能正确了解，但是很快就能学会的东西硬生生地灌输给别人，这样可能使人陷入混乱之中。③ 马克思在谈到社会主义思想在美国人中间传播时，认为"愈少从外面把这种理论硬灌输给美国人，而愈多由他们通过自己亲身的经验（在德国人的帮助下）去检验它，它就愈会深入他们的心坎"④。"硬灌输"的对立面是"软灌输"。"软灌输"不是生搬硬套的教条主义说教，更不是强迫式的奴性教育，讲究灌输的因地制宜、因时制宜、因材施教，强调灌输要与受众的思想特点、行为特征相结合，这才是"软灌输"的根本要义。

马克思主义"灌输论"在列宁那里得到了较为翔实的论述，他结合本国无产阶级斗争实际情况，指出，"工人本来也不可能有社会民主主义的意识。这种意识只能从外面灌输进去，各国的历史都证明：工人阶级单靠自己本身的力量，只能形成工联主义的意识，即确信必须结成工会，必须同厂主斗争，必须向政府争取颁布对工人是必要的某些法律，如此等等"⑤。这段话蕴含了丰富的无产阶级灌输思想，至少可从三个方面做出具体阐释：一是工人阶级因为生活环境和社会地位的限制，致使他们没有时间、精力和必要的知识储备去形成社会民

---

① 《马克思恩格斯全集》（第六卷），北京：人民出版社，1961年，第648页。
② 《马克思恩格斯全集》（第二卷），北京：人民出版社，1957年，第589-590页。
③ 《马克思恩格斯全集》（第三十六卷），北京：人民出版社，1975年，第576页。
④ 《马克思恩格斯全集》（第三十六卷），北京：人民出版社，1975年，第584页。
⑤ 《列宁选集》（第一卷），北京：人民出版社，2012年，第317页。

主主义意识;二是社会民主主义意识需要从外部灌输给工人阶级,而灌输的主体多是无产阶级革命斗争的领导人或知识分子;三是工人阶级自发形成的工联主义意识与社会民主主义意识密切相关,这既是"能"灌输的重要条件,也决定了"要"灌输的必要性。可见,列宁科学解答了马克思主义"灌输论"的基本问题,即我们为什么要向工人阶级灌输社会主义意识、为什么能向工人阶级灌输社会主义意识以及由谁来灌输社会主义意识等问题,为中国共产党思想政治教育理论和实践的创新奠定了重要基础。

在工人群众中积极"灌输"党的理论、政策、路线一直都是中国共产党思想政治工作的重要内容。我们党成立伊始,就将"灌输"写入党的决议,强调"本党的基本任务是成立产业工会……党在工作中要灌输阶段斗争的精神①"。在新民主主义革命时期,邓小平认为,"无论对本军、友军,根据地和敌占区的人民,以及伪军,都需要灌输以民族的爱国的思想,提高其民族自信心与自尊心,随时给敌人的奴化政策以有效的打击"②。在社会主义改造和建设时期,毛泽东指出"政治工作的基本任务是向农民群众不断地灌输社会主义思想,批评资本主义倾向"③。在改革开放新时期,江泽民认为"一定要使马克思主义理论、建设有中国特色社会主义思想观念和道德要求,不断灌注到并真正深入全体党员、干部和全体人民的头脑之中,成为他们自觉的思想要求和行为规范"④。进入新时代,习近平总书记多次要求推进思想政治理论课改革创新必须坚持灌输性和启发性相统一,强调"让学生接受马克思主义,离不开必要的灌输,但这不等于搞填鸭式的'硬灌输'"⑤。可以看出,我们党高度重视并一以贯之地在思想政治教育工作中灵活运用灌输的方法,认为,"讲"不是意味着口头说教,而是侧重理论灌输,这种灌输不是"硬"的,而是"软"的,不是空洞乏味、千篇一律的,而是内涵丰富、形式多样的,推动了马克思主义灌输论的中国化发展,

---

① 《中国共产党大典》(上卷),北京:红旗出版社,1996年,第22页。
② 《邓小平军事文集》(第一卷),北京:军事科学出版社、中央文献出版社,2004年,第230-231页。
③ 《建国以来重要文献选编》(第七册),北京:中央文献出版社,2011年,第183页。
④ 《江泽民文选》(第三卷),北京:人民出版社,2006年,第199页。
⑤ 习近平:思政课是落实立德树人根本任务的关键课程 [EB/OL]. http://www.gov.cn/xinwen/2020-08/31/content_ 5538760.htm,2021-12-23.

为高校党政领导干部讲思政课提供了经验借鉴。

正是鉴于灌输论对于无产阶级革命和社会主义建设时期思想政治工作的重要作用，以陈尤柏、张耀灿为代表的思想政治教育学科创始人，主张"思想政治教育的本质是社会主导意识形态的灌输和教化"①。这里的"灌输"实际上就是从哲学方法论的范畴来把握思想政治教育的本质特征，因为思想政治教育的本质诉求就是要将一定社会的思想观念、政治观点、道德规范输送至社会成员头脑中，并使之认同。作为新时代高校思想政治工作的创新举措，高校党政领导干部讲思政课既凸显了思政课作为立德树人关键课程的重要性，也强调了"讲"的思想政治教育的灌输方法。综上，我们从马克思恩格斯那里可以找到"讲"思政课的原则策略，在列宁那里可以找到"讲"思政课的框架内容，在中国共产党思想政治教育传统中可以找到"讲"思政课的具体操作设计，勾勒出高校党政领导干部讲思政课的理论依据。

（二）发挥党政领导干部权威效应

唯物史观既坚持人民群众是社会历史发展的决定性力量，又肯定杰出人物尤其是无产阶级领袖的重要作用。马克思主义认为，领导干部及其权威效应是无产阶级革命和社会主义建设取得胜利的重要因素。高校党政领导干部讲思政课作为学校思想政治工作的创新举措得以提出，并在长期发展的过程中作为一种制度固定下来，是把马克思主义权威观同中国特色思想政治教育实践相结合的产物。

无产阶级领袖凭借自身的人格魅力、渊博学识和素质能力肩负着团结带领人民群众积极投身革命、建设实践创造历史伟业的神圣使命，这一使命的完成需要他们正确、妥善、有效运用"统治"与"服务"的技能，即彰显权威的效应。恩格斯认为，权威"是指把别人的意志强加于我们；另一方面，权威又是以服从为前提的"②。统治就是强加他人以个人意志；服从既表现为来自对个人忠诚信服的自愿服从，也表现为惧于统治权势的非自愿服从。在统治的过程中，以自愿或非自愿服从方式来接受他人的意志并付诸行动，这就是权威的作用机

---

① 陈万柏、张耀灿：《思想政治教育学原理》（第三版），北京：高等教育出版社，2015年，第53页。

② 《马克思恩格斯文集》（第三卷），北京：人民出版社，2009年，第335页。

理。马克思恩格斯指出，权威的存在是社会历史发展的客观现象，任何社会组织的持续运转都离不开共同意志的代表及其内附的权威。在无产阶级革命中，领袖是无产阶级革命意志的共同代表，对无产阶级政党的发展方向和人民群众的思想行为具有积极的引领作用。当然，无产阶级领袖的权威是以革命大众的忠诚信服为前提条件的，是一种自愿的服从。正如马克思所说，"无产阶级群众虽然人数众多，但是没有领袖，没有受过任何政治教育，容易惊慌失措，或者几乎是无缘无故地怒不可遏，盲目听信一切流言飞语"①。

列宁不仅在理论上继承了马克思恩格斯的权威观，而且在俄国社会主义革命和建设实践中创造性地提出了"无产阶级政党及其党员要维护党中央权威和集中统一领导"的关键论断，丰富发展了马克思主义权威思想。列宁曾在《共产主义运动中的"左派"幼稚病》中对阶级、政党和领袖的关系做出了科学阐释，"谁都知道，群众是划分为阶级的……阶级是由政党来领导的：政党通常是由最有威信、最有影响、最有经验，被选出担任最重要职务而称为领袖的人们所组成的比较稳定的集团来主持的。这都是起码的常识"②。无产阶级需要自己的政党来组织，而无产阶级政党需要自己的领袖来领导，这是因为他们有威信、有影响、有经验，能够得到阶级群众的自觉服从和忠诚跟随。一个政党有了领袖核心，才能有凝聚力、战斗力；一个组织团体有了领导核心，才能有发展的魄力、前进的动力。

中国共产党人结合中国革命、建设和改革实际对无产阶级政党及其领袖的权威作用做出了具有中国特色的理论阐释，推动了马克思列宁主义权威思想的中国化发展。毛泽东强调，"指导伟大的革命，要有伟大的党，要有许多最好的干部……如果领导者是一个狭隘的小团体是不行的，党内仅有一些委琐不识大体、没有远见、没有能力的领袖和干部也是不行的……这些干部和领袖懂得马克思列宁主义，有政治远见，有工作能力，富于牺牲精神，能独立解决问题，在困难中不动摇，忠心耿耿地为民族、为阶级、为党而工作。党依靠着这些人而联系党员和群众，依靠着这些人对于群众的坚强领导而达到打倒敌人之目

---

① 《马克思恩格斯文集》（第二卷），北京：人民出版社，2009年，第415页。
② 《列宁选集》（第四卷），北京：人民出版社，2012年，第151页。

的"①。从这段话可以看出，我们党在成立之初就已经认识到无产阶级政党及其领袖之于革命的重要性，而且对党的领袖和领导干部权威效应的彰显进行了具体论述，他们的权威来自理论功底扎实、政治能力突出，来自忠心为人民、忠心为政党。邓小平在 1988 年专门论述过"中央要有权威"的话题，认为中央没有权威，局势就控制不住，改革注定失败。进入新时代，以习近平同志为核心的党中央深刻认识到维护权威之于建设社会主义现代化强国的积极意义，要求全体党员始终做到"坚决维护习近平总书记党中央的核心、全党的核心地位，坚决维护党中央权威和集中统一领导"，将马克思主义权威观发展到了新的高度。

高校党政领导干部是学校管理工作的策划者、教学工作的组织者，是党和国家教育政策的执行者、实施者，不仅综合实力强劲，而且在自身的学术领域还具有较高的造诣。因而凭借其社会地位和能力素质在青年学生中必然具有较高的威信，他们说的话有人听、他们做出的行为有人效仿。因此，思想政治理论课强调高校党政领导干部的教学主体地位，是马克思主义权威观在高等学校思想政治工作中的具体应用，是有计划、有针对性地提高思政课亲和力和实效性的创新举措，这就要求领导干部深刻认识权威效应的作用机理，汲取以往权威主体的成功经验，在工作中树立威信、在教学中彰显权威。

（三）弘扬中国共产党的优良传统

幸福是奋斗出来的，在百余年征程中，中国共产党人兢兢业业、勤勤恳恳，擘画了民族复兴的光辉篇章，注重创新工作思路、不断积累工作经验，形成了丰富的优良传统。其中，有些优良传统从不同层面对"怎么讲思政课"这一问题做了间接阐述，诸如重视思想政治工作的政治优势关涉讲思政课的态度问题，密切联系群众的优良作风关涉讲思政课的原则问题，领导干部上讲台的光辉传统关涉讲思政课的经验方法。因而，可以说，鼓励和倡导高校党政领导干部讲思政课是对这些优良传统的继承和弘扬。

重视思想政治工作是我们党的政治优势，框定了高校党政领导干部讲思政课的政治站位。中国共产党人一贯强调"思想政治工作是经济工作和其他一切

---

① 《毛泽东选集》（第一卷），北京：人民出版社，1991 年，第 277 页。

工作的生命线"①，经济工作、政治工作、文化工作等工作成效的取得离不开思想政治教育的积极作用。早在新民主主义革命时期，以毛泽东为主要代表的中国共产党人就十分注重抓共产党员、军队战士、农民群众、知识分子的思想教育，开办农民运动讲习所宣传革命思想、"将支部建在连上"确保人民军队的革命性质、开展整风运动肃清党内错误思想、建立革命根据地大学（如鲁迅艺术学院、陕北公学）教化革命群众等。"掌握思想教育，是团结全党进行伟大政治斗争的中心环节。如果这个任务不解决，党的一切政治任务是不能完成的。"②改革开放初期，邓小平高度肯定了清华大学学生思想政治工作的成效，倡导在全国范围内学习清华大学的经验做法，即学生从到学校第一天起，就要对他们进行政治思想工作，学校的党团组织和所有的教员都要做学生的政治思想工作③。新时代以来，我们党将重视思想政治工作的这一优良传统发展到了新的高度，倡导和培育社会主义核心价值观以丰富思想政治工作的内容、召开系列专题会议以强调思想政治工作的重要性、下发多个中央文件以部署思想政治工作安排等。高校思想政治工作是党的思想政治工作的重中之重，而作为立德树人关键课程的思政课又是高校思想政治工作的关键一环，要求高校党政领导干部讲思政课坚持了思想政治工作是一切工作生命线的政治定位，昭示出党和国家对新时代青年学生思想政治工作的高度重视。

密切联系群众是我们党的优良作风，规定了高校党政领导干部讲思政课的根本原则。毛泽东在党的七大上指出，在长期革命实践中我们党逐渐形成了理论联系实际、密切联系群众、批评和自我批评的优良作风。其中，密切联系群众的含义在于，人民群众是历史的创造者，作为人民的政党、先进的政党，我们必须坚持以人为本、执政为民，坚持从群众中来、到群众中去。领导干部是党同人民群众相互联系的纽带、相互沟通的桥梁，领导干部能否坚持群众观点、走好群众路线是保持密切联系群众优良作风与否最为直接、最为关键的指标。毛泽东曾指出，"只有经过干部才能去教育群众、指导群众。如果违背了这个目

---

① 《三中全会以来重要文献选编》（下卷），北京：人民出版社，2011年，第161页。
② 《毛泽东选集》（第三卷），北京：人民出版社，1991年，第1094页。
③ 《邓小平军事文集》（第三卷），北京：军事科学出版社、中央文献出版社，2004年，第173-174页。

的，如果我们给予干部的并不能帮助干部去教育群众、指导群众，那末，我们的提高工作就是无的放矢，就是离开了为人民大众的根本原则"①。邓小平在1962年谈及执政党的干部建设问题时，就明确表示，多少年来，我们对干部的任用原则就是能上不能下，这样做的副作用很大，现在还没有很好的办法解决，唯一的出路是要能下。②"能下"就是要求领导干部要深入基层去锻炼，要与人民群众打成一片，只有这样，才能做到权为人民所用、利为人民所谋。同时，要将"能下"作为学校领导干部选拔任用的考量指标之一，"选好办学校的干部，包括教师，这个很重要。这些干部比现职干部还重要，要选最优秀的，特别是能深入实际、努力工作、艰苦奋斗、以身作则的干部"③。以习近平同志为核心的党中央大力加强党风廉政建设，坚定不移推进反腐败斗争，努力确保共产党员特别是党的领导干部始终把人民群众放在最高的位置。现阶段，要求高校党政领导干部走进学生生活、走进教学课堂，不能脱离学生实际、不能离开讲台，就是继续保持和弘扬党的优良作风的直接体现，因而为了学生、扎根学生应当成为高校党政领导干部讲思政课的根本原则。

领导干部上讲台是我们党的光辉实践，提供了高校党政领导干部讲思政课的经验借鉴。中国共产党成立伊始就十分重视领导干部教育群众的典范作用，党的领导集体不仅明确提出领导干部应当走上讲台的具体要求，而且还以身作则、经常出入学校课堂讲党课，在实践中逐渐形成了一套较为完整的领导干部上讲台的方法体系。毛泽东在延安干部会上曾指出，我们的一切工作干部都是宣传家，只要他对别人讲话，他就是在做宣传工作，肩负着教育群众、指导群众的重要职责。④ 邓小平指出，学校教育是否有一个好的教学队伍很重要，为此学校领导干部、大军区和所属部门的领导同志都可以去学校兼课。⑤ 在《中国共产党党和国家机关基层组织工作条例》中，领导干部讲党课已作为一项基本

---

① 《毛泽东选集》（第三卷），北京：人民出版社，1991年，第863页。
② 《邓小平文选》（第一卷），北京：人民出版社，1994年，第329页。
③ 《邓小平军事文集》（第三卷），北京：军事科学出版社、中央文献出版社，2004年，第59页。
④ 《毛泽东选集》（第三卷），北京：人民出版社，1991年，第838页。
⑤ 《邓小平军事文集》（第三卷），北京：军事科学出版社、中央文献出版社，2004年，第60页。

制度固定下来，成为党的组织建设、思想建设的重要支撑。在新民主主义革命时期，以毛泽东、周恩来为代表的党的早期领导人走进黄埔军校、抗日军政大学、鲁迅艺术学院、陕北公学等，采取课堂讲授、专题讲座等多种形式来分析时势、讲解政策、宣传思想，培养了一大批革命积极分子。新中国成立后，"领导干部上讲台"频繁出现在普通高校政治理论课的政策文件当中，诸如1952年的《中共中央关于培养高等、中等学校马克思列宁主义理论师资的指示》、1979年的《高等学校政治理论课的基本情况和存在问题》、2005年的《中共中央宣传部、教育部关于进一步加强和改进高等学校思想政治理论课的意见》等，这些文件结合当时课程建设实际具体规定了领导干部讲思政课的原则思路、内容方法、途径手段。可见，要求高校党政领导干部讲思政课是领导干部上讲台在新时代的具体实践，爬梳整理这一优良传统的历史进路和经验方法，必定能够为更好地推动高校党政领导干部讲思政课的深入发展提供有益借鉴。

二、高校党政领导干部讲思政课的能力优势

高校党政领导干部讲思政课的能力优势，究其根本，是一种凭借其领导者、组织者身份生成的权威优势，本部分主要围绕三个问题展开论述，即高校党政领导干部依靠什么能树立讲思政课的权威优势，依靠什么能实现讲思政课的权威效应，依靠什么能增强讲思政课的权威效应。

（一）以政治素质过硬、思想品德良好树立权威优势

高校党政领导干部讲思政课的权威优势可分为"硬权威"和"软权威"，"硬权威"依赖其社会地位，"软权威"凭借其学识能力。大学生涉世未深、思想较为单纯，相较于政治权力，高尚的精神境界更令其尊崇，同时，"硬权威"之于讲思政课的作用机理明显，因而在此不必过多阐述。高校党政领导干部精神崇高集中表现在政治素质过硬、思想品德良好两个层面，是讲思政课权威优势生成的主要源泉。

高校党政领导干部政治素质过硬主要体现在三个方面：一是政治信仰坚定。高校党政领导干部经常接受党组织的培养和锤炼，善于将马克思主义基本原理同教育实践相结合，一以贯之地坚持教育事业的社会主义性质，力争为实现中华民族伟大复兴输送一批又一批德才兼备、以德为先的优秀人才，这是高校党

政领导干部政治信仰坚定最为直接也是最为基本的体现。二是政治立场鲜明。一个人没有立场、一个领导干部没有政治立场，他就失去了安身立命之本、建功立业之基。在当代中国，领导干部需要在理论学习中加深对无产阶级立场的认识，也需要在工作实践中确立并捍卫自身的无产阶级立场。总的来看，高校党政领导干部能够自觉拥护中国共产党的领导，始终坚持社会主义办学方向，在日常工作中一切以学生的根本利益为出发点，急学生之所急，想学生之所想，牢牢站稳了无产阶级的政治立场。三是政治能力较高。政治能力是指人们看待政治生活、分析政治现象、处理政治问题的能力，主要包括政治判断力、政治领悟力、政治执行力。高校党政领导干部久经考验，政治意识强烈，政治水平较高。相较于其他思政课教师，他们善于捕捉政治敏感话题，善于领悟政策文件，能够引导学生从政治角度看问题，启发学生的政治觉悟，具有讲思政课的独特优势。

　　高校党政领导干部的思想品德素质在管理师生、服务师生的过程中生成，也在这一过程中接受检验。首先，高校党政领导干部"三观"正确。高校党政领导干部接受过马克思主义的系统教育，能够在日常工作生活中始终坚持用马克思主义的观点、立场和方法看问题、办事情。简言之，高校党政领导干部拥有积极的人生态度，敢于面对挫折，勇于战胜困难，也对自己的人生价值有着清楚的认知，乐于将有限的生命投入无限的社会主义教育事业中。其次，高校党政领导干部品质优良，主要表现在以下几个方面：一是敬业爱生。领导干部之所以能够身处学校岗位要职，原因之一是他们对自己从事的职业具有高度的认同感，希望能够为推动教育事业的发展贡献最大的力量和智慧，由此生发出对教育对象的尊重和关爱。二是大公无私。领导干部大多能做到"先大家、后小家"，将铸人育魂的教育事业始终摆在第一位，将更多的时间和精力投入日常工作中，公而忘私，先人后己，具有高度的集体主义精神。三是忠诚守信。忠诚于党、忠诚于人民、忠诚于教育事业是高校党政领导干部忠诚美德的基本表征。最后，高校党政领导干部责任感强。责任感由"三观"决定，又是品质的生成基础。党政领导干部只有"三观"正确，才能认识到个人之于社会、国家的价值意义，进而树立起强烈的责任感；只有责任感强烈，才会在实践活动中有意识地去做利社会、利国家的事情，进而培养出崇高的道德品质。

（二）以教学素材丰富、教学方式多样实现权威效应

权威优势是抽象存在的"种子"，要让其在思政课中结出具体果实还需依靠主体的"细心养护"。也就是说，高校党政领导干部讲思政课权威优势客观存在，并不意味着就能自然而然地直接转化为显在的权威效应，这一过程的实现还需要不断提升自己的教学素养以确保思政课的实效性。相较于专职思政课教师，高校党政领导干部在思政理论知识、教学技能层面可能稍逊一筹，但领导干部也有着思政课教师所没有的独特的优势，诸如教学素材丰富、教学方式灵活等，这些对高校党政领导干部讲思政课权威优势的最终实现意义深远。

教学素材是教育内容的现实载体，素材的选取直接影响着教学实效。高校思政课的教学素材一般源于教材，部分教师平时也会收集一些时政热点或经典案例来丰富自己的素材库。就高校党政领导干部而言，他们讲思政课的教学素材相对比较全面。一是因为高校党政领导干部行政管理经验丰富。领导干部在走上学校领导岗位之前，一般在多个学校行政部门甚至政府行政部门专职或挂职锻炼过，工作面广，了解的东西多，经历的事情多，具有丰富的行政成长经验。二是因为高校党政领导干部人生阅历丰富。领导干部的年龄偏高，历经岁月的洗礼和生活的沉淀，积累了非常丰富的社会经验，对人生的看法、态度有着独到的见解。行政经验多、人生阅历广意味着高校党政领导干部拥有着丰富的思政课教学素材，倡导高校党政领导干部讲思政课能够充分利用这些教学素材资源，促使他们在讲课的过程中以身说法、寓教于乐，增添课堂的多彩性、趣味性，提高学生的积极性、主动性，借以增强思政课的实效性、达致立德树人的目的。

高校党政领导干部思政课教学方式灵活多样是将其权威效应转化为现实的又一重要助力。教学方式关系教育主客体如何传递着教学信息，是教育活动的实现形式。适用、实用、新颖、多变应当成为选取教学方式的关键考量因素，因为适用、实用直接关乎教学效果质的好坏，新颖、多变直接关乎教学效果量的多少。思政课教学方式以课堂讲授、形势报告为主，虽然能够产生较好的积极效果，但是不求突破、不求创新，久而久之也会让学生产生麻木感、排斥感，难以保持初始学习的积极性、主动性。高校党政领导干部囿于行政职务、时间精力，可能不会专职承担一个年级或几个班级的思政课，多是以专题式教学来

开展思政课。这样，领导干部可以通过工作现场会、茶话会、座谈会、研讨会等多种方式进行思政课教学，还能依据学生兴趣或者时政热点确定最佳的讲授主题，以空间的多样性、主题的趣味性提升了学生学习知识的热情。可见，教学方式灵活、教学主题鲜明的高校党政领导干部讲思政课是有效弥补常规思政课固有不足的重要方式，两者相互补充共同推动思政课的改革创新和育人实效的最终达成。因而，高校党政领导干部能够以教学方式灵活多样的业务优势为依托来实现讲思政课的权威效应。

（三）以授课时间继起、生活空间并存增强权威效应

《关于加强和改进新形势下高校思想政治工作的意见》强调，贯彻落实学校思想政治工作立德树人根本任务，必须坚持全员全过程全方位育人的基本原则。学生思想动态的反复性、长期性，外加上社会环境的复杂性、多样性，决定了立德树人实效不是仅靠一堂课、一门课或某一阶段的课程就能完全实现，需要确保思想政治工作的历时持续性和共时全面性。因而，即使高校党政领导干部讲思政课的权威效应能在课堂上较好实现，也需要在讲台下从时空维度予以不断增强，这就离不开高校党政领导干部授课时间上继起、生活空间上并存的独特优势的充分发挥。

在学校思想政治工作范畴内讨论全过程育人，一般是指思想政治工作要从学生初入校门始，至毕业离校终。对于思政课而言，以授课节点规律性、课程内容接续性为依托确保育人长效性成为全过程育人的内在要求。具化到领导干部讲思政课，便是要求他们尽最大限度做到授课时间的继起以实现教学课程的常态化。近年来，在党和国家政策的推动下，中央、省市各级党政领导干部接连走上校园讲台开展思想政治教育，可以说能够充分发挥他们在学生中间的权威优势，但由于客观条件的限制，诸如授课场地不定点、授课对象不定在、授课内容不连贯、授课形式较单一等，从全过程角度出发看育人实效还存在一些不足之处。然而，高校党政领导干部在这个层面上具有较高的比较优势，他们作为学校的直接领导，办公生活地点在校园内，工作对象主要是青年学生，工作内容大多涉及教书育人，工作绩效以立德树人为根本标准。因此，从某种意义上而言，只要学校党委和党政领导干部有意愿、有能力走上讲台，那么必然能够采取多种措施确保授课时间的继起，进而推动讲思政课的常态化发展，诸

如马克思主义学院聘任学校党政领导干部专职一门思政课教学，又如建立领导干部—学院（年级）对接机制，指定某位领导干部担任某一学院或年级的思政课常聘教师，从学生整体学业生涯出发规划课程的操作设计。可见，高校党政领导干部授课时间上继起的优势确保了思政课的全过程开展，有助于增强他们讲思政课的权威效应。

在学校思想政治工作范畴内讨论全方位育人，一般是指要在教学课程、学生工作、日常生活中贯通思想政治教育，就思政课而言，就是要充分利用各种教育资源、教育渠道多维度、多方面提高育人实效。因而，全方位育人从空间维度规定了领导干部讲思政课的教学要求，最为基本的就是不仅要注重课堂的学为人师、倾心讲学，还要关注课下的春风化雨、以身作则。毋庸置疑，只要是有责任心的领导干部必定不遗余力地提高课堂授课的实效性，但课下潜移默化地影响学生思想政治素质受到一些客观因素（主要是时空距离）的制约，难以最终达致。在这一点上，高校党政领导干部与校外领导干部相比具备绝对优势，集中体现在他们与学生在校园生活空间上的重叠性。正是因为这种重叠性，促使高校党政领导干部与学生之间的物理距离和情感距离得以拉近，学生可以在校园小道上、在会议讲坛上看得到、听得到领导干部的行为处事，在多次接触、交流中生发出一种熟人亲切感和校园归属感，进而以其为榜样、效仿其行为。即便是在科技日益发达的今天，各级党政领导干部与学生之间的情感时空距离还是难以凭借多媒体技术而缩小，这既和青年学生的情感感知有关，也和情感之外的客观因素有关。而高校党政领导干部与学生在生活空间上并存的优势能够推动思想政治教育的全方位开展，进而增强其讲思政课的权威效应。

三、高校党政领导干部讲思政课的价值意蕴

高校党政领导干部讲思政课，坚持发展了马克思主义相关理论，继承创新了党的优良传统，彰显发挥了自身的权威优势，这些都意味着他们有责任、有义务走上讲台、讲好思政课。从现实需要出发，高校党政领导干部践履讲思政课的责任义务，有助于铸牢高校意识形态主阵地和增强高校思想政治教育实效性，借以锤炼社会主义合格建设者和可靠接班人。

（一）铸牢高校意识形态主阵地

高校肩负着为党和国家培养可靠接班人和合格建设者的重要使命，是否坚

持中国共产党的全面领导，是否坚持社会主义的办学方向，事关"为谁培养人""培养什么人"的问题，直接影响着党的事业兴衰成败、国家的长治久安。铸牢高校意识形态主阵地是确保党对高校的全面领导、坚持社会主义办学方向的有力举措，而高校党政领导干部讲思政课是这一举措的关键环节。

一方面，巩固马克思主义在学校意识形态领域的指导地位是高校党政领导干部讲思政课的重要任务。高校一直以来都是意识形态斗争的前沿阵地，随着社会主义市场经济的快速发展，以历史虚无主义、新自由主义为代表的错误思潮冲击着高校意识形态领域，从不同视角、在不同程度上对学生人生态度的形成和价值取向的确立带来了负面影响。作为党和国家的根本指导思想，加强高校意识形态领域的斗争力必须以马克思主义为主要抓手，既要坚决捍卫马克思主义的主导地位，也要通过宣传教育手段让全体师生"学马""爱马""信马"，推动高校党政领导干部走上思政课讲台是达致这一目的的重要手段。思政课是高校思想政治工作的主渠道、前沿阵地，旨在帮助学生理解马克思主义理论和马克思主义中国化的科学性，读懂中国共产党百年征程的历史进程和伟大成就，树立马克思主义世界观、人生观和价值观，促使他们学会用马克思主义的观点、立场和方法看问题、办事情。高校党政领导干部上讲台既可以凭借自身优势和教学能力直接实现思政课育人铸魂的课程目标，也可以深入课堂一线，了解学校教学实践的困境和不足，提出有效建议和整改措施，推进思政课的改革创新，进而巩固马克思主义在高校意识形态领域的指导地位。

另一方面，加强党对高校的全面领导是高校党政领导干部讲思政课的根本核心目标。中国共产党是中国特色社会主义事业的领导核心，也是高等学校意识形态领域斗争的领导核心，只有坚持和加强党的领导，才能紧紧抓住意识形态斗争的主动权、牢牢守住意识形态斗争的主阵地。首先，教育学生认识、理解党的理论创新成果和了解、贯彻党的方针政策是坚持党对高校全面领导的集中体现。领导干部作为党组织在高校的代言人，具备较为深厚的理论把握力、政策领悟力、决策执行力，让他们走上讲台，结合学生发展状况和工作实际现身说法、权威讲授，有利于青年学生更好地理解党的指导理论，正确地把握党的路线、方针、政策，以此来凝聚学生的思想共识，加强党对学校各项工作的领导。其次，引导学生听党话、跟党走、夯实党的青年群众基础是坚持党对高校全面领导的根本指向。高校党政领导干部走上思政课讲台就是走进了学生的日常生活，走进了学生的内心深处，他们学着倾听学生的心声，与学生平等交流，他们努力解决学生的困难，与学生共话未来，有利于"拉近青年学生与党和政府的距离，让高校学生不断增强对党和政府的信任"①。

（二）增强高校思想政治教育实效性

党的十八大以来，高校思政课建设方向日益明确、发展动能不断迸发，在落实立德树人根本任务上取得了显著成效，但是也还存在一些问题亟待解决，诸如有的地方和学校对思政课重视程度不足、教师积极性主动性创造性不够、教学方法教学手段有待改进等。高校党政领导干部讲思政课，体现了党和国家以及学校对思政课的高度重视，起到了率先垂范、以身作则的表率作用，能够从不同层面增强高校思想政治教育的实效性。

一方面，彰显高校思想政治教育重要程度是高校党政领导干部讲思政课的显性效应。改革开放之初，在以经济建设为中心、大力发展生产力的浪潮下，社会主义建设者专业技能的培养尤显重要，这就导致在一定程度上弱化了好学生道德品质、思想觉悟的培育，导致个人主义、金钱至上的思潮渗入一些群众的思想观念中。反映到思政课课程建设上，全社会对思政课的重视度不足、高校思政课教师配备不齐全、思政课教学体制机制不健全、社会学校家庭一体化教育模式尚未成熟等问题客观存在。进入新时代，党和国家高度重视思想政治工作在治国理政中的地位作用，将学校思政课定位为立德树人的关键课程，召开多次会议、颁布系列文件、实施多项举措借以提高全社会对思政课之于学生成长、家庭发展的积极意义的普遍认同。高校党政领导干部讲好思政课，意味着在领导层面已然将思想政治工作视为学校工作的重中之重，必然能够带来建构健全学校思政课教学体制机制的积极效应。此外，领导干部身先士卒、率先垂范，能够引起学生、教师甚至是家长的关注度，引发他们对思政课是什么、有什么用等问题的直接思考。可见，高校领导干部讲思政课能够彰显思想政治教育的重要程度，是在全社会提高思政课重要地位的有力举措。

---

① 中组部中宣部教育部. 关于领导干部上讲台开展思想政治教育的意见［EB/OL］. http：//www.moe.gov.cn/srcsite/A12/moe_1407/s253/201507/t20150731_197069.html，2021-12-23.

另一方面，聚合高校思想政治教育力量是高校党政领导干部讲思政课的潜在效应。高校思想政治教育不仅仅是学校领导的工作，也不只是专职思政课教师的职责，更不单是学生自身的任务，需要依靠学校、家庭、社会各方面力量共同发力，只有建构起学校思想政治教育全方位育人模式，才能切切实实提高育人铸魂的实效性。就学校微观层面而言，高校党政领导干部走进思政课课堂，上上课，听听课，能够有效弥合专职思政课程育人的不足，诸如专职教师的理论功底深厚但实践经验相对欠缺，提高思政课的时效性和针对性，也能够健全思政课教师教学评价机制，提高思政课教师的积极性主动性创造性。高校党政领导干部走进其他基础课或专业课课堂，上上课，听听课，能够有针对性地充分挖掘这些课程的思想政治教育价值，从而促成思政课程与课程思政的双向融合。就宏观层面而言，高校党政干部讲思政课能够引起家庭、学校和社会对学生思想政治教育的高度重视，为建构以学校教育为主体、家庭教育为关键、社会教育为补充，互通有无、有机联合的"三位一体"的德育格局提供了重要的思想条件。可见，高校党政领导干部讲思政课是聚合高校思想政治教育教学力量的创新妙招。

（三）锤炼社会主义建设者和接班人

高校党政领导干部讲思政课的创新举措不仅能够培育好学生，而且还能锻造好干部，具有双重作用。

一方面，高校党政领导干部讲思政课有助于培养德才兼备、以德为先的青年学生。青年兴则国兴，青年强则国强。历史证明，青年在革命、建设和改革的实践中均起到了中流砥柱的作用，他们是新民主主义革命的先锋力量，是社会主义改造和建设事业的主力军，是改革开放和社会主义现代化建设实践的排头兵，也必将是新时代中国特色社会主义事业的核心支柱。重视青年、引导青年、培养青年一直以来都是我们党的优良传统，守住青年就要抓住青年的心，而抓住青年的心就要重视青年的思想政治教育。在高等学校开设思想政治理论课是做好青年学生思想政治工作的关键环节，而高校党政领导干部上讲台则是提高思政课育人实效的关键一招。高校党政领导干部讲思政课，能够更充分更全面地发挥教学优势，有助于青年学生树立崇高的理想信念和始终坚定马克思主义信仰，有助于青年学生积极拥护中国共产党的领导和厚植崇高的爱国主义情怀，有助于青年学生不断提高思想道德素质和培养高度的社会责任感，有助于青年学生在为社会主义事业和个人理想奋斗的过程中感悟并实现人生的社会价值。一句话，有助于培养担当民族复兴大任的时代新人。可见，高校党政领导干部讲思政课，在很大程度上能够落实立德树人的根本任务，对于全面建设社会主义现代化强国意义深远。

另一方面，高校党政领导干部讲思政课有助于锻造忠诚可靠、干净担当的领导干部。高校党政领导干部是党和国家密切联系青年学生的桥梁纽带，他们不仅是党的教育方针、政策的贯彻者、执行者，也是学校管理服务工作的组织者、实施者。"干部问题的实质是干部素质问题"①，思想政治素质和科学文化素质是领导干部素质的主要内容，政治素质是否过硬、思想品德是否优良、专业知识是否扎实、技术能力是否完备直接标识领导干部的信仰立场和工作实效。总的来看，高校党政领导干部的政治觉悟、思想水平和道德状况是趋向良好的，行政管理能力和专业技术素质也是较高的，但也存在一些问题，诸如个别干部存在信念淡化、腐败堕落、脱离学生等问题。提高党政领导干部的素质需要齐抓共管、多措并举，推进高校党政领导干部讲思政课便是其中一项重要举措。高校党政领导干部上讲台是检验领导干部素质能力的"试金石"，他们要想把思政课讲好，必须深入学生实际，了解他们的思想动向和发展需求，成为学生的良师益友，必须加强理论学习，认真研读马克思主义经典著作和思想政治教育相关著作，正确理解党和国家的路线、方针、政策和相关文件精神，必须提高教学技能，合理选定教学内容，科学编写教学方案，灵活运用教学方法。可见，推动高校党政领导干部上讲台，能够形成一种倒逼机制，促使他们加强学习，不断提高自身能力，对于锻造忠诚可靠、干净担当的领导干部意义重大。

第二节 高校党政领导干部讲思政课的历史嬗变

高校党政领导干部讲思政课起源于革命时期领导干部上讲台开展思想政治

---

① 陈万柏、张耀灿：《思想政治教育学原理》（第三版），北京：高等教育出版社，2015年，第163页。

教育的优良传统，经过社会主义革命和建设时期的形成发展，在中国特色社会主义伟大实践中走上制度化发展的道路。爬梳高校党政领导干部讲思政课的历史进路，既能廓清这一举措的生成逻辑，又能探明这一举措的发展规律，进而为探究新时代高校党政领导干部讲思政课常态化机制建设提供有力支持。

一、以实践引领为主线：党的领导干部上讲台优良传统的形成发展（1921-1949）

高校领导干部讲思政课，萌发于新民主主义革命时期中国共产党人尤其是党的领导干部为觉醒民族意识、提高革命斗志而进行的各种各样宣讲活动，是对党的领导干部上讲台这一优良传统的创新性发展。新民主主义革命时期，党的领导干部上讲台的实践进路与中国共产党的革命道路紧密相连，在某种意义上可以说，中国共产党的发展壮大史就是党的领导干部上讲台优良传统的形成发展史，中国共产党团结带领中国人民争取民族独立、人民解放的伟大斗争实践预示着党的领导干部上讲台优良传统的形成发展之路。

（一）党的领导干部上讲台在实践中初步形成（1921-1924）

1. 建党前的萌芽

五四运动的爆发是促成马克思主义在中国传播的历史性节点，而党的早期领导人走上讲台则是宣传这一理论的主要途径。在建党前期，一批革命先驱如李大钊、陈独秀、杨匏安等走进学校工厂、走入大街小巷开始宣传马克思主义，组织马克思学说研究会，发动工人运动，为中国共产党的建立做了思想准备、理论准备和组织准备。作为在中国传播马克思主义的第一人，李大钊任职北京大学期间，在史学系开设了"唯物史观研究"课程，详细地讲授了历史唯物主义的基本内容，又与陶孟和、陈启修、张慰慈共同承担了政治系的"现代政治"讲座，结合当时世界政治情况主讲了《工人的国际运动》《印度问题》等报告，而后在经济系开设了"社会主义与社会运动"课程，课程内容主要涉及"社会主义观、科学社会主义的理论与实践、理论来源与社会运动、社会思潮与实践走向"①。在某种意义上而言，北京大学是最早开设马克思主义理论课程的高等

---

① 王东：《李大钊开创的北大马克思主义百年传统新论》，北京：《北京大学学报（哲学社会科学版）》，2021年第3期，第24-33页。

学校，而李大钊则是走上高校政治课讲台的第一位党的领导人。当然，除李大钊外，陈独秀、杨匏安等革命先驱也不约而同地走到学校课堂上为青年学生讲授马克思主义理论课、政治学课或开设形势政策专题讲座、国民素养专题讲座等。诸如在传播马克思主义方面有"北李南杨"之称的杨匏安，不仅利用自身所学翻译、撰写并发表大量马克思主义著作、文章，而且在其住所"杨家祠"开办"注音字母训练班"，虽然"教的是注音字母，而注音的内容恰恰是进步的文章、书刊"，"还教唱《国际歌》，利用讲课、唱歌来进行革命宣传"①，这些都在一定程度上启迪了青年学生尤其是先进分子的思想觉悟。

由于党的早期组织不成熟、中文译著少且不系统、反动势力打压排挤等，外加上社会发展条件的限制，致使这一时期党的领导干部上讲台处于萌芽阶段，集中体现在讲授主体人数少、讲课内容碎片化、讲课对象单一化等方面。随着民族危机日益严重和革命形势深入发展，中国人民的民族意识尤其是无产阶级的阶级意识必然在革命先驱的授课启蒙下逐渐觉醒，成为谋求民族解放、人民独立独特的精神力量。

2. 建党初期的生成

建党初期，为了让更多的人了解马克思主义学说，为了培养更多的、更牢靠的共产党员，中国共产党人曾通过多种形式创办了种类不一、规模不等的各种高等学校，诸如毛泽东在长沙自主创办的湖南自修大学、国共两党合作创办的上海大学，以毛泽东、李达、瞿秋白等为主要代表的党的领导人在这些学校中身兼学校领导和任课教师双职，开展马克思主义理论教育，党的领导干部上讲台的优良传统初步形成。

1921 年 8 月毛泽东等人在湖南长沙创办湖南自修大学，李达任校长，设文科和政治经济科，坚持理论教育与劳动教育相结合，采取以自由研究、共同讨论为主、教师指导为辅的教学方法，教学内容主要选择马克思主义经典著作，诸如马克思恩格斯的《共产党宣言》《哥达纲领批判》《社会主义从空想到科学》等以及党的一大、二大宣言。毛泽东、李达、董必武、陈潭秋等党的创建者亲自从事教学工作，注重用马克思列宁主义分析当时的国内外政治局势，激

---

① 中国侨联. 杨匏安：华南传播马克思主义第一人［EB/OL］. http：//www.chinaql.org/n1/2021/0410/c437203-32074665.html，2021-12-23.

发教学对象的政治使命感和民族责任感。此外，为满足广大青年和工人群众的学习需求，自修大学还开办了补习学校，何叔衡任学校主事，毛泽东任指导主任，夏明翰任教务主任，同时补习学校的教员大多由自修大学的学员担任，一批以马克思主义理论武装起来的革命先锋对建党初期革命活动的开展和马克思主义的传播起到了积极作用。

1922年国共两党在酝酿合作的过程中创办了上海大学，校长于右任，瞿秋白、邓中夏先后任教务长，瞿秋白兼任社会学系主任，陈望道任中国文学系主任。其中，社会学系要求学生集中学习马克思主义哲学、社会发展史、政治经济学和社会主义，开设的课程主要有瞿秋白讲授的以马克思主义哲学为核心内容的"现代社会学"和"社会哲学概论"，蔡和森以恩格斯的《家庭、私有制和国家的起源》一书为基础编成讲义的"私有财产制度起源"，张太雷的"帝国主义论"、李季的"《资本论》（节选）"、恽代英的"国际政治与国内政治"等。同时，学校也明确要求其他各系学生学习哲学和社会科学，并经常聘请社会学系的教授诸如任弼时、萧楚女等前来授课，促使"上大"的马克思主义理论课呈现出一种公共基础课的发展态势。"上大社会学系……对马克思学说作系统的讲授，并以讲学与行政相结合，在当时中国大学中更属创举，因此颇其号召力，大学部学生中，社会学系竟占十分之六。"① 此外，还邀请党的其他领导人或一些社会名流来校作报告，有的讲社会主义理论，有的讲工人运动情况，有的讲国际问题。这些专职或兼职教师多是革命初期党的重要领导人，他们所讲授的内容大多与社会政治问题关联紧密，在不同程度上启发了学生的思想觉悟，激发了学生的革命斗志。

经过建党前期在宣传马克思主义、组织工人运动方面的经验积累，党的领导干部上讲台相对而言在建党初期的讲授内容更加具体化、系统化，讲授安排更具计划性、组织性，讲授队伍规模更加庞大、结构更加合理，讲授对象也更有针对性，这些均表明党的领导干部上讲台的实践传统逐渐由自发走向自觉、由碎片走向整体，实现了从萌芽向生成的第一次华丽转变。当然，此时的中国共产党仍处于幼年阶段，党内先进知识分子以及部分领导干部在学生群体尤其

---

① 张腾霄：《中国共产党干部教育研究资料丛书》（第二辑），北京：中国人民大学出版社，1989年，第407页。

是普通民众中的革命号召力和政治影响力还有待提高，外加上党实际领导下的高校数量屈指可数等外部因素的制约，致使党的领导干部上讲台的优良传统还需要在实践中不断发展。

（二）党的领导干部上讲台在实践中不断发展（1924-1937）

1. 大革命时期的探索实践

广州农民运动讲习所和陆军军官学校是大革命时期国共合作创办的两所不同类型的学校，也是这一时期党的领导干部上讲台开展思想政治工作的重点实践场所。

1924 年 7 月至 1926 年 9 月，以国民党名义、由共产党主持的广州农民运动讲习所先后共举办了六届，"农民运动大王"彭湃创立讲习所并担任第一届和第五届主任，共产党员罗绮园、阮啸仙、谭植堂先后任第二、第三、第四届主任，毛泽东任第六届所长。广州农民运动讲习所旨在培养农民运动的指导人才，教学内容主要是研究马克思主义理论和中国革命的基本问题——农民问题，教员多是国共两党的领导人，其中以共产党员居多。以第六届广州农民运动讲习所为例，毛泽东不仅担任讲习所所长，而且还亲授"中国农民问题""农村教育""地理"三门课程，并以专题的形式讲授了《中国社会各阶级的分析》等主旨报告。聘请周恩来、彭湃、李立三、恽代英、萧楚女等党的领导干部担任教员，主讲"军事运动与农民运动""海丰及东江农运状况""中国职工运动""中国史概要""社会问题与社会主义"等课程。其中，萧楚女的"帝国主义"课以丰富翔实的材料和生动形象的语言，分析了帝国主义是资本主义的最后阶段，阐释了"资本主义必然灭亡、共产主义必然胜利"的科学论断。除课堂讲授外，讲习所还通过举办专题讲座、召开讨论会、参加社会实习、创办《农民运动》刊物等手段来提高教学的实效性，坚持了理论学习与实践活动相结合的教学原则。广州农民运动讲习所不仅培养了一大批农民运动领导干部，而且还积累了丰富的办学经验，为我们以后高等专业院校开展思政课教学提供了积极借鉴。

1924 年 6 月黄埔军校在孙中山先生的大力支持下创立，军校设有政治部，主要任务是以革命理论武装师生，帮助他们坚定革命信仰，对内负责学生的思想政治教育，对外负责宣传和组织群众。1924 年 11 月周恩来担任黄埔军校政治部主任，不断健全政治工作组织机构，制定出台系列政治工作规章制度和训练计划，调任许多共产党员从事政治部教学和事务工作，开启了党在军校思想政治工作的新篇章。政治课是锻造学生政治素养的主要方式，教学内容涉及三民主义和共产主义，课程涵括"三民主义""社会主义运动""社会进化史""帝国主义""农村问题研究"等，政治教官多是共产党员，诸如聂荣臻、恽代英、萧楚女、张秋人、安体诚等。除此之外，黄埔军校还不断创新思想政治教育形式，诸如定期邀请校外的毛泽东、刘少奇、张太雷、邓中夏等讲授当前的形势、任务和政策；注重联系群众，规定学员每周必须下乡实习一次，宣传革命主张，搞好军民团结；出版刊物或文摘，组织讨论国家大事或时事政治，提高学员的政治觉悟和革命意识；设立党的秘密支部，宣传马列主义，发展培养共产党员；建立以共产党员为核心的学生组织，宣传革命理论和党的政策，联合军队中的革命分子；等等。诸此种种举措，为北伐战争的胜利以及日后工农红军的创立培养了大批骨干，标志着党的学校思想政治工作制度体系的初步形成。

由是观之，工农群众和军队战士是大革命时期党的思想政治工作的重点对象，领导干部主抓政治教育、主讲政治课程、参与政治宣讲是这一时期的实践特色，坚持军事训练与政治学习并重，坚持制度保障与方法创新并重，这些均为今后党的领导干部上讲台的深入开展提供了有益借鉴。但是，由于国民党反共势力的敌视、共产党实力尤其是军事实力弱小等不利条件的客观存在，大革命时期党的领导干部上讲台开展思想政治教育的独立性、自主性在很大程度上受到限制，课程体系的系统性、授课内容的科学性、讲授时间的连续性还不能得到有效保障，仍处于探索起步阶段。

2. 土地革命时期的自主化实践

大革命失败后，为适应土地革命发展和根据地建设的需要，我们党独立自主地创办了属于自己的高等学校，如中央苏区工农红军大学、江西苏维埃大学等，"开创了最初的以彻底的马克思主义为指导的思想政治理论教育和思想政治工作实践"①。

中央苏区工农红军大学是为了培养军事干部而逐渐成立起来的，它的前身是中央军事政治学校，何长工、刘伯承、彭雪枫等先后任校长或兼任政治委员。

---

① 谈松华：《中国高等学校思想政治教育史纲》，北京：高等教育出版社，1992年，第31页。

在创立之初，中央军事政治学校教职人员的配置坚持专职与兼职相结合的原则，专职教员如郭化若、周士第、王智涛等主讲"党的建设""社会发展史""红军政治工作"有关政治课程，同时也经常邀请党内高级领导人或党外知名民主人士来校讲座。"毛泽东、周恩来、朱德、王稼祥、刘伯承、刘少奇、邓小平等都给红大讲过课，军委各总部的一些部长也都在红大兼课。"① 中央苏区工农红军大学领导干部上讲台开展思想政治教育的实践形式丰富多样，坚持了理论学习与实践活动相结合的教学方式，坚持了灌输与启发相统一的教学原则。除了讲授政治课、做专题讲座外，还在条件允许的情况下，要求学员积极参加相关政治或军事会议借以了解军政动态、培养军政素质，如"在中华苏维埃第二次全国代表大会期间，红大学员听了毛泽东的政治报告和朱德的军事报告"②，深入生活实际、抓住各种教学时机鼓励学生勇于自我批评，如周恩来要求分清"公山"和"私山"，爱护群众的一草一木。

1933 年 8 月江西苏维埃大学在瑞金创立，毛泽东、瞿秋白先后任校长，沙可夫、徐特立先后任副校长。教学内容主要包括苏维埃工作的理论、实际问题和实习三项，教员坚持专兼职相结合的原则，兼职教员多是党内高级领导干部担任，如周恩来、朱德、张闻天、王稼祥等。作为学校领导，毛泽东、瞿秋白等高度重视政治课在学校教学和人才培养中的重要地位，毛泽东亲自编写《乡苏维埃怎样工作》教材并印发给学员，瞿秋白对"政治教育每一课程、每一次学习的讨论的题目他都加以原则指示"。第五次反"围剿"时期，江西苏维埃大学并入被称为"中共中央党校前身"的马克思共产主义学校，该校于 1933 年 3 月成立，任弼时、董必武分别任首位校长、副校长，陈潭秋任校委委员兼教员。马克思共产主义学校的主要任务是培养党的政治干部，因而教学内容主要涉及马克思主义理论、国内外政治运动、政治常识、党的建设等，教材由董必武担任组长的学校编审处负责编写。就教员而言，"马克思共产主义学校专职教员不多，经常邀请中共中央局苏维埃政府等的领导人到党校上课，毛泽东、周恩来、

---

① 钟同福：《"红埔军校"——中央苏区红军大学的来龙去脉》，河南：《党史博览》，2020年第 2 期，第 51-56 页。

② 钟同福：《"红埔军校"——中央苏区红军大学的来龙去脉》，河南：《党史博览》，2020年第 2 期，第 51-56 页。

朱德、刘少奇、陈云、博古、洛甫、项英等都曾到党校授课"①。灵活运用比较的方法开展领导干部上讲台是马克思共产主义学校的教学特色。

综上所述，工作能力强、思想觉悟高的党的高级领导干部是以中央苏区工农红军大学、江西苏维埃大学和马克思共产主义学校为主要代表的土地革命时期高等学校思想政治教育的授课主体，他们结合自身理论知识和工作经验，在教学的过程中充分发挥主观能动性，丰富了政治教育内容，开拓了政治教育途径，创新了政治教学方法，是中国共产党第一次有目的、有计划、有组织地在讲政治课中发挥领导干部权威效应的有效尝试。与这一时期我们党独立自主地领导无产阶级革命、建立工农民主政权相呼应，领导干部上讲台也走上了自主化实践的道路。但在国民党反动派经济上封锁、军事上围剿、政治上孤立的多重打压下，发展经济、武装红军、巩固政权成为当时党的工作的重中之重，领导干部上讲台在实践中的纵深推进，尤其是专业化和常态化发展相对而言失去了较为稳定且长期的外部环境，在某种意义上处于停滞状态。

（三）党的领导干部上讲台在实践中深层推进（1937-1949）

1. 抗日战争时期的专业化实践

抗日战争开始后，以延安为代表的抗日根据地内的高等学校逐渐建立和发展起来，大致有主要培养军事干部的抗日军政大学、主要培养政治干部的陕北公学院和延安大学、主要培养文艺干部的鲁迅艺术学院等三种类型，任务指向不同决定了学校思想政治教育工作既有差异，也有共同点。在根据地相对较长时间的稳定社会环境的有力加持下，高校思想政治教育初步取得了较为系统化、专业化的发展态势，领导干部上讲台也更具针对性、有序性。

1937年1月，抗日军政大学建立，林彪任校长，刘伯承任副校长，毛泽东任教育委员会主席，罗瑞卿任教育长。政治教育是学校工作的重点内容，政治课程主要有"马克思主义基本原理""政治经济学""联共党史""中国革命运动史""中国问题"等，每门课程的课时也有具体的规定，并要求教员在教学的过程中注重因材施教、注重启发式教学、注重理论联系实际。毛泽东亲自规定了抗大的教育方针和校风校训，同时花大力气加强抗大的教师队伍建设，不仅

---

① 晏义光、陈上海：《马克思共产主义学校的办学特点》，北京：《中国党政干部论坛》，2008年第2期，第58-59页。

从机关干部中抽调一批军政素质好、文化水平高的领导同志担任专职教员，还鼓励支持党的其他领导干部经常去授课做讲座，诸如毛泽东的经典著作《实践论》《矛盾论》《论持久战》等均在抗大讲演过，还有陈云主讲的"怎样做一个共产党员""党的干部政策"、王若飞主讲的"马列主义"、滕代远主讲的"党的政策"等。在抗大中，校领导与学生之间的关系十分融洽，他们一起参加操练、一起谈话散心，生成了学校政治课有效开展、持续推进的良好情感基础。据统计，抗日军政大学共培养出 10 多万名抗日干部，为新民主主义革命的胜利提供了充足的干部储备和人才保证，毛泽东曾赞扬说，"昔日之黄埔，今日之抗大，是先后辉映，彼此竞美的"[1]。

　　1937 年 9 月，陕北公学院成立，作为一所综合性较强的高等学校，其"教育内容为三分军事七分政治"[2]，开设的政治理论课程主要有"抗日民族统一战线论""时事政策""马列主义基本原理""政治经济学"等，还经常邀请党的领导人和社会名流作专题报告，毛泽东曾讲过"中国宪政运动"和"青年运动的方向"，周恩来讲过"大后方的抗日形势"，朱德讲过"敌后战场的开辟和发展"，任弼时、董必武、张闻天、王若飞等党的领导人也来校作过报告。1938 年 4 月鲁迅艺术学院成立，学院既注重文艺理论和专业课程的学习，也注重马列主义课程的学习，其中政治理论课是公共必修课，时间安排占全部学时的八分之一，邀请党的领导干部进行专人讲授，诸如李富春讲授"中国共产党"、杨松讲授"列宁主义"、李卓然讲授"中国革命问题"等。鲁迅艺术学院开创了在文艺类高等院校中重视思政课的优良传统，也强调了领导干部在讲政治课中的重要作用。此外，这一时期，领导干部上讲台的形式也有了创新，即与党的政治运动密切结合，如配合延安整风运动的开展在学校开设整风课程，并邀请领导干部来作整风专题讲座。

　　抗日战争时期，党的高校思想政治教育发展到了新的高度，"马克思主义基本原理""政治经济学""联共党史""中国革命运动史"等课程的开设表明社会主义建设时期政治理论课的课程结构在抗日战争时期已经初步形成。同时，以毛泽东同志为主要代表的党中央领导集体的领导地位趋于巩固、核心主体趋

---

[1]　《毛泽东文集》（第二卷），北京：人民出版社，1993 年，第 187 页。

[2]　龚海泉：《高等学校思想政治教育史》，湖北：武汉出版社，1992 年，第 30 页。

于明确、任务分工趋于合理昭示着党的思想政治工作领导机制正在不断建立健全。在课程体系日益完善、领导机制不断健全的条件下，党的领导人因校制宜、因时制宜、因势制宜设定政治课程或开展专题讲座，宣告了领导干部上讲台开展思想政治教育已然逐渐走上专业化的发展道路。

2. 解放战争时期的常态化实践

解放战争时期，党领导下的高等院校的发展呈现两种态势，一是适应战争初期形势发展的需要各革命根据地的学校进行搬迁、合并，二是全国解放前夕在新解放区成立了各人民革命大学，或接管和改造了一批高等学校。不管是搬迁合并的根据地大学，还是新建立改造的高等学校，办学规模逐渐扩大，学生数量不断激增，这些学生未受过系统的马列主义教育，思想较为复杂，有的甚至还存在封建主义和反动顽固派的错误立场。为此，"西北局、东北局、华北局非常重视整顿和加强高等学校的思想政治教育。如西北局就指示要派得力干部掌管学校，要遵循新民主主义教育方针，调整和加强思想政治教育工作"①。总体而言，这个时期高校思想政治教育的主要任务是帮助学生彻底转变立场，促使其积极拥护中国共产党的领导，并投入反对国民党反动派的斗争中。大多数高校继承了抗日战争时期革命根据地高校思想政治教育的优良传统，坚持理论学习和实践活动相结合的教学原则，坚持课堂讲授和专题讲演双管齐下的教学方式，采用自由争辩、民主讨论、耐心说服等教学方法，在改变青年学生的思想立场、启发他们对民族和人民命运的深度思考等方面取得了较好的教育效果，有力地推动了解放战争的彻底胜利和新解放区建设的顺利进行。在这一时期，领导干部走上讲台开展思想政治教育的成功经验在各个高校得到贯彻实践，党的有关领导干部走上学校讲台向青年学生宣讲党的方针政策，揭露国民党反动派的凶残统治和独裁政策，并借助土地改革的契机带领学生走向农村、走入田间，体悟官僚资本主义的腐朽性、中国共产党的先进性、纯洁性以及人民群众的历史主动性。

值得注意的是，在国民党统治区，鉴于学生运动的空前高涨，我们党的青年工作领域由校外转入校内，工作性质由单纯的政治运动转向学术与政治并重

---

① 龚海泉：《高等学校思想政治教育史》，湖北：武汉出版社，1992年，第34-35页。

的教育活动，在校青年学生成为这一时期国统区党的思想政治教育的主要对象，党的领导干部上讲台的工作方式和教育内容适应革命形势的需要进行了开拓创新，主要表现在两个方面：一是吸收一些进步教授加入党组织，外加上我们党隐藏在学校内部的青年积极分子构成思想政治教育骨干队伍，鼓励他们以隐蔽的、间接的、灵活的方式积极开展以中国共产党的性质宗旨、党在国统区政策方针为主要内容的思想教育，并以直接的、公开的方式进行"打倒独裁、争取民主"和停止内战的宣传教育，借以提高青年学生的政治觉悟。二是派遣地下党组织中的青年骨干力量进入学校参加或创立文艺、学术等类型的学生团体，利用这些合法的公开的组织通过有效方式去接近青年，在他们中间有目的、有计划、有意识地开展爱国主义教育、民族解放教育和反压迫、反内战教育，促使更多的青年学生加入中国共产党的爱国统一战线行列中。此外，我们党还善于抓住有利形势，捕捉一次次教育机遇，及时成立学生组织借以领导学生运动。诸如1946年12月在北京东单广场发生了美军士兵强奸北京大学女学生的暴行，激发了广大学生的愤懑之情，在广大学生义愤填膺、全国上下强烈谴责的情势下，上海党组织成立了上海市学生抗议驻华美军暴行联合会，领导组织上海1万多名学生举行了抗暴行的示威活动，有力地打击了美帝国主义的嚣张气焰和国民党反动派的媚外政策。

可以看出，党的领导干部上讲台的优良传统不仅在解放区得到了弘扬，而且在国统区有了新的发展，已然能够适应革命形势和领导力量的变化以及学校性质的差异来创新教育教学形式、强化思想教育效力，昭示着这一优良传统步入了常态化发展的阶段，成为解放战争时期党的思想政治工作发挥生命线作用的关键一环。

总体来看，领导干部上讲台开展思想政治教育的优良传统在建党前已然萌芽，为建党后的初步生成提供了经验借鉴，经由大革命时期的多维探索至土地革命时期实现了自主化发展，并在抗日战争时期和解放战争时期得到了专业化和常态化的实践，最终走向成熟。在革命实践中形成的党的领导干部上讲台的优良传统，内涵丰富，意蕴深远，作为方法论不仅在新中国成立后的思想政治教育和意识形态工作中逐渐理论化，而且在高校思想政治理论课建设中进一步实践化。

二、以要素建设为依托：高校党政领导干部讲思政课的举措生成（1949—1978）

新中国成立后，在革命实践中形成的党的领导干部上讲台的光荣传统必然能够在高等学校思想政治教育领域得到继承弘扬，发展为政治理论课建设的重要战略举措，即高校党政领导干部讲思政课，这一过程主要是在新中国成立后约30年完成的。高校党政领导干部讲思政课的实践生成得益于政治理论课多维要素的构建发展，涵盖教学目标的设立、课程结构的设置、教学方法的完善、领导机制的健全，其中，课程结构的设置关涉领导干部讲什么，指向教学内容设定，是教学目标的现实表达，领导机制的健全关涉什么样的领导干部讲以及领导干部怎样讲，指向教学队伍建设，是教学方法的抽象规定。因此，本部分主要以分析高校政治理论课课程结构和领导机制的建设历程为抓手来管窥高校党政领导干部讲思政课的举措生成之路。

（一）高校党政领导干部讲思政课在政治课要素构建中孕育（1949—1956）

新中国成立后，重新构建一套较为完整系统、适应社会发展需要的政治理论课课程结构和领导机制成为高校思想政治教育改革的重中之重。同时，党的领导干部上讲台开展思想政治教育的社会大环境发生了深刻变化，不可能再像革命时期般由党的领导人或高级领导干部直接担任高校负责人，他们也很难有机会和时间频繁走入学校课堂授课，在建构课程体系和领导机制中探索领导干部上讲台优良传统在学校层面的具体操作设计成为新的实践课题。

1. 高校政治理论课课程结构在改造时期逐渐形成

社会主义改造时期，高校政治理论课课程结构设计呈现出从无到有、从一到多的发展趋势，初步设置了高校党政领导干部讲政治课的内容框架。1949年10月8日，华北人民政府高等教育委员会颁布《华北专科以上学校一九四九年度公共必修课过渡时期实施暂行办法》，规定"辩证唯物论与历史唯物论（包括社会发展史）""新民主主义论"为各年级的公共必修课，且文、法和教育学院毕业班学生必修"政治经济学"，由此华北成为新中国成立后最早开设政治理论课的地区。随着全国各地的解放，从国民党手中接管而来的各高等学校逐渐废除反动课程，诸如"国民党党义""军事训练"等。1950年7月28日政务院颁布《教育部关于实施高等学校课程改革的决定》，要求高等学校自主"废除政治上的反动课程，开设新民主主义的革命的政治课程，借以肃清封建的、买办的、法西斯主义的思想，发展为人民服务的思想"①。自此，"新民主主义论"、"社会发展史"和"政治经济学"三门政治课程在全国范围内开始普遍设立。1952 年 10 月 7 日，教育部颁布《关于全国高等学校马克思列宁主义、毛泽东思想课程的指示》，对政治必修课在综合性大学及师范大学师范学院、专门学院和专科学校的开设顺序和课程安排做出了具体规定，标志着最初的高等学校政治理论课课程结构基本形成。1953 年 2 月教育部决定在各类型高等学校及专修科二年级增设必修课"马列主义基础"，同年 6 月鉴于"新民主主义论"与部分政治理论课教学要点重复，将其更换为"中国革命史"，借以加强爱国主义和国际主义教育。1956 年 9 月，高教部批准《关于高等学校政治理论课程的规定（试行方案）》，对不同院系、不同学科的政治必修课（"政治经济学""辩证唯物主义与历史唯物主义""马列主义基础""中国革命史"）门数学时、顺序、讲授和课堂讨论学时比例、考核方式等做出了具体规定。至此，对高校政治理论课课程结构的改造和设计趋于完成，而后进入社会主义建设时期适应工业化建设和实际情况需要进行逐步调整和完善，为高校党政领导干部讲什么课及其教学内容的铺排提供了参照。

2. 高校政治理论课领导机制在改造时期逐渐建立

社会主义改造时期，高校政治理论课的领导机制逐渐建立起来，为什么样的高校党政领导干部上讲台以及领导干部怎样讲政治课提供了较为坚实的组织基础。新中国成立初，党和国家选派一批领导干部或知名学者担任高等院校校长，实行校长负责领导体制，而后建立了校党委，逐渐形成了党委统一领导下的校长负责制。就学校政治理论课的领导机制建设而言，也是经历了一个从无到有、从不健全到健全的过程。1950 年 10 月，教育部印发《关于高等学校政治课教学方针、组织与方法的几项原则》，要求高等学校结合自身实际情况设立政治课教学的领导机构，机构名称可为政治课教学委员会或教学研究指导组，机构成员由全体政治课教师和学生代表组成，受学校行政领导。1951 年教育部就解决政治课教学中存在的问题向华北各高校做出明确指示，其中一项是"现有

①　教育部：《中央人民政府教育部关于实施高等学校课程改革的决定》，福建：《福建政报》，1950 年第 8 期，第 63-64 页。

的政治教学委员会（或大课委员会）应改为各该科目的教学研究指导组"①，指导组工作的计划、组织、督导检查由教务长负责。该文件首次对政治课具体领导责任者做了明确规定。教育部《1954年的工作总结和1955年的工作要点》要求校长和副校长直接领导政治理论课教研组的工作，以此来切实改进政治理论课教学的组织和领导，进而提高教学质量。自此，管理政治课的领导岗位由教务长上升到校长或副校长层次，逐渐确立起校长领导—政治课教学委员会负责的领导机制。同时，党和国家还高度重视高校党政领导班子的建设。1953年5月毛泽东主持召开中共中央政治局会议，决定从宣教部门、青年团抽调干部充实大学领导班子。1955年12月中共中央发出《关于配备高等学校政治工作干部的指示》，认为，把党、团组织和人事保卫等部门充实起来是增强高等学校政治工作力量的重要手段，于是要求各省市委在1956年3月前为所属各高等学校配齐或调整党委书记及人事处长等政治工作的领导干部。可见，这一时期，高校政治理论课的领导机构趋于优化，领导队伍素质也明显提高，初步完成了高校党政领导干部讲思政课领导体制和组织架构的建设任务。

3. 高校党政领导干部讲思政课在改造时期自发孕育

在政治理论课课程结构还未完全建构、领导机制还未完全健全的情势下，社会主义改造时期的高校思想政治教育工作多是围绕党和国家的中心任务展开的，学校以报告会、座谈会、研讨会等形式组织学生集中学习相关中央文件精神和党的领导人重要讲话，在某种意义上继承了新民主主义革命时期党的领导干部上讲台的光荣传统，或许可以视为新中国成立后领导干部讲思政课的宏观实践。诸如1951年对全国高校教师和青年学生开展了一次较为集中的思想改造学习活动，"学习方式主要是听报告，学文件，组织讨论。报告由教育部有计划地组织，并邀请中央负责同志亲自主讲，配合报告选编出最必要的学习文件"②。周恩来高度重视此次学习运动，并在京津高校教师学习报告会上作了《关于知识分子的改造问题》的演讲，毛泽东也于同年10月号召全国知识分子广泛地开展一个自我教育和自我改造的运动，为全国高等学校师生的思想改造

---

① 教育部社会科学司组编：《普通高等学校思想政治理论课文献选编（1949-2008）》，北京：中国人民大学出版社，2008年，第9页。

② 龚海泉：《高等学校思想政治教育史》，湖北：武汉出版社，1992年，第66页。

提供了有力的指导和支持。又如 1953 年召开的青年团第二次全国代表大会，刘少奇代表中央向大会献祝词，号召全体青年团员学习马克思列宁主义的伟大学说和毛泽东经典著作，要求他们始终和党站在一起，为社会主义工业化建设而奋斗。大会期间，毛泽东亲自接见了大会主席团成员，号召全国青年要努力做到"身体好、学习好、工作好"。经由教育、宣传等部门的积极推进，这些演讲、祝词、号召等成为当时高校青年学生政治学习的重要内容，也成为他们今后努力奋斗的价值目标，即争做"三好学生"为社会主义现代化建设添砖加瓦。

此外，在高校政治理论课课程体系和领导机制建设的过程中，领导干部上讲台的优良传统在学校微观层面的具体操作设计也得到了一定的发展，集中表现为高校党政领导干部开始走上思政课讲台，但这主要是为了解决政治理论课教师数量不足、师资素质不高等队伍建设问题"被迫"作出的决策。1952 年 9 月 1 日，中共中央批示《关于培养高等、中等学校马克思列宁主义理论师资的指示》（下称《指示》），明确指出过去学校政治理论课教学水平不高的主要原因是普遍缺少足够称职的师资力量，为此需要将高年级学生中的优秀党员、团员吸纳入后备教师队伍，鼓励他们担任本校政治理论课的助教或助理，并指定宣传部门的负责干部领导他们的理论学习。同时，《指示》要求学校政治理论课师资力量的培养必须由各级党委宣传部门的正职或副职干部亲自负责，各级党委还应选派政治理论水平较高的领导干部到马克思列宁主义研究班及政治教育系或政治教育专修科教课，鼓励他们成为政治理论课的专职或兼职教师。由此可见，"领导干部"开始主要由新民主主义革命时期的党的领导人逐渐转向党的领导人和省市地区领导干部并重，"思政课"开始主要由形势报告逐渐转向形势报告和政治课程并重，这是领导干部上讲台的优良传统在社会主义改造时期的重要发展，也是高校党政领导干部讲思政课举措的初步萌芽。

总而言之，生发于革命实践中的党政领导干部上讲台的优良传统既在社会主义改造时期的高校思想政治工作宏观实践中得以有效贯彻，同时在课程建构和领导机制逐渐建立的情况下，在政治理论课微观建设中又有了创新发展，集中体现在高校党政领导干部开始兼任思政课教学任务。但这一创新举措主要由当时客观条件诸如专职教师人数不够、能力不高"倒逼"而成，外加上社会主义建设运动在全国范围内如火如荼开展，思政课的地位和作用还未在全国范围内引起高度重视，尚未成为启迪青年学生思想觉悟、提高全社会政治素质的有力手段，同时存在领导干部在讲思政课中权威优势发挥不足的问题，这些都标志着高校党政领导干部讲思政课仍处于自发孕育阶段。

（二）高校党政领导干部讲思政课在政治课要素完善中生成（1956-1978）

社会主义改造完成后，在社会政治大环境的直接影响下，高校政治理论课课程结构和领导机制呈现"破坏"和"恢复"相互继替、相互交织的发展状况。逆境促成长，问题促发展，为达致育人目的，为支撑社会主义建设事业，在要素遭到破坏的情况下需要政治理论课寻求新的突破，在要素得到恢复并不断完善的情况下需要政治理论课开拓创新，因而课程结构和领导机制在建设时期呈现"破—立"交织的困境为高校党政领导干部讲思政课的最终确立提供了现实机遇和发展空间。

1. 课程结构和领导机制在建设时期"破—立"交织

社会主义改造时期建立起来的政治理论课的课程结构和领导机制在社会主义建设初步探索时期几经遭到破坏，也得到多次恢复，在"破"和"立"相互继替、相互交织中艰难发展。

1957年12月10日，为配合反右派斗争的深入开展，高等教育部和教育部联合印发《关于在全国高等学校开设社会主义教育课程的指示》，要求高校学生必须认真学习《关于正确处理人民内部矛盾的问题》一文，辅之阅读相关的马克思主义经典著作、党的文献，并规定，在"社会主义教育"课程开设期间，原应开的四门政治课一律停开。由于受到"左"倾错误的影响，此次课程改革实际上是以政治运动代替了政治理论课的学习，虽然广大学生的思想觉悟在某些方面有所提高，但导致他们难以系统把握和理解马克思列宁主义基础理论知识，换言之，这恐难与原有四门政治课开设获得的实效相提并论。1958年3月，社会主义初步探索进入"大跃进"时期，在教育战线中也出现了一定程度的"左"倾错误，各高等学校在社会实践课程上增加了大量课时，如鼓励学生投入大炼钢铁的运动，课堂教学的时间相应大大缩减，配合"大跃进"运动的深入开展成为政治理论课的中心任务，越来越脱离实际，与原初设定的教育目标相去甚远。这一阶段，一些党的领导干部和高等学校的党政领导被错划为右派分子，外加上学校工作重心由教学转移到社会运动上，致使政治理论课的领导机制处于相对不健全的状态。

随着党中央开始觉察和着手纠正"大跃进"中的错误，高等学校政治理论课课程体系也相应得到恢复和发展。1959 年 4 月至 7 月，教育部在北京举办了马克思列宁主义课教师学习会，会议指出，改进教学方法借以引导教学对象有计划、有组织地研习党的理论、路线、方针、政策是今后政治理论课发展的重要方向，并规定从 1959 年下半年起，"社会主义""政治经济学""哲学""中共党史"成为高等学校的公共政治必修课，"社会主义教育"课程即告废除。1961 年 4 月 8 日教育部印发《改进高等学校共同政治理论课程教学的意见》，明确界分了高等学校政治理论课两大课程体系，即"马克思列宁主义基础理论"和"形势和任务"，同时对不同年制的学校、不同的专业开设的马克思列宁主义基础理论课程的门数和学时做出了具体规定，并给出了推荐阅读书目。在领导层面，1961 年中共中央批准试行《教育部直属高等学校暂行工作条例（草案）》（通称《高校六十条》），要求各高等学校实行党委领导下的以校长为首的校务委员会负责制，并以改进党的领导方法和领导作风为抓手加强思想政治工作。1963 年 6 月 26 日，中共中央、国务院发布《关于加强高等学校统一领导、分级管理的决定（试行草案）》，"中央统一领导，中央和省、市、自治区两级管理的制度"在各类高等学校正式施行。1964 年 3 月，高教部召开直属高等学校领导干部（扩大）会议，会议提出要在高等学校建立政治部，直接领导学校思想政治工作。1964 年 10 月 11 日，中央宣传部、高教部党组、教育部临时党组印发《关于改进高等学校、中等学校政治理论课的意见》，规定了各地党委宣传部和学校党组织要从抓方向、抓教学、抓队伍等方面加强政治理论课的领导，并提出了加强领导的具体措施方法。由是观之，这一时期，不仅恢复了新中国成立后逐渐建立起来的高等学校政治理论课的领导机制，而且还从不同方面予以了改革强化。

1964 年后，以阶级斗争为纲的"左"倾错误在高等学校逐渐兴盛起来，在党中央的指示和阶级斗争扩大化的方针指导下，学校师生积极参加社会主义教育运动，将阶级斗争锻炼视为一门主要的政治理论课程。高等学校政治理论课逐渐被"活学活用毛泽东著作"所代替，且课程学习的实用主义和形式主义、思想教育的教条化和口号化愈演愈烈。到了"文化大革命"时期，高等学校思想政治教育陷入瘫痪，政治理论课的课程体系一度被取消，用"毛泽东语录"的学习代替系统的马列主义教育。虽然在"文革"期间，周恩来、邓小平等党的领导人多次批判和抵制林彪、江青反革命集团，在一定程度上给高校思想政治教育工作带来了转机，但未取得实质性成效。"高校政治理论课被'四人帮'利用来作为他们篡党夺权服务的工具，以致名存实亡"①。与课程结构遭到严重破坏相对应，"文革"时期，以"红卫兵"青年领袖为代表组成的革委会实际上成为高等学校的领导机构，政治理论课处于无组织、无领导的状态。

1977年7月，邓小平重新恢复工作后，将教育战线的拨乱反正和整顿恢复工作提上重要日程。全国教育工作会议于1978年4月22日召开，邓小平发表重要讲话，重新确定了思想政治教育在学校工作中的重要地位。同时，教育部在此次会议上发布《关于加强高等学校马列主义理论教育的意见》（下称《意见》），规定高等学校的马列主义理论课程一般开设"辩证唯物主义与历史唯物主义""政治经济学""中国共产党党史"和"国际共产主义运动史"四门课，强调马列主义理论课是社会主义各类高等学校的必修课，是新中国大学区别于旧中国大学，社会主义高等学校区别于资本主义高等学校的一个重要标志。此外，《意见》指出，建立健全各级理论教育的领导体制是解决当前高等学校的马列主义理论教育问题的关键所在，马列主义理论课必须接受各级党委和宣传部门的领导，必须根据各校实际情况设立直属学校党委领导的马列主义教研室。可见，"文化大革命"结束后，推动高校政治理论课课程结构建设和领导机制健全的工作逐渐走上正轨，为改革开放新时期的思想政治理论课建设奠定了重要基础。

2. 高校党政领导干部讲思政课在建设时期顺势而成

社会主义建设时期，领导干部上讲台不仅在宏观实践层面延续了革命和改造时期的经验做法，也在学校具体操作层面有了新的突破，集中表现为高校党政领导干部成为讲思政课的新兴责任主体。

领导干部上讲台在社会主义建设时期的宏观实践主要体现在以下几个方面：一是组织青年学生学习党和国家重要会议精神，比如1956年9月党的八大召

---

① 教育部社会科学司组编：《普通高等学校思想政治理论课文献选编（1949-2008）》，北京：中国人民大学出版社，2008年，第76页。

开，为高等学校政治理论课的建设指明了新的发展方向，各个高校通过领导报告会、专家座谈会等方式认真组织师生学习和贯彻党的八大精神。二是将党的指导思想或领导人重要讲话纳入政治理论课教学内容，比如 1957 年 2 月毛泽东在最高国务会议（扩大）上，作了《关于正确处理人民内部矛盾的问题》的报告，这篇文章在相当长的时期内成为高等学校政治理论课教学的主要内容，甚至直接作为教材进行授课。三是号召学生积极参加社会政治运动，比如 1957 年反右派斗争在高等院校如火如荼地展开，多所高校在学校党委领导下号召青年学生积极参加反击右派的斗争，要求学生在一些重大问题上要明辨是非、分清立场。四是响应党的领导人的号召，组织学生学先进、赶先进，诸如 1963 年 3 月毛泽东等党中央领导人纷纷号召全国"向雷锋同志学习"，又如 1963 年 10 月毛泽东同志向全国发出学习解放军的号召。当然，上述选取的是积极正面的案例来阐释领导干部上讲台开展思想政治教育的宏观实践，社会主义建设的挫折和失误也昭示着领导干部上讲台的消极效应客观存在。

这一时期，高校党政领导干部讲思政课作为领导干部上讲台在学校层面的具体操作设计顺势而成，这种"势"具体表现在以下几个方面：

一是进一步解决高校政治理论课教师队伍人数不够、素质不高的问题需要党政领导干部走上思政课讲台。1958 年 4 月，教育部政治教育司制定的《对高等学校政治教育工作的几点意见（草稿）》（下称《意见》），详细分析了当时政治课教师队伍情况，指出全国高等学校现有 4600 名左右的政治课教师，"其中右派分子占 7.4%，中右分子占 8.6%，政治历史问题严重的占 27%，思想品质恶劣的占 3%，业务上没有培养前途的占 9.5%，共占全体教师的 31.2%（按 184 所高等学校报来的统计数字得出的）"[1]，师资队伍严重不纯和严重不足深刻影响了今后高等学校使命任务的完成情况。为此，《意见》要求中央和各省市党政机关领导同志承担所在地区高等学校的政治课教学、讲座或临时讲座的任务，学校中的党员校（院）长、党委书记和党委委员必须担任政治课的教学工作，以此来补充政治课教师队伍。

二是加强高校思想政治教育的领导尤其是政治理论课的领导需要党政领导

---

① 教育部社会科学司组编：《普通高等学校思想政治理论课文献选编（1949-2008）》，北京：中国人民大学出版社，2008 年，第 34 页。

干部走上思政课讲台。1958 年 9 月 19 日，中共中央、国务院颁布《关于教育工作的指示》指出，所有教育行政机关和一切学校应该接受党委的领导，学校党委应当配备党员去领导政治思想工作，为此，党委书记和委员应当力求担任政治课的教学和研究工作。1964 年 10 月 11 日，中央宣传部、高教部党组、教育部临时党组印发《关于改进高等学校、中等学校政治理论课的意见》明确指出，加强党的领导是改进高等学校政治理论课的重要环节，强调学校党委必须抓好政治理论课工作，高等学校的党委书记和党员校长都应当尽可能地兼任政治理论课专职教师。

三是为了提高高校政治理论课的育人效果需要党政领导干部走上思政课讲台。1961 年 7 月，教育部印发《改进高校共同政治理论课程教学的意见》，首次提出"形势和任务"课应成为高校政治理论课的基本课程。1964 年 10 月发布的《关于改进高等学校、中等学校政治理论课的意见》指出，阅读和讲解当前重大政策文件、报刊的重要社论和反对现代修正主义文章是"形势与任务"课的主要任务，为此学校党委负责同志应当经常作报告。这一文件初步从领导干部的权威效应和自身优势出发强调他们主讲政治理论课的必要性。1978 年 4 月，教育部印发《关于加强高等学校马列主义理论教育的意见》指出，应当尽可能补充一批有一定马列主义水平、又有培养前途的校内外党员干部参加政治理论课教学工作。这就首次对兼任政治理论课的领导干部的马列主义理论水平和能力素质提出了要求。不管是侧重发挥领导干部的权威效应，还是注重提高领导干部的理论水平和能力素质，均指向高校政治理论课育人实效的获得，并不是一味地从配齐教师队伍或加强党的领导等方面来谈高校党政领导干部讲思政课，这就进一步明确了高校党政领导干部讲党课的价值旨趣。

可见，在课程体系和领导机制处于"破—立"相互继替、相互交织的状况下，领导干部上讲台在社会主义建设时期依然取得了实质性的突破，即在高校政治理论课建设中实现了创新转化，明晰了高校党政领导干部在政治理论课教学中的重要作用，确立了高校党政领导干部在政治理论课建设中的教学地位，标志着高校党政领导干部讲思政课战略举措的最终生成。

总的来看，高校思想政治理论课建设在社会主义改造时期以课程结构和领导机制的建构为契机，初步孕育了党的领导干部上讲台的优良传统在学校层面的具体操作设计。社会主义建设时期，高校思想政治理论课尤其是其课程结构和领导机制的建设虽然在挫折中前行、在曲折中发展，但也为高校党政领导干部讲思政课举措的生成奠定了现实基础。

三、以育人实效为依归：高校党政领导干部讲思政课的制度化发展（1978年至今）

改革开放后，我们党高度重视思想政治理论课在铸魂育人方面的重要作用，将其定位为学校思想政治工作的主渠道、主阵地，并召开多次会议、颁布多个文件借以完善课程结构、健全领导机制、加强队伍建设，高校政治理论课建设迎来了新的发展阶段。其中，最为标志性的事件就是2005年2月7日中宣部、教育部颁布实施《关于进一步加强和改进高等学校思想政治理论课的意见》（通称"05"方案），方案要求设置"马克思主义基本原理""毛泽东思想、邓小平理论和'三个代表'重要思想概论""中国近现代史纲要""思想道德修养与法律基础"四门基本课程，同时开设"形势与政策"课，高等学校思想政治理论课课程结构得到进一步优化，此外对加强和改进高等学校思想政治理论课的领导机制也做了进一步的安排。高校思政课课程结构的不断完善和领导机制的不断健全，为高校党政领导干部讲思政课在全国范围内的普遍推行提供了重要支撑，也为高校党政领导干部讲思政课的进一步发展奠定了前提基础。

新中国成立后的30年实践表明，高校党政领导干部讲思政课的生成不仅具有深厚的历史逻辑，而且对于青年学生的思想引领、政治教育、道德教化具有重要的现实意义。改革开放后，为充分发挥高校党政领导干部讲思政课在培育社会主义合格建设者和可靠接班人中的积极效应，我们党在纵深推进这一战略举措有效实施的基础上将其作为一项制度固定下来，逐步开辟了高校党政领导干部讲思政课制度化发展的道路。"制度化发展"以制度生成为前提，以常态推进为关键，因而，加强常态化机制建设成为高校党政领导干部讲思政课在新时代的发展方向。

（一）在培育"四有"新人中奠基制度安排（1978-2012）

改革开放初期，培育以有理想、有道德、有文化、有纪律为基本内容的"四有"新人既是社会主义精神文明建设的价值旨趣，也是高校思想政治教育工作的根本目标。在这一目标的引领下，高校党政领导干部讲思政课进入全面发展的阶段，集中体现在党和国家充分认识和高度肯定高校领导干部在讲思政课中的地位作用以及与之伴随的策略方法的转变。

1979 年 5 月 20 日，教育部政治理论教育司制定《高等学校政治理论课的基本情况和存在问题》，提出，有条件的高等学校的党政领导应该兼教一门政治理论课，因为这样可以使领导工作更深入，更能及时发现并解决教学工作中存在的问题。1987 年 3 月，国教委颁布《关于在高等学校马克思主义理论课（公共课）教学中旗帜鲜明地坚持四项基本原则反对资产阶级自由化的通知》，要求党政领导干部和学校其他部门的领导必须深入班级参加学生讨论，耐心细致地对学生进行疏导，以此来帮助他们认清坚持四项基本原则、反对资产阶级自由化的极端重要性。实践证明，在 1989 年的政治风波中，高校党政干部在极其困难的情况下，在组织师生学习反对资产阶级自由化的重要文件、耐心说服教育学生不要轻信谣言、极力劝阻和制止学生的各种错误行为等方面发挥了不可忽视的作用。[1] 由此可见，在学校思想政治教育或政治理论课教学工作中，领导干部能够更好地统筹解决专职教师难以解决的棘手问题。1993 年 8 月 13 日，中共中央组织部、中共中央宣传部、国家教育委员会联合颁发《关于新形势下加强和改进高等学校党的建设和思想政治工作的若干意见》提出，可从校内党政干部中聘请一些符合条件的兼职教师，加强"两课"的教学力量，因为这样能够更好地在思政课教学中促进理论同实践相结合，落实育人的根本任务。这些文件的颁布和政策的制定，直接表明党和国家充分认识到了高校领导干部在讲思政课中的重要作用。

正是鉴于高校党政领导干部讲思政课在加强党对政治理论课的领导、提高政治理论课的教学质量、与专职教师教学形成互补等方面起到良好效果，党和国家将能够兼任教学的领导干部视为政治理论课师资队伍的重要组成部分，并采取多种合理且有效的措施来提高他们的福利待遇，进而激发其参与思政课教学的积极性主动性。1980 年 4 月 29 日，教育部、共青团中央印发《关于加强高等学校学生思想政治工作的意见》，首次提出从事思想政治教育的政工干部可以

---

① 参见龚海泉：《高等学校思想政治教育史》，湖北：武汉出版社，1992 年，第 293-295 页。

参与评定教师职称，并对他们的参评资格作出了初步规定，即具有专业知识并担任一定教学任务。1984 年 9 月，教育部颁布《关于高等学校开设共产主义思想品德课的若干规定》强调，思想品德课的师资队伍应以少数专职教师为骨干，与兼职教师相组合而成，兼职教师主要从具备讲授思想品德课条件的政治工作干部中聘请。这就明确了具备教学条件的党政领导干部是政治理论课师资队伍中不可或缺的一部分，专兼结合、优势互补的政治理论课教师队伍正在不断壮大。此外，高等学校马克思主义理论课和思想品德课教学指导委员会也会聘请部分从事高校思想政治教育管理工作的党政部门负责同志加入，从侧面凸显了党政领导干部在"两课"教学中的重要地位。

在充分认识到党政领导干部在讲思政课中的地位和作用后，党和国家不再强制要求领导干部尽可能地兼任一门或几门政治理论课的教学，而是重在鼓励和提倡他们积极加入政治理论课教师队伍。只有从被动任教转为主动教学，只有思想和行为相一致，才能更好地发挥他们讲思政课的独特优势。1995 年 10 月 24 日，国家教育委员会印发《关于高校马克思主义理论课和思想品德课教学改革的若干意见》，提倡和鼓励高校党政领导干部兼教一门思想政治教育课，并把"两课"教学的状况作为评估各级领导干部工作实绩的重要条件。1996 年 10 月 7 日，国教委发布《关于进一步加强高等学校〈形式与政策〉课程建设的意见》，号召高校党政领导干部积极承担有关政治理论课的教学任务，提倡聘请有关专家、学者和党政机关的领导干部任兼职教师。"05"方案也鼓励党政领导干部经常给大学生作形势报告。2008 年 9 月 23 日，中宣部、教育部印发《关于进一步加强高等学校思想政治理论课教师队伍建设的意见》，要求不断吸引、鼓励校内相关专业学术带头人和教学骨干专职或兼职承担思政课教学任务，积极聘任相关领导干部承担一定的思政课教学工作，以此来充实思想政治工作队伍。在鼓励党政领导干部兼任思政课教师的同时，党和国家也采取多种手段、通过多种途径，诸如设立思政课研究专项、鼓励思政工作骨干攻读博士学位等，来提高他们的马克思主义理论水平和教学水平，使之更好地成为一名合格的专职或兼职思政课教师。

可见，不管是从对高校党政领导干部地位和作用的认识，还是从对高校党政领导干部讲思政课的策略方法上看，高校党政领导干部讲思政课在改革开放和社会主义现代化建设新时期为更好地实现育人成效已然进入了全面发展的阶段。接下来，高校党政领导干部讲思政课应当在全面实践的基础上走上制度化发展的道路，因为一种措施只有固化为制度才能实现长效发展，而制度生成的前提，又在于这一举措完全经受住了实践的检验，在实践中取得了更多的实效。

（二）在培育时代新人中完成制度安排（2012 年至今）

进入新时代，培育一批又一批担当民族复兴大任的时代新人的根本任务，要求高校党政领导干部讲思政课作为一种制度被固定下来，因为用制度框定党政领导干部在高校思政课中的教学责任，是提高学校思想政治教育实效性，进而有效型塑青年学生思想政治素质的重要保障。

2015 年 7 月 23 日，中组部、中宣部、教育部三部门联合印发《关于领导干部上讲台开展思想政治教育的意见》（下称《意见》），标志着高校党政领导干部讲思政课作为一项制度安排正式确立。《意见》指出，改革开放 30 多年来，各级领导干部积极响应国家政策号召，深入高校积极开展形势与政策专题报告，取得了显著的教育效果，但是领导干部上讲台还存在机制不健全、覆盖面不够、督促检查不到位的情况，必须进一步推动领导干部上讲台朝着制度化和常态化的方向发展。《意见》认为，领导干部上讲台是党的群众路线教育实践活动的延展深化，既有利于青年学生了解国家大政方针，坚定政治信仰，成为中国特色社会主义建设者和接班人，也有利于展现领导干部良好形象，让高校学生不断增强对党和政府的信任。《意见》提出要从建立健全领导体制和工作机制以及营造良好氛围两方面出发推动领导干部上讲台落实、落地、落细，并具体且明确地框定了领导干部上讲台的主要任务。

2019 年 8 月，中共中央办公厅、国务院办公厅印发《关于深化新时代学校思想政治理论课改革创新的若干意见》（下称《若干意见》），认为高校党委书记、校长是思想政治理论课建设的第一责任人，必须推动建立高校党委书记、校长带头抓思政课的工作机制。《若干意见》指出，高校党委书记、校长既要发挥先锋模范作用带头讲好思政课，讲授思政课的学校党政管理干部原则上应有思政课教师、辅导员或班主任经历，也要高度重视思政课的改革创新，高校党委常委会每学期至少召开 1 次会议专题研究思政课建设。《若干意见》还对高校党政领导干部讲思政课的次数、时间等作出了具体安排，要求高校党委书记、校长每学期至少给学生讲授 4 个课时思政课，高校领导班子其他成员每学期至少给学生讲授 2 个课时思政课。随着《若干意见》的印发，各省市也相继出台了有关文件，诸如 2019 年广东省颁布的《广东省学校思想政治理论课建设行动计划（2019-2021 年）》，2019 年河北省颁布的《关于深化新时代学校思想政治理论课改革创新的若干措施》，均结合地区实际情况对党政领导干部讲思政课作出了具体安排，基本上建构了"中央-地方"相互配合、双向联动的高校党政领导干部讲思政课的制度机制。

总体而言，党政领导干部上讲台作为党的学校思想政治工作的优良传统，生发于新民主主义革命的具体实践，在社会主义革命和建设时期走上了专业化、精细化的发展道路，集中表现为在高校政治理论课课程结构和领导机制逐渐建立健全支撑下的党政领导干部讲思政课战略举措的最终生成。高校党政领导干部讲思政课经由改革开放 30 多年的全面实践，在新时代迎来了制度化的发展阶段。高校党政领导干部讲思政课的制度化发展是一个动态过程，制度仅是对讲思政课实践操作的质的规定，仍然需要量的维持，这便涉及常态化的输出。因此，制度化发展是"制度保障"与"常态推进"的辩证统一，进入新时代高校党政领导干部讲思政课作为一种制度被固定下来，推动这一制度良性运行的常态化机制建设便成为当下学校思想政治教育改革创新的重要课题。

第三节　高校党政领导干部讲思政课常态化机制建设诉求

从立德树人战略目标出发推导出建设高校党政领导干部讲思政课常态化机制建设的诉求要素，进而以诉求要素为着力点解码为什么进行常态化机制建设，在很大程度上保证了分析高校党政领导干部讲思政课常态化机制建设诉求的逻辑性和全面性。具言之，新时代赋予立德树人科学内涵新的内容规定，青年学生、领导干部和思政课作为影响高校党政领导干部讲思政课立德树人成效的关键变量，从规律导向和问题意识正反两方面提出了常态化机制建设的现实诉求。

一、高校党政领导干部讲思政课常态化机制建设诉求的价值导向

作为高校思想政治工作的关键环节，高校党政领导干部讲思政课的创新发

展不仅要以立德树人为根本遵循，更要以立德树人为内在驱动，因为战略目标不仅具备规约实践的功能，还有引领实践的效用。进入新时代，党的指导思想的与时俱进、国家发展规划的推陈出新、社会经济条件的日新月异、教育工作内容的改进完善、学生发展诉求的灵活多样等，从不同维度不同层次赋予立德树人新的概念内涵。因而阐释新时代语境下立德树人的科学内涵成为分析高校党政领导干部常态化机制建设诉求的逻辑起点。

（一）立德树人是常态化机制建设的诉求导向

制度安排的价值导向是制度发展完善的出发点和落脚点，也是制度积极落实、有效实施的基本遵循。立德树人作为新时代学校教书育人的根本任务，提出了高校党政领导干部讲思政课常态化机制建设的现实诉求，这是由高校党政领导干部的责任使命和思政课的地位作用共同决定的。

一方面，高校党政领导干部是落实立德树人根本任务的首要责任主体。学校教育、家庭教育和社会教育在培养青年学生应当成为什么样的人以及立什么样的德的过程中各司其职、各尽其责，其中，学校教育是主渠道，家庭教育是基本点，社会教育是重要补充，建构起"学校—家庭—社会"三位一体的德育格局是坚持立德树人的重要支撑。在学校主渠道中，虽然一贯提倡"全员育人"，但重点论和两点论相统一的方法论指导我们，必须抓住立德树人的关键主体，发挥关键主体的责任优势，只有这样才能更好地提高德育的实效性和时效性。高校党政领导干部是党和国家教育方针和有关政策文件的解读者、执行者，是学校思想政治工作的领导者、决策者，是思想政治理论课的组织者、实施者，更是青年学生思想型塑、品质塑造的领航员、引导者，他们既承担着立德树人教师队伍管理和建设的重要职责，也肩负着培养担当民族复兴大任的时代新人的重要使命。因此，高校党政领导干部的地位作用和使命担当决定了他们是落实学校立德树人根本任务的首要责任主体。

另一方面，思想政治理论课是落实立德树人根本任务的关键课程。立德树人，究其实质而言，就是指导帮助青年学生明大德、守公德、严私德使之成为我们党的拥护者、民族的复兴者、国家的建设者，这就要求他们高度认同中国共产党的指导思想以及中华民族的优秀文化，深刻体悟中国共产党的百年历程和中华民族的历史沿革，此即思想政治理论课设置的基本旨趣。当然，思想政治理论课课程体系较为庞大，不仅涉及大中小学各学段，而且不同年级、不同专业的课程要求也有所区别，但就整体目标而言，是对个体思想觉悟、政治立场和道德素养的全面塑造和系统优化。就高校本科生思想政治理论课而言，其课程目标的确立直接彰显出思政课的立德树人指向，例如"思想道德与法治"课程旨在帮助学生树立正确的世界观、人生观和价值观，提高思想道德素质和法律素质；比如"马克思主义基本原理概论"课程旨在帮助学生掌握马克思主义基本观点、立场和方法，学会用马克思主义观察、分析和解决问题；再如"中国近现代史纲要"课程旨在帮助学生了解国史、国情，深刻领会历史和人民是怎样选择了马克思主义，选择了中国共产党，选择了社会主义道路；又如"毛泽东思想和中国特色社会主义理论体系概论"课程旨在帮助学生正确把握马克思主义中国化的基本规律、基本经验，系统掌握中国化马克思主义基本原理。可见，高校思政课能够用党的理论武装大学生的头脑、强化价值引领，帮助他们树立正确的历史观、道德观和法治观，是贯彻落实立德树人根本任务的关键课程。

由是观之，领导干部肩负的立德树人责任使命，要求高校党政领导干部去讲思政课，思政课具有的立德树人积极作用，要求高校党政领导干部讲好思政课，这些都离不开高校党政领导干部讲思政课常态化机制建设。可以说，立德树人的根本任务不仅是高校党政领导干部讲思政课创新发展的内在动力，也是提出常态化机制建设的价值动因。

（二）新时代语境下立德树人导向的科学内涵

进入新时代，以习近平同志为核心的党中央领导集体围绕"立德树人"召开多次会议、颁布多个文件，强调立德树人是教育的根本任务，是学校的立身之本，从战略全局的高度确立起立德树人在社会主义办学过程中的价值地位，为我们深刻解读立德树人的科学内涵提供了基本思路。总的来讲，厘清这一问题需从三个方面着手，即辨析"立德"与"树人"的辩证关系、分析应树什么样的人、明晰应立什么样的德，树什么人和立什么德关涉立德树人的主要内容，两者的辩证关系关涉立德树人的认识定位。

1. 准确把握立德与树人的逻辑关系

德是人之德，人无德则不立，无德勿须论树人；人是德之载，德无人则不显，无人勿须谈立德；立德与树人两者之间相互依存、辩证统一。深刻领悟立德树人的新时代要义，其前提基础便是把握立德与树人之间的内在关联。2018年5月2日，习近平总书记在同北京大学师生座谈时，曾引用"才者，德之资也；德者，才之帅也"的中华传统经典论断，道出了才能与德行之间的逻辑关联，并在此基础上指出"人才培养一定是育人和育才相统一的过程，而育人是本。人无德不立，育人的根本在于立德。这是人才培养的辩证法。办学就要尊重这个规律，否则就办不好学"①。这一独到论述形象直观地刻画出立德与树人之间的辩证关系，至少可从四个方面来理解：首先，人才培养是立德和树人有机统一的发展过程。在社会大环境中谈人才培养，就是要回答"为谁培养人""培养什么人"的根本性问题，德是人立的核心，因而立德指涉"培养什么人"，人是社会中的人，因而树人指涉"为谁培养人"，只有把立德与树人的问题弄明白，同时把兼具立德与树人的教育工作做好，才能达到人才培养的预期目标。其次，立德是树人的核心目标，具有根本性、基础性的特征。树人实质上就是树为社会发展做贡献的人，那什么样的人才能为社会发展做贡献，必然是响应社会号召、满足社会发展需要的人。历史证明，特定社会的号召和需要必然通过一定的规范诉求尤其是道德原则体现出来。因而，恪守道德原则，即立德便成为树人的基本前提，立什么德决定了树什么样的人。再次，树人是立德的根本归宿，具有目的性、指引性的特征。树人是一切教育工作包括立德的最终旨归，人的本质属性在于社会性，我们树的人其言行正确与否直接影响到社会进步与否。教导人们遵守社会道德规范、培养良好道德品质，是为了树社会发展需要的人才，树什么样的人为立什么样的德提供了内容参照。最后，坚持立德和树人相得益彰、相互促进是检验学校教育工作成效的重要准则。教育是为社会服务的，注重立社会之德和树社会之人的有机统一是人才培养的辩证法，也是办好社会主义教育的基本法则，因而检验判断教育水平最为重要的标准在于立德树人的实际成效。

2. 科学框定树人的新时代指向

在探究立什么样的德之前，应当要弄清楚树什么样的人，因为树人是立德

---

① 习近平：《在北京大学师生座谈会上的讲话》，北京：《人民日报》，2018年5月3日，第2版。

的根本归宿，德是人的德，离开了人就无所谓德了，只有知道培养什么人，才能明确立什么德。培养什么人是教育的首要问题，古今中外对这个问题的回答既有共性的一面，又有特性的一面，因国家需要、社会发展、时代条件等差异具体而定。新时代中国特色社会主义的教育事业，既是为着学生发展完善服务的，遂要培养德智体美劳全面发展的独立个体；也是为着国家繁荣富强服务的，遂要培养社会主义现代化事业的建设者和接班人；更是为着中华民族伟大复兴服务的，遂要培养担当民族复兴大任的时代新人。首先，德智体美劳全面发展回答了培养什么人的素质结构问题。实现人的自由而全面发展是马克思主义的价值追求和崇高理想，在新时代中国特色社会主义语境下具体表现为德智体美劳多维度发展。2021 年 9 月，习近平总书记在陕西榆林考察时指出，德智体美劳全面发展，字字千金，都是经过多年总结摸索才得出来的。品德为先、明智为本、尚体为基、唯美为贵、崇劳为尊，德是核心，其他四个方面相辅相成，五个方面一个都不能少，共同构成了社会主义教育树人的素质结构。其次，社会主义现代化事业的建设者和接班人回答了培养什么人的身份性质问题。2018 年 5 月，习近平总书记在同北京大学师生座谈会上指出，"古今中外，每个国家都是按照自己的政治要求来培养人的，世界一流大学都是在服务自己国家发展中成长起来的。我国社会主义教育就是要培养社会主义建设者和接班人"①。建设者侧重于强调同一时期对社会主义事业的共同奋斗，接班人侧重于强调不同时代对社会主义事业的赓续接力，而社会主义则是"两者"的根本规定，党领导下的社会主义学校培养出来的有能力的人既是为着奉献社会主义事业的，也是为着赓续社会主义事业的。最后，担当民族复兴大任的时代新人回答了培养什么人的奋斗主题问题。不同的历史时期有着不同的时代问题，不同的时代问题则会对教育培养人的目标提出不同的诉求。中国特色社会主义新时代是逐梦国家富强、民族复兴、人民幸福的时代，中国梦的实现必然需要一批又一批有理想、有信仰、有担当、有本领的时代新人为之接力奋斗，这便成为当前教育事业发展的根本方向。习近平总书记在党的十九大报告中明确提出，要"培养担当民族复兴大任的时代新人"，这是对当前"为了什么而树人"这一问题的明

---

① 习近平：《在北京大学师生座谈会上的讲话》，北京：《人民日报》，2018 年 5 月 3 日，第 2 版。

确回答，即为了实现中华民族伟大复兴中国梦来培养人才，也是新时代中国特色社会主义教育事业的奋斗目标。

3. 牢牢抓住立德的新时代要义

德是人之是人的根本表征，是人之为人的核心素养，是人之成人的精神标识。在当下中国道德话语中，"德"可以具体类分为关涉国家和社会层面的大德、公德，关涉个体层面的私德，三者共同构成了立什么德的基本内容。习近平总书记在同北京大学师生座谈时指出，要把立德树人的成效作为检验学校一切工作的根本标准，真正做到以文化人、以德育人，不断提高学生思想水平、政治觉悟、道德品质、文化素养，做到明大德、守公德、严私德。① 首先，明大德是树人立德的根本要求。大德涉及协调个体与民族、国家、政党之间的伦理关系，因而是最根本、最高层次的伦理之德。具体而言，明大德一是要始终肩负为实现中国梦而不懈奋斗的光荣使命，铸牢中华民族共同体意识，加强中华民族大团结；二是要坚决维护国家主权、安全、发展利益，矢志为祖国完全统一和繁荣昌盛而努力奋斗；三是要积极拥护中国共产党的绝对领导，始终做到"两个维护"，坚定理想信念。其次，守公德是树人立德的核心内容。公德是个人处理与他人、家庭和社会之间关系的道德准则，是维系社会和谐稳定的重要基石，一个社会的文明程度在很大程度上取决于全社会的公德遵守情况。守公德就是要成为好公民，要求正确处理个人利益与他人利益、个人利益与集体利益之间的关系，先人后己、先公后私；要求正确处理个人与自然、环境之间的关系，尊重自然、顺应自然、爱护环境、保护环境。守公德也是要成为好职员，要求严格遵守职业道德，恪守爱岗敬业精神，始终做到干一行爱一行。最后，严私德是树人立德的基本要求。私德是个人在私人生活中应遵守的道德规范，是个人修身、个人在处理与家庭成员关系和其他私人关系时的道德规范。严私德就是要积极履行家庭义务，妥善处理家庭关系，促进家庭和谐，也是要教育引导家人思想行为朝着积极向上、甘于奉献的方向迈进；就是要与朋友交诚信、友善、忠诚。值得注意的是，私德也可以指向帮助个体在成长的过程中逐渐获得幸福成为优秀的人的道德品质。亚里士多德从人的有逻各斯和分有逻各斯的

---

① 习近平：《在北京大学师生座谈会上的讲话》，北京：《人民日报》，2018 年 5 月 3 日，第 2 版。

灵魂出发类分了理智德性和道德德性，认为德性是人成为优秀并获得善的崇高品质。道德选择和道德行为源于个体德性，德性（私德）决定人能否成为优秀的人，也决定了人是否诚心遵循相关行为规范，是树人立德的生发基石。在中国特色社会主义道德语境中，个人德性的确立需要依靠教育引导、制度保障和实践养成多管齐下。

二、高校党政领导干部讲思政课常态化机制建设诉求的核心要素

高校党政领导干部讲思政课常态化机制建设诉求的核心要素是影响讲思政课立德树人成效的关键变量，因为建设常态化机制是为落实立德树人根本任务服务的。从立德树人科学内涵出发弄清楚常态化机制建设诉求的核心要素，进而解读这些要素的地位作用，确保要素内容的全面性、合理性，是把握高校党政领导干部讲思政课常态化机制建设诉求的中间环节。

（一）诉求要素是影响立德树人成效的关键变量

常态化机制建设是高校党政领导干部讲思政课在新时代不断趋向科学化、专业化的重要工程，这一发展方向的提出建基于影响立德树人成效的关键变量。厘清高校党政领导干部讲思政课常态化机制建设的诉求要素可以从廓清"常态化机制"概念内涵入手，因为只有弄清常态化机制是什么，才能够把握它是怎么来的、未来该如何发展。

常态化机制由"常态化"和"机制"两个关联词语组成，首先我们来看看高校党政领导干部讲思政课常态化的基本要义。推进高校党政领导干部讲思政课常态化就是将其视为高校思想政治教育的一项常规工作，纳入学生思想政治工作管理体制和学校思政课建设体系；推进高校党政领导干部讲思政课常态化就是将其嵌入学生的日常生活，使之贴近学生思想实际、契合学生生活需要，实现领导干部上讲台的经常化、长效化。同时，推进高校党政领导干部讲思政课常态化应当以相应的制度规范作为保障和支撑，即以制度化的方式使之成为高校思政课建设的重要内容和长期任务；还需明确，高校党政领导干部讲思政课常态化是过程长期性和结果有效性的辩证统一，不能只求过程长期性而忽视结果有效性，也不能仅求结果有效性而忘记效用的持续性。"机制是由要素按一定组合方式构成的整体；各构成要素的功能状况及其组合方式决定着整个机制

的功能；各要素功能的发挥通过与其他要素的相互作用而在整个机制的运行过程中实现。"① 可见，系统内部各要素的相互关系及其运行方式即可概称为机制，类推之，常态化机制就是系统内部各要素为维持系统长效运行、持续发展联结而成的相互关系及其运作机理。因此，高校党政领导干部讲思政课常态化机制是指在高校党政领导干部讲思政课体制安排不断建立完善的基础上为推动其常规化、生活化发展，影响活动过程的各种因素相互联结的结构关系及其运作机理。

由是观之，推进高校党政领导干部讲思政课常态化发展就是长效培育时代新人的过程，而机制建设则是确保这一育人过程长期性、持续性的重要支撑，从根本上而言，常态化机制建设是为实现高校党政领导干部讲思政课立德树人战略目标服务的。因此，影响高校党政领导干部讲思政课立德树人成效的关键变量，必然是提出高校党政领导干部讲思政课常态化机制建设的诉求要素。

（二）讲思政课常态化机制建设诉求要素的解读

高校党政领导干部讲思政课内部要素纷繁复杂、种类繁多，涉及不同方面、不同层次，总的来说，学生成长、领导干部发展和思政课建设是影响其成效的关键变量，由此出发，青年学生、领导干部和思政课构成了常态化机制建设的诉求因子。

1. 青年学生：常态化机制建设的诉求主体

"青年是我国思想政治教育的主要对象，也是重点对象，这是由青年学生在社会主义现代化建设中的重要地位和历史作用及其生理心理特征所决定的。"②因此，高校党政领导干部讲思政课的主要对象指向当代大学生，按照党和国家的要求来塑造、培养、发展青年学生的政治品格和思想道德素质是讲思政课的中心任务和终极旨趣。作为教育对象，青年学生的思想动态、道德素质、行为习惯和成长环境等直接影响着高校党政领导干部讲思政课的教学效果，因为因材施教、因人而异、提高思政课针对性是落实立德树人根本任务的必然要求。具体而言，一是从横向上看，人的本质特性社会性决定了每位学生都生活在不

---

① 张耀灿等：《思想政治教育学前沿》，北京：人民出版社，2006 年，第 257-258 页。
② 陈万柏、张耀灿主编：《思想政治教育学原理》（第三版），北京：高等教育出版社，2015 年，第 164 页。

同的社会小环境中，并与周围的人、事、物发生各种各样的联系，在社会交往和交流的过程中，他们逐渐成长为异于他人的独立的单个个体。如此，每位学生必然有着自己的特定发展需求，有着自己的独特个体特征，有着自己的思维实践能力，那么，高校党政领导干部讲思政课针对性的增强必定需要依据每位学生需求多样性、个性多元性、能力差异性制定具体实施方案。二是从纵向上看，事物发展过程的上升性和发展道路的曲折性决定了青年学生在成长的过程中必定会遭遇类型不一的境况，有催人奋进的顺境，也有使人低垂的逆境，也会面临各种各样的大事情、小事情，这就需要高校党政领导干部讲思政课因势而新、因事而化，同时，他们的需求、个性和能力等也会随着时间的迁移而不断改变，外加上社会经济条件和客观环境的发展变化，需要高校党政领导干部讲思政课因时而进。可见，提高高校党政领导干部讲思政课的针对性，最根本的立足点在于青年学生，而思政课的针对性直接关联着立德树人成效的程度大小，因此，青年学生是影响高校党政领导干部讲思政课立德树人成效的关键因素，成为提出常态化机制建设以实现自身自由全面发展的诉求主体。

2. 领导干部：常态化机制建设的诉求客体

高校党政领导干部是依据一定社会发展的要求，尤其是特定时事形势发展的需要，主要对青年学生的思想道德施加有目的、有计划、有选择的影响的特殊群体，他们的政治素养、思想觉悟、教学本领直接关乎高校党政领导干部讲思政课立德树人的实际成效，集中体现在他们是提高讲思政课亲和力的首要责任主体。"新时代推动思想政治理论课改革创新，不断提升其亲和力，关键在于发挥教师的主导作用。"① 一方面，提高讲思政课的亲和力需要高校党政领导干部具备较强的人格魅力。人格魅力是指一个人在气质、性格、品质、能力等方面具备吸引人的力量，对于高校党政领导干部而言，他们要用坚定的马克思主义信仰、崇高的共产主义信念、过硬的思想道德素质、忠于党忠于教育事业的政治品格、以身作则知行合一的宝贵品质等，一言以蔽之，用自身内在的精神力量不断赢得学生的爱戴和尊敬。另一方面，提高讲思政课的亲和力需要高校党政领导干部具备较强的形象魅力。形象魅力是指一个人通过自己的行为举止、

---

① 燕连福、温海霞：《提升思想政治理论课亲和力关键在教师》，北京：《红旗文稿》，2019 年第 10 期，第 21–23 页。

言语谈吐来引人注目的力量，对于高校党政领导干部而言，他们要用谦恭和善的交往姿态、温文尔雅亲切大方的面容形态、生动活泼幽默风趣的教学话语、正直无私公正透明的日常行为等，一句话，用自身外在的感召力量不断拉近与学生之间的距离、走进学生的内心深处。可见，高校党政领导干部讲思政课的亲和力本质上就是高校党政领导干部自身的亲和力，立德树人成效的获得建基于思政课较强的亲和力，而这取决于领导干部亲和力的大小。高校党政领导干部肩负管理和教育双重职能，既是思政课建设的领导者、组织者，也是联结教育内容和教育对象的桥梁纽带，因此，作为影响立德树人成效的关键要素，领导干部成为常态化机制建设的诉求客体。

3. 思政课：常态化机制建设的诉求载体

严格意义上来讲，思政课建设要区别于高校党政领导干部讲思政课，思政课建设是高校党政领导干部讲思政课的抽象表达，高校党政领导干部讲思政课是思政课教学的具体举措。也就是说，高校党政领导干部讲思政课是在思政课长期探索建设的过程中逐渐形成发展起来的，既是新时代高校思政课建设的创新举措，也是新时代专职教师讲思政课的有效补充，高校党政领导干部讲思政课以思政课建设为现实依托。思政课建设之于高校党政领导干部讲思政课立德树人成效的积极意义，主要体现在以下三个方面：一是思政课建设的指导思想关涉高校党政领导干部讲思政课的策略原则。思政课作为立德树人的关键课程，是以马克思主义和中国化马克思主义，尤其是以习近平新时代中国特色社会主义思想为根本指导的，指导思想从根本上回答了思政课"培养什么人""怎样培养人""为谁培养人"的实质性问题。高校党政领导干部讲思政课作为思政课建设的一项制度安排，不仅要以其指导思想为根本遵循，而且还要从指导思想中延伸出讲思政课的策略原则，也就是要弄清楚培养什么人的战略目标、怎样培养人的策略方法和为谁培养人的政治原则。二是思政课的课程结构关涉高校党政领导干部讲思政课的教学内容。高校思想政治理论课课程结构经由新中国成立后的发展，在改革开放和社会主义现代化建设中趋于成熟，进入新时代，适应党和国家政策发展需要和学生发展需求，在原有课程基础上不断拓新完善。有关文件虽未具体框定高校党政领导干部讲思政课的教学内容，但必然以思政课课程体系为主要参照，要么以时事政治为抓手充当常规课程内容的重要补充，要么直接选定思政课部分课程内容进行教学。三是思政课教学方式关涉高校党政领导干部讲思政课的方法手段。高校党政领导干部通过什么手段、采取什么方法来讲思政课需要借鉴党和国家以及专职思政课教师长期实践探索而来的教学方式，并在此基础上不断开拓创新、灵活使用。可见，思政课的建设框定了高校党政领导干部讲思政课的策略原则和内容方法，是实现讲思政课育人成效的主要依据和基本参照。在青年学生提出高校党政领导干部讲思政课常态化机制建设诉求后，领导干部应以思政课教学为媒介探索常态化机制建设的顶层设计、操作方案和实施计划，因此，思政课教学是常态化机制建设的诉求载体。

综上可知，若想提高高校党政领导干部讲思政课的思想性、理论性和针对性、亲和力，必须从学生成长、领导干部发展和思政课建设三个方面下功夫，因为思政课建设是高校党政领导干部讲思政课的"一体"，直接把控着思政课的整体态势和发展方向，而学生成长和领导干部发展是高校党政领导干部讲思政课的"两翼"，直接决定着思政课能否因时而动、因势而动，这便是高校党政领导干部讲思政课的内在机理，三者能否有机统一、协调联动直接影响着讲思政课的实际成效。由是，青年学生、领导干部和思政课凭借自身在高校党政领导干部讲思政课立德树人成效实现过程中的关键地位，相互联系、互相作用共同构筑了常态化机制建设诉求的核心要素，其中，青年学生作为教育对象直接提出建设要求，领导干部作为教学主体积极承担建设责任，并以思政课建设为抓手落实建设诉求。

三、高校党政领导干部讲思政课常态化机制建设诉求的内容表达

高校党政领导干部讲思政课常态化机制建设不仅有着深厚的历史逻辑，而且现实诉求也十分凸显。在系统把握诉求要素的基础上探究具体的诉求内容成为分析高校党政领导干部讲思政课常态化机制建设的重要一环。高校党政领导干部讲思政课的育人实效深受学生成长、领导干部发展和思政课建设的直接影响，常态化机制建设既是遵循各要素发展规律的必然选择，也是解决各要素在发展过程中遇到的现实问题的必然要求。

（一）常态化机制建设是适应要素发展需要的应有之义

青年学生身心成长的共性和特性要求思想政治教育长期存在、持续作用，

领导干部上讲台优良传统在新时代的制度化发展要以常态化机制建设为主要抓手，思政课的教学内容渗透规律、教学策略转化规律、教学过程协同规律提出了思政课生活化、日常化、规范化的要求。因而，高校党政领导干部讲思政课常态化机制建设是遵循学生成长规律、领导干部发展规律和思政课教学规律的必然选择。

1. 建设常态化机制遵循了学生成长规律

青年学生作为高校党政领导干部讲思政课的主要对象，既有受教育者的共性，也有自身的特殊性，两者共同提出了常态化机制建设的诉求。就共性而言，青年学生是自然性和社会性的有机统一，自然性作为生命有机体的自然本能是与生俱来的，而社会性是人作为社会产物在后天逐渐生成的。人的根本属性在于社会性，青年学生的社会性决定了其成长发展是一个长期的、渐进的、向上的动态过程，这就要求高校党政领导干部讲思政课也应当持续稳定、长效实施。同时，青年学生身心发展的规律集中体现在顺序性、阶段性、差异性、不平衡性等基本特征上，从不同角度对高校党政领导干部讲思政课常态化机制建设提出了具体要求。青年学生的身心发展是从简单到复杂、从低级到高级的顺序过程，这就要求高校党政领导干部讲思政课不能超越相应的发展阶段，应注重有序递进。青年学生的身心发展具有阶段性特征，在发展的每个阶段其速度和侧重点、认知水平和理解能力等都是不同的，同时，作为特殊群体，青年学生与其他社会群体的身心发展具有差异性，作为独立个体，每位学生的身心发展也有自身的差异性，这些要求高校党政领导干部讲思政课不能千篇一律、简单重复，而要在常态化实施的过程中注重因时制宜、因材施教，提高教育的针对性。此外，青年学生身心各方面的发展并不是同步亦趋的，其发展速度具有不平衡性，因而高校党政领导干部讲思政课应当融入学生日常生活，从其生活细节、成长细节着手。就特殊性而言，青年时期是人的心理发展最为迅速、心理冲突最为激烈的时期，也是人的"三观"和思想道德素质形成发展最为关键的时期，既容易受到正确的思想引导，又可能陷入错误的发展道路，因而需要特别的关怀和教育，这种特别不仅体现在共时教育内容方式的因人制宜，也体现在历时教育培养过程的持续长久。可见，无论是青年学生作为一般的社会个体，还是作为具体的教育对象，其身心发展特点和成长规律均要求高校党政领导干部讲思政课迈入常态化发展阶段。

2. 建设常态化机制遵循了领导干部发展规律

高校党政领导干部作为思想政治理论课教学的新兴主体，其身份地位、素质能力直接决定了高校党政领导干部讲思政课能否成为学校思想政治工作的创新举措以及可否作为一种制度被固定下来。从历时态角度而言，高校党政领导干部的主体发展①与高校党政领导干部讲思政课举措的形成发展相辅相成、相互促进，在高校党政领导干部讲思政课视域下揭示领导干部的主体发展脉络，就是要弄清楚领导干部上讲台优良传统的发展进路。因此，在某种意义上可以说，探讨高校党政领导干部讲思政课常态化机制建设遵循了领导干部发展规律，实质上就是揭示这一战略举措是适应领导干部上讲台发展规律的必然要求。新民主主义革命时期开创了领导干部上讲台开展思想政治教育的优良传统，这是由当时的社会背景、革命形势和历史任务决定的，也是我们党的领导人智慧决策、共同努力的结果。列强侵略、军阀割据致使国家动荡、民族分裂，再加上普通民众深受封建思想、帝国主义奴性思想的错误引导，必然要求以马克思主义理论武装起来的少数革命先驱担负启迪民智、除旧布新的历史使命，这一时期的领导干部上讲台侧重于服务革命斗争发展需要。社会主义改造和建设时期，一大批信仰坚定、理论扎实、知行合一的党的领导干部走上高校行政领导岗位，同时高校政治理论课的课程结构和领导机制不断建立健全，为高校党政领导干部讲思政课走向专业化、规范化的道路提供了相对充实的人才储备和奠定了较为坚实的组织基础。高校党政领导干部讲思政课经过改革开放和社会主义现代化建设在全国范围内的系统实践作为一种制度体制被固定下来，这是对高校党政领导干部在思政课教学中地位作用的高度肯定，也是对其在未来职业生涯中持续发挥铸人育魂积极作用的高度期待。可以看出，领导干部主体的发展脉络与领导干部讲思政课优良传统的历史进路同向同行，新时代高校党政领导干部讲思政课迈向了制度化的发展阶段，而制度化发展是"制度保障"和"常态推进"的有机统一，因此，高校党政领导干部讲思政课的常态化机制建设成为领

①　在这里，不是从横向角度分析某一具体领导干部素质品德、能力结构的建设，而是从纵向角度强调作为抽象教学主体——领导干部讲思政身份地位的界定之路和素质能力的规定之路。

导干部上讲台开展思想政治教育优良传统的发展路向，这也是高校党政领导干部主体发展的必由之路。

3. 建设常态化机制遵循了思政课教学规律

高校党政领导干部讲思政课作为思政课教学的创新举措，在遵循教育教学规律中自觉地走向了常态化的发展阶段。学界对思政课教学规律进行了较为全面的研究，有学者认为，思政课教学规律主要包括传授知识与传递价值统一渗透的规律，认识反复、思想提升和价值观念转化的规律，博采众长、因时而化、稳中求进的协同规律。渗透规律、转化规律和协同规律的遵循从不同角度提出了高校党政领导干部讲思政课常态化机制建设的诉求。首先，教学内容渗透规律要求高校党政领导干部讲思政课趋向生活化。价值引领是思政课教学的核心指向，价值引领不在于科学知识的简单灌输，也不在于价值观念的单向传递，而是在于两者之间的有机统一、双向渗透，即"需要注意到用定量的知识传递定性的价值，发现知识与价值之间的融合度和结合点，一方面不能把知识和价值割裂开，另一方面又要努力实现通过传授知识来传递价值的目的"①。如何确保教学内容能够入脑入心完成价值引领的使命任务，对高校党政领导干部讲思政课的方法设计提出了高要求。高校党政领导干部讲思政课应当不断趋向生活化，坚持贴近实际、贴近生活、贴近学生的"三贴近"原则，在学生日常生活和实际工作中把准知识传授与价值传递相互渗透的结合点，找到知识传授与价值传递相互结合的合适载体，进而促使教学内容潜移默化、春风化雨地影响青年学生。其次，教学策略转化规律要求高校党政领导干部讲思政课趋向经常化。每个人的认识都有反复性和曲折性，这就意味着我们获得知识、型塑思想的过程不是一蹴而就、一劳永逸，而是循环往复、螺旋上升的。思政课教学同样如此，即使教师能很好地教授一种知识观点或价值观念，但并不意味着学生能够完全接受、认同，因此"认识反复、思想提升和价值观念转化的规律"对高校党政领导干部讲思政课的频率程度提出了高要求。高校党政领导干部讲思政课应当经常化，坚决杜绝只上一次课、只讲一节课的形式化倾向，努力确保讲课次数的科学性、合理性和教学过程的反复性、连续性，进而帮助青年学生不断强化

---

① 宇文利：《努力掌握并用好思想政治理论课教学的科学规律》，北京：《思想理论教育导刊》，2017年第9期，第139-142页。

正确的思想政治观念。最后，教学过程协同规律要求高校党政领导干部讲思政课趋向规范化。思政课教学实效性的获得既得益于教学软硬件资源的充分利用，也得益于家庭、社会以及学校各部门的协调配合，更得益于学生、教师之间的同向同行、同心同力，因而思政课教学是一个博采众长、协同育人的动态过程。高校党政领导干部讲思政课作为思政课教学的创新模式，必须遵循教学过程协同规律，这就要求高校党政领导干部讲思政课不断趋向制度化、规范化，只有这样才能更好地成为思政课教学的常规性动作，构筑起协同育人的格局，进而为其常态化发展提供重要支撑。可见，高校党政领导干部讲思政课趋于生活化、经常化和规范化是遵循思政课教学规律的应有之义，这是高校党政领导干部讲思政课常态化机制建设的教学依据。

（二）常态化机制建设是解决要素发展问题的必由之路

规避社会发展的消极因素进而培养好青年学生，需要高校党政领导干部讲思政课久久为功，在实践中检验和锻造领导干部借以打造一批高素质思政课教学队伍，需要高校党政领导干部讲思政课持续推进，注重教学设计政治性、教学内容时效性和教学方式多样性借以提高思政课实效性，需要高校党政领导干部讲思政课常在常新。因此，高校党政领导干部讲思政课常态化机制建设是解决学生成长问题、领导干部讲思政课发展问题、思政课教学问题的必然要求。

1. 解决学生成长问题需要建设常态化机制

青年学生在成长的过程中必然遭受来自社会各方面的消极诱惑，进而对其身心健康发展产生不良影响。改革开放以来，大学生思想动态总体上是趋向良好的，但一些学生"三观"不成熟等现象客观存在，社会主义市场经济利益至上倾向和国外各种错误思潮以此为"契机"从不同维度"侵犯"着他们的思想政治素质和道德品质，致使个别青年学生走上歪路、邪路，甚至是不归路。他们中有的逐渐成为精致利己主义者，行为处事始终以自我为中心，毫不顾及他人及社会的利益，从不换位思考、将心比心，想他人之所想、急他人之所急；他们中有的逐渐成为历史虚无主义者，片面否定历史文化、民族传统，极力歪曲马克思主义和中国革命，不拥护中国共产党的领导，更勿论热爱自己的民族和国家；他们中有的逐渐成为极端自由主义者，在日常生活中始终坚持自由高于一切的法则，缺乏社会责任感和感恩意识，从不履行法律规定的相应义务；

他们中有的逐渐成为道德虚无主义者，否认一切社会道德价值和法律价值，极力挣脱社会的外在束缚和内在羁绊，完全听从内心的"感性力量"。可见，新时代的大学生群体并不是完美无瑕的，对影响学生成长负面问题的解决需要做好学校思想政治教育工作，其中，思政课建设是"关键课程"建设。高校党政领导干部讲思政课凭借对领导干部"带头"优势的充分发挥和权威效应的积极彰显，能够在一定程度上杜绝影响学生健康成长的不利环境以及改造青年学生的思想观念、道德品质，成为提高高校思想政治工作和思政课建设实效性的创新举措。同时，我们也要看到，来自家庭、学校、社会、朋辈等各个方面的消极影响是长期存在的，而且学生思想政治素质的改造并非一蹴而就，需要久久为功，这就对高校党政领导干部讲思政课提出了建设常态化机制的新要求，即高校党政领导干部讲思政课要融入学生日常生活，要成为学校教育的一项常规化任务。

2. 解决领导干部发展问题需要建设常态化机制

高校党政领导干部讲思政课的现实走向和实际成效深受领导干部意愿态度、能力素质的影响，他们是讲思政课举措的生成主体，也是常态化机制建设的关键要素。一方面，一些领导干部对建设高校党政领导干部讲思政课的常态化机制存在主观思想障碍。排斥、忽视、担忧是一些高校党政领导干部对讲思政课的典型错误思想倾向和主观态度。具体而言，"排斥"意指他们认为领导干部上讲台纯属是"政治过场"，而且还会给自己带来不必要的工作负担和麻烦，因而对其产生厌恶抵触心理；"忽视"意指"一些领导干部认为自己理论水平高、实践能力强，不愿意在一般场合和讲台上讲授交流；或是平日习惯了高高在上、发号施令，难以放下身段走进课堂等"[①]；"担忧"意指他们认为可能在讲课的过程中暴露教学能力不足、基础理论不强甚至政治素养不高等弱势缺陷，进而影响自身的形象地位和名誉权威。严格上来说，对讲思政课持有"排斥""忽视""担忧"思想态度的领导干部均不是合格的社会主义高校的组织者、领导者和管理者，更不能胜任立德树人关键课程的讲授工作。实践是检验真理的唯一标准，可以通过高校领导干部在思政课堂上的具体表现来判断其是否品德高尚、

---

① 黄建：《健全优化领导干部上讲台制度》，北京：《中国党政干部论坛》，2019 年第 8 期，第 77–80 页。

能力突出、立场坚定，因此，高校党政领导干部讲思政课是"试金石"。同时，为防止政治作秀，杜绝形式主义，进而保证检验的真实性，需要推进高校党政领导干部讲思政课常态化机制建设，因为只有在持续的课堂实践中才能精准定位领导干部的政治觉悟、思想动态和心理定式。另一方面，一些领导干部存在教学能力困境要求建设高校党政领导干部讲思政课的常态化机制。思想政治理论课作为贯彻落实立德树人根本任务的关键课程，对思政课教师的思想政治素质和科学文化素质均提出了较高的要求，一些领导干部专攻于自己的专业领域、拥有自己的理论优势，刚开始上讲台时出现对思政课教学不熟悉、不应手、不顺心的情况是很正常的，因此高校党政领导干部需要始终以"学生"的姿态向实践和书本学习、向同行和学生学习，争取在最短时间内成为一名合格的思政课教师。实践是认识的来源，也是提高主体素质的根本途径，高校党政领导干部讲思政课不仅能培育德才兼备、以德为先的时代新人，也能锻造忠诚可靠、干净担当的领导干部，因此，高校党政领导干部讲思政课是"锻造机"。同时，适应主体能力可持续发展要求，需要推进高校党政领导干部讲思政课常态化机制建设，只有在持续的课堂实践中才能不断夯实理论基础和提高教学能力。

3. 解决思政课教学问题需要建设常态化机制

高校党政领导干部讲思政课作为学校思政课教学的重要形式，既应遵循思政课教学规律而深入开展，也应解决思政课教学问题而不断创新。就思政课教学问题而言，高校党政领导干部讲思政课常态化机制建设主要是基于教学设计、教学内容和教学方法的发展要求而提出的。首先，思政课教学设计政治性有待提高，要求高校党政领导干部讲思政课常在常新。教学设计政治性不强集中体现在少数思政课教师物化、矮化思政课上，社会主义市场经济利益至上价值原则致使他们在一定程度上抱有功利主义倾向，将思政课单纯地视为一种谋生手段或是赚钱工具。同时，部分思政课教师抱有"思政课仅与青年学生健康成长有关"的片面态度，忽视学生理想信念和政治品质的培育。要求高校党政领导干部经常上讲台开展思想政治教育进一步彰显了党和国家对思政课的高度重视，也直接凸显出思政课的政治性，在一定程度上能够让少数专兼职教师重新认识思政课在社会主义现代化建设中的政治定位，对于提高思政课教学设计的政治性具有一定的积极意义。其次，思政课教学内容时效性有待提高，要求高校党政领导干部讲思政课常在常新。思政课教学内容主要源于马克思主义理论研究和建设工程重点教材，其科学性和系统性是毋庸置疑的，但由于教材的固定性和成文性，教学内容对于时政热点诸如党和国家领导人的重要讲话、重大历史事件和历史人物的周年性纪念、国际国内新闻热点的评论等的涉及还是有所欠缺的，这就造成了思政课教学内容时效性不强问题的客观存在。因此，善于、勤于以时事政治为素材来选择教学内容的高校党政领导干部讲思政课成为常规思政课教学的有效补充，思政课教学要适应青年学生思想动态持续发展的客观规律，其内容的时效性要求高校党政领导干部讲思政课持续推进，即与学生成长同向同行、与社会发展同频共振。最后，思政课教学方式灵活多样性有待提高，要求高校党政领导干部讲思政课常在常新。常规思政课教学由于教学思维传统、课堂场地固定和教学时间特定等的限制，致使授课形式多选取形势报告、课堂教学等传统形式，教学方式灵活多样性不足在一定程度上抑制了学生上课的积极性主动性。领导干部讲思政课教学方式灵活多样，除了传统授课以外，亦可采用工作现场会、座谈会、研讨会、茶话会等方式展开，因而高校党政领导干部讲思政课需要建设常态化机制，这样才能与常规思政课教学方式有效互补，共同作用于青年学生思想道德素质的长效培育。可见，思政课教学设计政治性不足、教学内容时效性不够、教学方式多样性不强等问题客观存在，要求建设高校党政领导干部讲思政课常态化机制，以此与常规思政课优势互补、相得益彰。

第二章

新时代高校党政领导干部讲思政课常态化
机制政策回溯与追踪调查

在革命、建设和改革的长期实践中，中国共产党形成了党政领导干部讲思政课的优良传统，为高校党政领导干部讲思政课提供了丰富的理论和实践经验。新中国成立尤其是改革开放以后，高校不断继承和发扬党的思想政治工作优势，在此基础上，各级党委和政府等相关主体通过政策设计逐步建构了高校党政领导干部讲思政课的常态化机制。这一机制的实施，对高校思政课建设发挥了积极的效应，但是，也存在一定的问题。因此，通过探究高校党政领导干部讲思政课常态化机制的政策设计逻辑，分析其实施的现状，为更好地优化和完善高校党政领导干部讲思政课常态化机制提供现实的、有针对性的参考和依据。

第一节　新时代高校党政领导干部讲思政课
常态化机制的政策设计

随着高校思想政治理论课"立德""树人"功能在新时代得以明确和强化，高校思政课成为主流意识形态传播和时代新人培育的主阵地，在高校课程体系的建设以及职能发挥过程中扮演关键性的"金课"角色。高校思政课的建设与发展过程中，推进高校党政领导干部讲思政课的常态化是落实高校思政课立德树人和铸魂育人根本任务的题中之义。因此，2015 年以来，党和国家制定和出台了一系列政策，如《关于进一步加强和改进新形势下高校宣传思想工作的意见》《关于领导干部上讲台开展思想政治教育的意见》《关于深化新时代学校思想政治理论课改革创新的若干意见》等，从政策端发力创新和建构新时代我国高校党政领导干部讲思政课常态化机制，以制度化、规范化形式确保这一机制的持续性、有效性和可操作性。从当前的政策设计来看，高校党政领导干部讲思政课常态化机制的"四梁八柱"得以形成，建构起包含领导机制、保障机制、监督机制和评价机制等四项内容的整体架构。

一、常态化领导机制的政策设计

高校思想政治理论课作为以"育人"为核心的关键性课程，事关"育人""育才"的国之大计。因此，为实现宏伟目标，立志中华民族千秋伟业，确保思政课紧紧围绕实现中华民族伟大复兴的前进方向，必须加强党对思政课建设的领导，建构和形成以党为领导主体和领导核心、党政协同、各部门配合、全社会参与的以党和政府为主导的领导格局，这一格局的重要方面在于学校党委要坚持把从严管理和科学治理结合起来，尤其是学校党委书记、校长要带头走进课堂，带头推动思政课建设，带头联系思政课教师，形成高校党政领导干部讲思政课的常态化机制。思想政治教育的引导性、持续性和内隐性决定了思政课建设的长期性、曲折性和复杂性，加之思政课重大使命与价值导向等所展现的战略意义，必然要求建构相应的领导机制确保高校党政领导干部讲思政课的常态化，强化上好思政课作为自身重要职责的自觉，从"师者"的初心和使命高度重视思政课建设，而非"运动式""点缀式"地对待讲思政课的要求。中国共产党一直高度重视高校思政课领导体制机制的设计和完善，具体到高校党政领导干部讲思政课领导机制的政策设计，主要表现为以下方面。

（一）常态化领导机制建构的政策设计

从革命战争时期开始，党就对领导干部讲思政课进行了较为具体的规定，展开了一系列实践和理论探索，逐渐形成和确定了适恰的领导机制，为最终建构科学的高校党政领导干部讲思政课领导机制奠定了基础。

1. 实践探索

新民主主义革命时期，党基于根据地多年的对敌斗争和根据地建设的实践，逐渐提炼出组织领导思想政治工作的成功经验，即"在组织领导上，加强党对学校的领导，中央领导同志经常亲自来上课、演讲，配备政治上和能力上较强的政工干部"①。但是，这一阶段，党政领导干部讲思政课的实施主要表现为原则上的形式，更多的是鼓励党的领导同志尤其是中央领导同志进行授课，在领导机制上具有较大的灵活性，尚未形成刚性的具有约束力的领导机制。

2. 规范化建设

新中国成立后，高校思想政治教育领导机制在革命时期实践探索的基础上，根据国家发展和高校现实工作的需要进行了不断的调整和发展，高校党政领导干部讲思政课领导机制在这一背景下开始进入规范化建设阶段。新中国成立初期，我国面对国内和平与建设和发展的新要求，国家各领域都逐渐进入恢复和发展新阶段。高校党政领导干部讲思政课领导机制作为思政课建设的重要内容，也开始摆脱革命时期重实践的原则性形式，逐渐以顶层政策设计的制度化、规范化形式加以确立。1950 年 8 月，政务院颁布了《高等学校暂行规程》和《专科学校暂行规程》，确定了校（院）长负责制的领导体制。在校（院）长负责制的领导体制下，由学校校长（院长）领导学校一切教学及行政事宜②。1955 年 8 月，国务院通过的《高等教育部 1954 年的工作总结和 1955 年的工作要点》指出："要切实改进政治理论课教学的组织和领导，校长和副校长对政治理论课教研组应负直接领导的责任，以逐步提高政治理论课的教学质量。"③ 1957 年 3 月，中共中央宣传部部长陆定一在全国宣传工作会议上的讲话中指出："校长、教授要做政治思想工作，每个月校长应向学生讲一次话。"④ 同年 12 月，中华人民共和国高等教育部、教育部印发的《关于在全国高等学校开设社会主义教育课程的指示》中指出，"这一课程，必须在省（市）、自治区党委与学校党委的统一领导下进行，各院校的院校长和其他主要领导干部，应亲自负责认真领导

---

① 冯刚、张晓平、苏洁：《中国共产党高校思想政治教育发展史》，北京：人民出版社，2021 年，第 383 页。
② 何东昌：《中华人民共和国重要教育文献》（1949-1975），海口：海南出版社，1998 年，第 45、47 页。
③ 《中华人民共和国学校思想政治理论课重要文献选编》编写组：《中华人民共和国学校思想政治理论课重要文献选编》（上册），北京：人民出版社，2022 年，第 256 页。
④ 《陆定一文集》编辑组：《陆定一文集》（下卷），北京：人民出版社，1992 年，第 561 页。

和具体帮助这一课程的教学工作"①。此后，党委领导下的校长负责制的领导体制得以确立。在这一领导体制下，高校思政课建设领导主体转变为学校党委，由校长（院长）作为具体责任人进行思政课建设的实践。在整个社会主义建设阶段，除了"文化大革命"的特殊时期，高校党政领导干部讲思政课领导机制在主体上形成了地方和高校党委统一领导下的校（院）长负责制。

3. 规范化发展

改革开放后，我国在总结社会主义建设时期高校思政课建设经验和教训的基础上，结合经济发展的新特点，开始对高校思政课建设进行改革。这一时期，高校思政课建设进入全新发展阶段，与之相适应，高校党政领导干部讲思政课的领导机制随之开始规范化发展，地方各级党委领导下的校长负责制逐渐形成和确立。强化了高校党委对思想政治工作的领导。1978 年 4 月，教育部办公厅印发的《关于加强高等学校马列主义理论教育的意见》中指出，"当前高等学校的马列主义理论教育的问题很多，但解决这些问题的关键，是建立健全各级理论教育的领导体制。许多高等院校的马列主义教研室，属于系（处）级编制的单位，直属党委领导……为了加强对理论教育的领导，教育部和各省、市、自治区的教育部门，也应设置专门机构""马列主义理论课，必须接受各级党委和宣传部门的领导。"② 1987 年 5 月，中共中央印发的《关于改进和加强高等学校思想政治工作的决定》中要求："学校党委对思想政治工作负有领导责任……校长要对学生的德智体全面发展负责，结合各项业务做好思想政治工作……要继续进行校长负责制的试点工作。"③ 1990 年 7 月，中共中央印发的《关于加强高等学校党的建设的通知》指出：党委的主要任务之一是领导学校的思想政治工作。校长要全面贯彻党的教育方针，坚持把德育放在学校工作的首位。④ 1996

① 段忠桥：《建国以来普通高校马克思主义理论课和思想品德课课程设置及教学内容历史沿革资料汇编》（上编），北京：高等教育出版社，2004 年，第 16 页。

② 段忠桥：《建国以来普通高校马克思主义理论课和思想品德课课程设置及教学内容历史沿革资料汇编》（下编），北京：高等教育出版社，2004 年，第 7 页。

③ 何东昌：《中华人民共和国重要教育文献》（1976-1990），海口：海南出版社，1998 年，第 2619 页。

④ 教育部思想政治工作司：《加强和改进大学生思想政治教育重要文献选编》（1978-2014），北京：知识产权出版社，2015 年，第 100 页。

年3月，中共中央印发《中国共产党普通高等学校基层组织工作条例》，再次重申"高等学校实行党委领导下的校长负责制。校党委统一领导学校工作"①。2005年3月，中共中央宣传部、教育部印发《〈中共中央宣传部、教育部关于进一步加强和改进高等学校思想政治理论课的意见〉实施方案》的通知，明确了"各地党委宣传部门要加强对实施工作的宏观指导，及时提出工作意见，加强组织协调工作。各地教育部门要负责实施工作的具体落实，抓好检查和指导工作。各高等学校党委要切实负起政治责任"②。

因此，新中国成立后，经过不断的发展，高校党政领导干部讲思政课的领导机制在主体结构方面从最初的校长负责制逐渐发展为各级党委领导下的校长负责制。但是，这一时期关于领导主体结构的政策设计，尚存在中央这一关键领导主体引导力度不够，思政课建设的主要领导主体限定为地方政府和高校自身。同时，关于领导方式，并没有明确地加以界定，通常展示为宏观概述式的叙述，极易导致领导弱化进而产生领导干部讲思政课常态化领导机制解构风险。

4. 发展完善

新时代，关于高校思政课建设以及高校党政领导干部讲思政课常态化机制建设的领导问题，在继续坚持党委领导下的校长负责制的基础上，为适应新的形势要求，党和政府设计、出台了相关的政策，更为切实和具体地提出了明确的领导主体要求。在2014年10月出台的《关于坚持和完善普通高等学校党委领导下的校长负责制的实施意见》、2015年7月出台的《关于领导干部上讲台开展思想政治教育的意见》、2018年4月出台的《新时代高校思想政治理论课教学工作基本要求》等政策文件中，对于党政领导干部讲思政课领导机制的主体结构问题予以了明确和强调，形成了覆盖中央、地方和高校多元一体的领导主体结构。

首先，强化中央全面领导。中央组织部、中央宣传部、教育部负责对领导干部上讲台工作的全面指导，组织协调整体性工作，确保全国"一盘棋"，切实

---

① 何东昌：《中华人民共和国重要教育文献》（1991–1997），海口：海南出版社，1998年，第3957页。

② 教育部思想政治工作司：《加强和改进大学生思想政治教育重要文献选编》（1978–2014），北京：知识产权出版社，2015年，第299页。

将高校党政领导干部讲思政课纳入高校思想政治教育建设体系中。具体来看，思政课建设已作为重要工作内容纳入顶层设计，在中央层面确立负责思政课建设的相应主管部门和机构。教育部成立大中小学思政课一体化建设指导委员会，加强对不同类型思政课建设分类指导；教育部高校思想政治理论课教学指导委员会要发挥好咨询、研判、督查、评估、培训、示范、指导、引领等作用，适时开展思想政治理论课教学情况督查，推动各方面把教学管理责任落到实处。

其次，加强地方统筹领导。各省（区、市）组织、宣传和教育部门成立联合工作小组，根据中央组织部、中央宣传部、教育部的有关指导性意见和宏观方针政策，实施组织协调工作，基于中央的大政方针结合本地区实际编制具体的实施方案。基于中央制定的领导干部上讲台宣讲要点，省级组织、宣传和教育部门根据中央下发的宣讲要点编制本地领导干部讲思政课的具体计划。各地党委教育工作部门加强对属地高校思想政治理论课教学工作的统筹管理，并在部门内部进行机构的专业化建设，依照思政课教学内容和特点建立相应的教学指导委员会，及时总结属地高校思想政治理论课教学工作经验，宣传推广教学工作先进典型，为加强和改进思想政治理论课教学工作、提升教学质量营造良好环境和氛围。

最后，强调高校主体领导。高校是思政课发展和实施的主阵地和核心载体，是展开思政课的第一线，而思政课是高校育人功能的具象化体现。因此，高校党委要强化责任意识和领导能力，充分发挥高校党委的领导核心作用。高校党委书记是思想政治理论课建设的第一责任人，党委书记、校长和分管校领导担负政治责任和领导责任，在校党委的统一领导下，组织、宣传、教务、学生工作部门共同参与，将党政领导干部讲思政课列入教育教学计划，并组织实施具体教育教学活动。对此，2018 年 1 月，教育部办公厅印发的《贯彻落实〈高校思想政治工作质量提升工程实施纲要〉部内分工方案》的通知中，明确指出要发挥各级党组织的育人保障功能，进一步理顺高校党委的领导体制机制，明确高校党委职责和决策机制，健全和完善高校党委领导下的校长负责制，推动学校各级党组织自觉担负起管党治党、办学治校、育人育才的主体责任。① 整体来看，中央全面领导、地方针对性细化、高校具体落实，各层级共同形成了一体化的领导结构，凸显了"源与流"的相互间关系，从主体界面重视思政课的建设以及促进思政课的有效性，确保出发点和落脚点着力于大学生"立德树人"的根本育人目标。

（二）常态化领导机制实施的政策设计

"中央—地方—高校"一体化领导结构的确立，从主体层面明确了领导机制具体实施过程中"由谁领导"的问题。在这一基础上，高校党政领导干部讲思政课领导机制的运行问题成为需要解决的关键问题，也就是解决"怎么领导"的问题。事实上，领导机制的实施，主要在于协调、聚集各方面的工作合力，保证领导目标的落实和实现，对于此，一系列的政策设计予以明确。

1. 各级党委主要领导

新中国成立伊始，党就对学校思想政治理论课建设给予了高度重视，强调加强党的领导的重要意义。第一，地方党组织尤其是高校党组织主要负责。中国共产党全面执政后，继承和发挥党的领导建设经验，充分发挥党的领导核心作用。1951 年 9 月，教育部印发《关于华北区各高等学校 1951 年度上学期进行"辩证唯物论与历史唯物论"等课教学工作的指示》，要求现有的政治教学委员会（或大课委员会）改为该科目的教学研究指导组。教务长负有计划、组织、督导检查之责。② 1955 年 8 月，国务院通过的《高等教育部 1954 年的工作总结和 1955 年的工作要点》指出："要切实改进政治理论课教学的组织和领导，校长和副校长对政治理论课教研组应负直接领导的责任，以逐步提高政治理论课的教学质量。"③ 1964 年 10 月，中共中央宣传部、高等教育部党组、教育部临时党组出台的《关于改进高等学校、中等学校政治理论课的意见》中要求："建

---

① 教育部. 贯彻落实《高校思想政治工作质量提升工程实施纲要》部内分工方案［DB/OL］. http://www.moe.gov.cn/srcsite/A12/s7060/201802/t20180201 _ 326325.html，2022–03–25.

② 教育部社会科学司：《普通高校思想政治理论课文献选编》（1949–2008），北京：中国人民大学出版社，2008 年，第 9 页。

③ 《中华人民共和国学校思想政治理论课重要文献选编》编写组：《中华人民共和国学校思想政治理论课重要文献选编》（上册），北京：人民出版社，2022 年，第 256 页。

议各地党委宣传（文教）部和高等学校、中等学校党组织，加强对政治理论课的领导，着重抓方向、抓教学、抓队伍。"① 第二，高校党委领导下的党政领导主要负责。改革开放后，随着经济社会的不断发展，高校思政课建设也随之进入大调整和快速发展的时期。这一时期，着力加强了高校党委对于思想政治教育工作的领导。1991 年 8 月，国家教育委员会出台的《关于加强和改进高等学校马克思主义理论教育的若干意见》中指出，"要把专门研究马克思主义理论教育的工作列入学校党委和行政领导的重要议事日程，每学期至少要专门研究一次马克思主义理论教育工作"②。1995 年 10 月，国家教育委员会印发的《关于高校马克思主义理论课和思想品德教学改革的若干意见》中指出，"要在党委统一领导和部署下，建立和完善校长及行政系统为主实施的管理体制。学校党委和行政要定期研究'两课'教学工作……提倡和鼓励高校党政领导兼教一门思想理论教育课"③。2005 年 2 月，中共中央宣传部、教育部印发的《关于进一步加强和改进高等学校思想政治理论课的意见》中指出，"高等学校党委要切实负起政治责任，加强对思想政治理论课的领导。学校要有一名副书记和一名副校长主管思想政治理论课教学"④。

新时代，党对高校的领导权更加稳固，党的领导地位进一步得到强化。习近平总书记指出，"坚持和完善党委领导下的校长负责制，不断改革和完善高校体制机制"⑤。"高校党委对学校工作实行全面领导，承担管党治党、办学治校主体责任，把方向、管大局、作决策、保落实"⑥。2017 年 2 月，中共中央、国务院印发《关于加强和改进新形势下高校思想政治工作的意见》，明确提出：

---

① 段忠桥：《建国以来普通高校马克思主义理论课和思想品德课课程设置及教学内容历史沿革资料汇编》（上编），北京：高等教育出版社，2004 年，第 27 页。

② 段忠桥：《建国以来普通高校马克思主义理论课和思想品德课课程设置及教学内容历史沿革资料汇编》（下编），北京：高等教育出版社，2004 年，第 46 页。

③ 教育部社会科学司：《普通高校思想政治理论课文献选编》（1949-2008），北京：中国人民大学出版社，2008 年，第 161 页。

④ 教育部社会科学司：《普通高校思想政治理论课文献选编》（1949-2008），北京：中国人民大学出版社，2008 年，第 217 页。

⑤ 习近平：《坚持立德树人思想引领 加强改进高校党建工作》，北京：《光明日报》，2014 年 12 月 30 日，第 1 版。

⑥ 习近平：《把思想政治工作贯穿教育教学全过程 开创我国高等教育事业发展新局面》，北京：《光明日报》，2016 年 12 月 9 日，第 1 版。

坚持和完善普通高校党委领导下的校长负责制，高校党委对本校工作实行全面领导，切实发挥领导核心作用。高校党委书记主持党委全面工作，履行高校思想政治工作和党的建设第一责任人的职责。校长是学校的法人代表，在党委领导下组织实施党委有关决议，行使高等教育法等规定的各项职权。其他党委班子成员履行"一岗双责"，结合业务分工抓好思想政治工作和党的建设工作。①对高校党委的领导核心地位进行了具体的规定，进一步强化和明晰了高校党委对高校思政课建设的领导机制。2019年8月，中共中央办公厅、国务院办公厅印发《关于深化新时代学校思想政治理论课改革创新的若干意见》，指出"加强党对思政课建设的领导……推动建立高校党委书记、校长带头抓思政课机制"②。整体来看，新时代，以党委为核心的领导机制在"因事而化、因时而进、因势而新"的要求中进一步得到加强和完善，尤其是高校党委强化了自身对思政课建设和发展的领导核心职能，实现了对高校党政领导干部讲思政课的全面领导，履行了党委领导的主体责任。

2. 多部门协同运作

高校思政课建设进程，尤其是高校党政领导干部讲思政课领导机制的运行，仅靠党委委员或者书记、校长"一把手"，难以无法实现领导机制的应有效应。高校党政领导干部讲思政课领导机制是一个整体系统，党委仅是其中的"关键少数"，发挥领导核心的主要作用，但是，也需要系统整体的其他部分积极协作，形成多部门协同的合力，才能最终实现高校党政领导干部讲思政课领导机制的实效。因此，新中国成立以来，多部门协同运作合力的形成经历了不断演化和发展。

第一，各部门相互协作合力的初步形成。1955年4月，教育部副部长刘子载在大学校院长座谈会上的发言中指出，"除组织动员教学行政干部、政治工作干部和全体教师积极参加政治思想教育工作外，还应与学校党组织、青年团等保持密切联系，依靠他们并取得他们的支持和配合，避免和克服各方面步调不

---

① 中共中央、国务院. 关于加强和改进新形势下高校思想政治工作的意见［DB/OL］. https：//www. gov. cn/xinwen/2017-02/27/content_ 5182502. htm? eqid=d7e3175400035dc80000000664560dfe，2022-04-10.

② 《中华人民共和国学校思想政治理论课重要文献选编》编写组：《中华人民共和国学校思想政治理论课重要文献选编》（下册），北京：人民出版社，2022年，第1535页。

统一，互相不配合……现象"①。新中国成立后，高校普遍建立了党委，还成立了青年团和学生会，成为党领导下开展自我教育活动的群众组织。这一时期，高校初步形成了党委领导、校长负责，共青团及学生会积极参与，各方分工配合的思想政治工作体系。②

第二，多部门相互协作合力的进一步联结。改革开放后，随着政府职能的转变，社会力量的发展，高校思想政治工作多部门共同运行机制得到进一步的发展和完善。1980年4月，教育部、共青团中央《关于加强高等学校学生思想政治工作的意见》中指出："要把行政、共青团、学生会工会、教师各方面的力量统一组织起来，共同做好工作。"③ 1987年5月，中共中央《关于改进和加强高等学校思想政治工作的决定》要求：学校党委"会同行政统一协调工会、共青团、学生会等各方面的力量，做好学生和教职工的思想政治工作。"④ 2004年8月，中共中央、国务院《关于进一步加强和改进大学生思想政治教育的意见》指出："要建立健全党委统一领导、党政群齐抓共管、有关部门各负其责、全社会大力支持的领导体制和工作机制，形成全党全社会共同关心支持大学生思想政治教育的强大合力。"⑤

第三，多部门协同运作合力的优化。新时代，高校思想政治工作在协同育人、凝聚合力方面取得了新的发展，多部门协同运作机制得到系统优化和整体突破，尤其是"三全育人"机制的建立，实现了多元力量的有效联结。习近平总书记指出："要建立党委统一领导、党政齐抓共管、有关部门各负其责、全社会协同配合的工作格局，推动形成全党全社会努力办好思政课、教师认真讲好

---

① 教育部社会科学司：《普通高校思想政治理论课文献选编》（1949-2008），北京：中国人民大学出版社，2008年，第26页。

② 冯刚、张晓平、苏洁：《中国共产党高校思想政治教育发展史》，北京：人民出版社，2021年，第390页。

③ 教育部社会科学司：《普通高校思想政治理论课文献选编》（1949-2008），北京：中国人民大学出版社，2008年，第83页。

④ 教育部思想政治工作司：《加强和改进大学生思想政治教育重要文献选编》（1978-2014），北京：知识产权出版社，2015年，第73页。

⑤ 教育部思想政治工作司：《加强和改进大学生思想政治教育重要文献选编》（1978-2014），北京：知识产权出版社，2015年，第270页。

思政课、学生积极学好思政课的良好氛围。"① 2016 年 12 月,中共中央、国务院印发的《关于加强和改进新形势下高校思想政治工作的意见》中指出,"坚持全员全过程全方位育人。把思想价值引领贯穿教育教学全过程和各环节,形成教书育人、科研育人、实践育人、管理育人、服务育人、文化育人、组织育人长效机制""构建学校、家庭、社会'三结合'教育网络,形成学校教育、家庭教育、社会教育相互配合、协同育人的工作合力。"② 2018 年 4 月,教育部印发的《新时代高校思想政治理论课教学工作基本要求》指出:落实高校主体责任,建立思想政治理论课教学科研二级机构牵头,宣传、教务、学工、科研、财务、人事等部门共同配合的思想政治理论课教学管理体制,建立健全教学管理制度体系,推动各类课程与思想政治理论课同向同行,形成协同效应。同时,强化地方统筹管理,注重从整体上提升思想政治理论课教学质量。最后,还必须加强全国宏观指导。③ 2020 年 4 月,教育部等八部门发布《关于加快构建高校思想政治工作体系的意见》,明确要求:高校党委主要负责同志落实领导责任,分管领导落实直接责任。党委书记是思想政治工作第一责任人,校长和其他班子成员履行"党政同责、一岗双责"。强化工作协同保障,推动形成学校、家庭和社会教育协同育人机制。④ 整体来看,新时代,高校思政课建设领导机制的运行,更为强调多部门协同合力的形成,不断整合以前各部门"各自为政"的"碎片化"运作机制,系统优化高校思政课建设领导机制运行的整体性,凸显整体功能优势,在创造性提出"三全育人"运作机制的框架内,有效地整合和实现了不同部门的协作,有力地保障了高校党政领导干部讲思政课常态化机制的运转。

(三)常态化领导机制内容的政策设计

"领导什么"是一体化领导机制的对象,是标识领导机制的核心内容。直观

---

① 《习近平谈治国理政》(第三卷),北京:外文出版社,2020 年,第 331 页。

② 《中华人民共和国学校思想政治理论课重要文献选编》编写组:《中华人民共和国学校思想政治理论课重要文献选编》(下册),北京:人民出版社,2022 年,第 1421、1430 页。

③ 教育部. 新时代高校思想政治理论课教学工作基本要求 [DB/OL]. http://www.moe. gov. cn/srcsite/A13/moe_ 772/201804/t20180424_ 334099. html, 2022-12-25.

④ 教育部. 关于加快构建高校思想政治工作体系的意见 [DB/OL]. http://www.gov. cn/ zhengce/zhengceku/2020-05/15/content_ 5511831. htm, 2022-12-25.

上，领导机制的对象是强化对高校党政领导干部讲思政课的领导，并确保领导干部讲思政课成为常态化机制。具体来看，领导机制的内容是在高校党政领导干部讲思政课全过程中所涉及的不同方面内容的领导。

1. 关于思政课建设原则性、方向性和统一性的领导

党的十八大以来，在坚持党对意识形态坚强领导的基础上，党和政府着重强调了思政课建设对于我国社会主义意识形态安全和建设的关键作用，指出"办好思想政治理论课，事关意识形态工作大局，事关中国特色社会主义事业后继有人，事关实现中华民族伟大复兴的中国梦，必须始终摆在突出位置，持之以恒、常抓不懈"[①]。因此，党对高校党政领导干部讲思政课常态化机制的领导，以"把大局、定方向、谋发展"为宏观蓝图和目标，加强对原则性、方向性和统一性三个方面内容的领导。

（1）思政课建设原则性的领导

为确保高校党政领导干部讲思政课的实效性，即通常所言"讲好思政课"，高校党政领导干部必须坚持基本原则，在原则的框架内讲好思政课，避免高校党政领导干部讲思政课陷入任意性、形式化、教条式的窠臼，弱化思政课党政领导干部主体参与的优越性和独特性。具体来看，加强原则性的领导，主要包括坚持党的领导原则、党性原则和马克思主义理论指导地位原则。

首先，坚持党的领导原则，要求高校党政领导讲思政课是在党的统一领导下实施的一项思想政治工作，虽然在具体实践环节涉及多元主体，但党居于核心领导主体地位，只有坚持党的领导，才能确保对思政课的正确方向，才能确保思政课鲜明体现党的教育方针、积极传播马克思主义科学理论、弘扬社会主义核心价值观的内容目标，才能确保对思政课建设中突出问题的有效应对。

其次，坚持党性原则，"核心就是坚持正确政治方向，站稳政治立场，坚定宣传党的理论和路线方针政策，坚定宣传中央重大工作部署，坚定宣传中央关于形势的重大分析判断，坚决同党中央保持高度一致，坚决维护中央权威"[②]。

---

① 《中华人民共和国学校思想政治理论课重要文献选编》编写组：《中华人民共和国学校思想政治理论课重要文献选编》（下册），北京：人民出版社，2022 年，第 1384 页。

② 《中国共产党思想政治教育史》编写组：《中国共产党思想政治教育史》（第二版），北京：高等教育出版社，2018 年，第 376 页。

通过对党的大政方针、党的发展史等内容的讲解，深化大学生更加爱党、向党、跟党走，坚定对党的情感和认同，自觉拥护和围绕在党的周围，在党的领导下，发挥青年大学生建设社会主义现代化强国的主力军和后备力量。同时，党性和人民性是相统一的①，全心全意为人民服务是党的宗旨，以人民为中心是党的一切工作的出发点和落脚点。因此，高校党政领导干部在讲思政课的过程中，要求更加深刻地对人民中心思想进行阐释和解读，促进新时代大学生真正理解人民是历史创造者的历史唯物主义主体论思想，更加自觉地树立为人民服务的理念，积极地投入服务人民的事业中，自觉抵制脱离人民、与人民相隔甚至蔑视人民的错误思想和行为。

最后，坚持马克思主义理论指导地位原则。"中国共产党为什么能，中国特色社会主义为什么好，归根到底是因为马克思主义行！"② 马克思主义是科学的理论体系，是指导中国革命、建设和改革的根本思想。高校党政领导干部应当基于理论的学理性与实践的现实性，结合历史发展与现实生活中的生动案例，有理有据地讲解马克思主义理论的科学体系，尤其是深化对于当前习近平新时代中国特色社会主义思想的理解和认同，在向大学生讲述大政方针、时政热点、国内国外形势等内容时，将马克思主义理论的科学性与指导性贯穿始终，落脚于新时代中国特色社会主义建设取得一系列伟大成就的根本在于"马克思主义行"。

（2）思政课建设方向性的领导

加强对于方向性内容的领导，主要在于坚持正确的政治方向和价值导向。目标的实现有赖于方向的定标，正确的方向是达成目标的前提。因此，必须把控高校党政领导干部讲思政课的方向，以领导干部的正确政治方向带动大学生的政治取向，为实现中华民族伟大复兴凝聚合力。新时代，加强思政课建设的正确政治方向，核心在于形成和凝聚大学生对于道路问题的认同和共识，增强四个自信。习近平总书记指出，"道路问题是关系党的事业兴衰成败第一位的问

---

① 习近平：《坚持正确方向创新方法手段 提高新闻舆论传播力引导力》，北京：《光明日报》，2016年2月20日，第1版。

② 习近平：《在庆祝中国共产党成立100周年大会上的讲话》，北京：《人民日报》，2021年7月2日，第2版。

题，道路就是党的生命。中国特色社会主义，是科学社会主义理论逻辑和中国社会发展历史逻辑的辩证统一，是根植于中国大地、反映中国人民意愿、适应中国和时代发展进步要求的科学社会主义，是全面建成小康社会、加快推进社会主义现代化、实现中华民族伟大复兴的必由之路"①。但是，近年来，无论是现实场域还是网络空间，都曾出现对于我国道路的质疑，各种猜测、怀疑甚至否定的言论，对大学生的道路认同，进而对其国家认同、社会认同等产生了一定的消极影响。所以，必须要求高校党政领导干部结合自身丰富的理论知识和实践经验，在大学生现阶段所具备的认知和知识体系框架内，基于中国特色社会主义道路的发展历程及成果取得的优越性表现，从横向比较、纵向梳理的国际国内角度清晰地指明我国道路选择的适恰性和科学性，促进大学生坚定中国特色社会主义的政治方向。

另外，要求高校党政领导干部讲思政课必须传导正确的价值导向，型塑大学生合理的价值观，基于此，思政课应贯穿社会主义核心价值观教育。核心价值观是一个国家和社会中大多数人的价值追求和价值理念，具有引领和统率、主导和支配其他价值观的地位。② 随着移动互联网的普及，不同价值导向弥散在大学生周围，少部分大学生受错误价值思潮的影响，表现出"精致利己""是非不分""金钱至上"等扭曲化价值导向。因此，高校党政领导干部讲思政课，一个重要内容在于弘扬社会主义核心价值观，通过讲道理、摆事实的方法，尤其是运用党政领导干部丰富的经验性实践，能够以发生在大学生身边的案例进行判断分析，纠正错误价值思潮、强化社会主义核心价值观社会主导地位，实现大学生对社会主义核心价值观的认同。

（3）思政课建设统一性的领导

对于统一性内容的领导，主要是对思政课的形式进行统一，即全国"一盘棋"。从思政课的主体来看，高校党政领导干部数量众多、分布广泛，以高校的地理区位为依据分布于不同地域；从思政课的受体来看，大学生数量更为庞大，在校生达上千万之多。因而，无论是主体还是受体，数量多、分布散等现状决

---

① 《习近平谈治国理政》（第一卷），北京：外文出版社，2018年，第21页。
② 龙雪津：《社会主义核心价值体系建设之道德路径研究》，北京：民族出版社，2015年，第91页。

定了必须从整体层面加以布局，在事关思政课根本问题上进行有效的统一，避免因量多造成质的缩减。关于统一性的领导，主要是对高校领导干部"讲什么""怎么讲"的问题进行规定。一方面，"讲什么"是对思政课内容的规定，这一内容聚焦于国家社会整体层面，是宏观的界限，即思政课的讲课重点统一在党的路线方针、国家社会地区热点等形势与政策领域的内容，是对党情、国情、世情的深刻解读，整体范围的统一保障了全国范围内高校领导干部讲思政课关键点的一致，有利于促进国家思政课建设目标的实现，强化大学生思想政治教育的有效性，避免不同地域不同高校不同干部主体在讲思政课过程中的主观任意或内容的无限发散，脱离高校领导干部讲思政课的重点方向和价值导向。同时，作为思政课主要讲授方式的教材，也是决定思政课成效的核心要素。因此，必须将思政课的使用教材统一编制，规划不同科目教材的主要内容，形成面向全国所有高校的统一教材，如"毛泽东思想和中国特色社会主义理论体系概论""形势与政策""习近平新时代中国特色社会主义思想概论"等，高校领导干部在准备思政课讲授内容时应当以大学生思政课教材为蓝本，在此基础上确保思政课更具思想性、理论性、亲和力和针对性，以确保大学生深化对于课本知识的理解，增强大学生理论联系实际的能力，例如：高校党政领导在开学典礼、毕业典上的礼讲话中等要鲜明体现党的教育方针、积极传播马克思主义科学理论、弘扬社会主义核心价值观。另一方面，"怎么讲"是对思政课形式的规定，即聚焦于高校党政领导干部讲思政课的时间、频率等方面。对此，2019 年 8 月，中共中央办公厅、国务院办公厅下发的《关于深化新时代学校思想政治理论课改革创新的若干意见》中，明确规定："高校党委书记、校长作为思政课建设第一责任人，要结合自身学科背景和工作经历，带头走进课堂听课讲课，带头推动思政课建设，带头联系思政课教师。高校党委常委会每学期至少召开 1 次会议专题研究思政课建设，高校党委书记、校长每学期至少给学生讲授 4 个课时思政课，高校领导班子其他成员每学期至少给学生讲授 2 个课时思政课，可重点讲授'形势与政策'课。"① 对于高校党政领导干部讲思政课形式的明确规定，确保了全国各高校在这一规定的统一基础上展开思政课的讲授，提出了

---

① 《中华人民共和国学校思想政治理论课重要文献选编》编写组：《中华人民共和国学校思想政治理论课重要文献选编》（下册），北京：人民出版社，2022 年，第 1536 页。

"底线性"的规定要求，有力地保障了全国思政课的整体建设和提升。

因此，对于原则性、方向性和统一性等内容的领导，实质上是从宏观层面界定了高校党政领导干部讲思政课的整体架构，在这一框架内，各高校可以结合当地实际与学校特点进行具有特色的、有针对性的思政课讲学，但无论具体内容如何，都必须遵循整体框架的规定。

2. 关于加强思政课建设特色的领导

我国高校数量庞大，分布广泛，位于不同地区，必然深受地方特色文化的影响以及服务地方经济社会发展的需求，基于此，如何在整体框架内推进对本地区高校党政领导干部讲思政课常态化机制的领导，成为地方领导主体需要着力应对的关键问题。因而，地方领导主体应加强区域性领导，具体表现为加强转化性、地区性领导，即针对宏观原则性、方向性的领导内容，转化为符合当地实际的区域性的领导内容，突出思政课特色建设，以更好地促进本地区高校党政领导干部讲思政课的实效性。转化性，旨在宏观向中观的转化，以宏观原则为指导，转化为贴合地方实情的更为细化的方案；地区性，旨在整体向部分的过渡，基于统一性原则，强化思政课建设的地方特色。具体来看，加强思政课建设特色的领导，主要包括：第一，强调思政课建设的地方性。即思政课建设贴合且服务于地方经济社会发展的实际。例如，2020 年 5 月，浙江省委省政府根据《中共中央办公厅国务院办公厅〈关于深化新时代学校思想政治理论课改革创新的若干意见〉的通知》精神，在结合浙江省自身现实的基础上，印发了浙江省《关于深化新时代学校思想政治理论课改革创新的实施意见〉的通知》，力求在思政课建设上更加凸显浙江特色。同时，强化对于地区形势与政策的解读，加强学生对于本地区经济、政治、文化、社会、生态等特色的认识和理解，增强大学生服务本地经济社会发展的自觉主动意识等。第二，强调思政课建设的价值性。在对待思政课的重要价值方面，不同地区进行了不同的规定，比如：2019 年 6 月，广东省出台《广东省学校思想政治理论课建设行动计划（2019—2021 年）》，着重强调了高校党委书记和校长每学期为学生上第一堂思政课的要求，将思政课置于"第一堂"的位置，凸显出领导干部对于思政课建设的重视，也有利于强化党政干部与学生之间的交流。第三，强调思政课建设的支持性。在各类高校思政课建设的过程中，各地方需要加强资源支持性的领导。各地党委教育工作部门创造条件，消除思想政治理论课教学工作中的薄弱环节，注重从整体上提升思想政治理论课教学质量。各高校党委也要从各个领域和方面凝聚和调动一切可利用的资源和力量，加强对全校层面进行包括体制机制、师资队伍、资金支持等系统设计，定期分析高校思想政治领域情况，研究解决重大问题，协调推进重点任务落实。

3. 关于思政课组织建设和内容建设的领导

高校作为党政领导干部讲思政课常态化机制的行动端，肩负着宏观性领导和区域性领导内容的贯彻实施责任。因此，高校必须加强在具体实施层面的领导。不同高校具有不同的角色功能定位、表现出不同的发展模式，因此，高校必须基于符合自身的情况实施党政领导干部讲思政课常态化机制，从具体实施的组织建设和内容建设两个重要环节出发，建构相应的领导机制要素。一方面，高校必须加强思政课的组织建设内容，其核心在于强化思政课队伍建设的领导，即在选人、用人方面应根据高校职能的特殊性严格按照社会主义政治家、教育家的标准，选好配强高校领导班子特别是党委书记和校长。以政治家、教育家的高标准严格要求自己，才能以身作则，为大学生讲好思政课；以自身经历，为大学生讲实思政课。同时，在校党委的统一领导下，发挥思政课队伍的多元主体合力，共同研讨关于课程内容、课程频次、课程时间等具体操作层面的问题，集思广益、拓展讲课思路和内容素材，避免领导干部个人的局限性。另一方面，加强思政课课程内容的领导。"讲什么"是思政课的核心要素，决定思政课实效性的关键一环在于讲课内容的选择与准备。在讲课重点范围上，中共中央组织部、宣传部和教育部印发的《关于领导干部上讲台开展思想政治教育的意见》已经给出了明确的要求，领导干部上讲台的主要任务是：深入开展习近平总书记系列重要讲话精神学习宣传教育；开展中国特色社会主义和中国梦的宣传教育；开展协调推进"四个全面"战略布局的宣传教育；结合国家和本地区本部门发展的实际，宣讲改革开放和社会主义现代化建设的新成就新变化，宣讲党和国家重大方针政策、重大活动和重大改革措施；开展经济发展新常态下的新形势、新特点、新任务教育；开展当前国际形势与国际关系的状况、发展趋势和我国的对外政策，世界重大事件及我国政府的原则立场教育；开展培育和弘扬社会主义核心价值观教育；开展各民族共同团结进步、共同繁荣发展的民族大团结教育；回答高校师生关注的重大理论和实践问题，帮助青年学生自觉划清思想理论上的是非界限。① 基于讲课内容的要求，高校党政领导干部应当结合自身政治优势和工作优势，将国内国际热点问题、地域热点话题与高校自身发展相结合，与大学生自身特点相结合，让思政课与大学生学习生活紧密联系，贯彻思政课的实效性，而非以往"讲大道理"式的灌输，真正做到"入耳、入脑、入心"。同时，在不同背景下应结合国内国际、党内党外、区域热点等不同内容进行课程内容的设计。例如，2016 年 7 月，中共教育部党组印发的《关于教育系统学习贯彻习近平总书记在庆祝中国共产党成立 95 周年大会上的讲话的通知》中指出："推动'领导干部上讲台'工作深入开展，在第三、四季度高校形势政策课中，邀请地方党委领导为高校学生作学习领会讲话精神辅导报告，激励广大青年学生为祖国、为人民、为民族奉献青春。"② 2017 年 12 月，中共教育部党组发布的《关于认真学习贯彻习近平总书记给莫斯科大学中国留学生重要回信精神的通知》中指出："切实用好课堂教学主渠道，把习近平新时代中国特色社会主义思想作为讲授重点，积极推动领导干部上讲台开展思想政治教育工作，用党的理论武装创新青年学生头脑。"③

综上所述，高校党政领导干部讲思政课领导机制在不断地"实践—总结—发展"的演进中，逐渐走向成熟和完善。基于当前高校党政领导干部讲思政课的实效来看，其领导机制已然并将继续发挥其应有效应，致力于高校思政课的改革创新，优化和强化高校思想政治教育的育人功能。但是，从现实进路来看，高校党政领导干部讲思政课领导机制也存在一定的问题，主要表现为：其一，"两头重、中间轻"的不均衡态势。对于高校党政领导干部讲思政课的领导，事关国家意识形态安全，事关高校"立德树人"的根本要求，必然由中央进行全面领导，但是，正如上文所述，中央领导通常是宏观性、原则性、方向性的领

① 冯刚：《改革开放以来高校思想政治教育编年史（1978-2022）》，北京：北京师范大学出版社，2023 年，第 533 页。

② 中共教育部党组. 关于教育系统学习贯彻习近平总书记在庆祝中国共产党成立 95 周年大会上的讲话的通知 [DB/OL]. http：//www. moe. gov. cn/srcsite/A12/s7060/201607/t20160708_ 271225. html，2022-10-25.

③ 中共教育部党组. 关于认真学习贯彻习近平总书记给莫斯科大学中国留学生重要回信精神的通知 [DB/OL]. http：//www. moe. gov. cn/srcsite/A12/s7060/202105/t20210512_ 531085. html，2022-10-25.

导，无法事无巨细地加以具体领导，为保持中央层级领导主体的核心地位，中央领导主体在高度重视和关注高校党政领导干部讲思政课常态化机制建设过程中，通过组织建设、制度制定、局部执行等力求强化和优化自身在高校党政领导干部讲思政课领导机制中的核心地位，同时，在高校层面，作为一体化领导机制的底层，主要落实领导机制的实施，在实践界面保障一体化领导机制的运作，这就导致"两头重"的"怪象"产生，而作为中间层的地方政府，通常表现为"二传手"的角色，负责"转发"，在"上传下达"和"下传上达"的领导机制运作方面明显式微。其二，高校内部的领导，虽然确立了高校党委统一领导下多部门协同的领导机制，但是，在具体实施中，各部门协同合力的效力仍然较为弱化，一些部门并非十分清楚自身在高校思政课建设整体领导机制中的定位和功能，不同部门协作效能较弱，导致高校党政领导干部讲思政课领导机制极易陷入领导干部自己对自己的领导。因此，未来，必须尽快畅通整体领导机制，强化"中央—地方—高校"三位一体的领导主体结构的塑造，凝聚领导机制协同运作的合力，突显高校党政领导干部讲思政课过程性的重要意义，做实做细组织建设和课程内容建设，切实发挥高校党政领导干部讲思政课领导机制的效力。

二、常态化制度保障机制的政策设计

"制度关乎效能"，制度优势能否转化为治理效能，关键在于制度的"优势"是否具备，能否体现，即核心落脚于"优势"的展开。制度的优势主要涵盖两个方面：完善与效力。完善意在说明制度建构的体系化程度，是否形成了完备的制度体系；效力意在说明制度体系的运作过程及其目标达成状况。高校党政领导干部讲思政课作为思想政治教育建设的一项重大举措，必然要求建构相应的制度体系以保障这一举措的实施，通过制度保障机制的运作，有效地转化为思想政治工作的效能，提升思想政治教育的有效性，实现高校党政领导干部讲思政课的价值。

（一）制度体系化建构的政策设计

建构完善的制度体系，是保障高校党政领导干部讲思政课举措有效实施的前提。当前，从中央到地方再到高校，已然形成了体系化的制度保障内容，不同层级所制定和出台的差异性制度，发挥着不同的角色和功能，整体上展现出宏观、中观和微观三级制度结构，它们共同构筑起保障高校党政领导干部讲思政课的制度体系。制度体系化建构过程的政策设计，主要经历了初步建构、整体形成和发展完善三个阶段。

1. 制度的初步建构

在新民主主义革命时期，党根据革命实践的需要，已经开始在实践中探索建立学校思想政治教育制度，形成了党的主要领导人亲自上课的制度。但是，由于战争的需要，革命根据地学校培养军事人才的现实要求决定了领导上课制度更多的是以原则的形式加以确定，具有较强的主观性，课程内容主要涉及军事理论。因此，这一时期，领导讲思政课的制度探索依然处于萌芽阶段。新中国成立前夕，中国人民政治协商会议第一届全体会议通过的《中国人民政治协商会议共同纲领》提出："人民政府应有计划有步骤地改革旧的教育制度、教育内容和教学法。"① 至此，高校思政课建设开始进入正式的制度化建构阶段。1952年9月，中共中央印发的《关于培养高等、中等学校马克思列宁主义理论师资的指示》中要求，"在目前各高等、中等学校原有的政治理论师资量少质低，新的师资尚待培养的'青黄不接'时期，尤需大力动员党委、政府、群众团体中政治理论水平较高的干部到学校兼课，或设专题讲座，帮助政治理论教师备课"②。1958年4月，教育部政治教育司在《对高等学校政治教育工作的几点意见（草稿）》中，为解决政治课教师不足的问题，提出："学校中党员校院长、党委书记和党委委员，必须担任政治课的教学工作。"③ 1964年10月，中共中央宣传部、高等教育部党组、教育部临时党组印发的《关于改进高等学校、中等学校政治理论课的意见》中提出："学校党委（支部）必须把抓好政治理论课工作，当作自己的主要任务之一。高等学校的党委书记和中等学校的

---

① 何东昌：《中华人民共和国重要教育文献》（1949-1975），海口：海南出版社，1998年，第1页。
② 《中华人民共和国学校思想政治理论课重要文献选编》编写组：《中华人民共和国学校思想政治理论课重要文献选编》（上册），北京：人民出版社，2022年，第159页。
③ 《中华人民共和国学校思想政治理论课重要文献选编》编写组：《中华人民共和国学校思想政治理论课重要文献选编》（上册），北京：人民出版社，2022年，第289页。

支部书记、党员校长，都应当尽可能地兼课。"①

　　整体来看，社会主义建设时期，高校党政领导干部讲思政课制度已经开始建构和形成，为补充思政课教师队伍、加强党对思政课建设的领导奠定了坚实的制度基础。这一时期，虽然形成了一系列制度规定，有效地促进了高校党政领导干部讲思政课的制度化建设，但是，这些制度主要是"原子式"存在，相互间尚未形成体系化的制度集合。同时，制度的具体内容规定较为宏观，对于最终的实施无法进行有效的指导，且高校党政领导干部讲思政课机制是系统化过程，需要功能互异、内容互补的多样化制度的共同作用，显然这一阶段的制度建设远未达到这一要求。虽然社会主义建设时期高校党政领导干部讲思政课的制度建设还处于初步形成阶段，但已经迈进了制度化建设轨道，预示着高校党政领导干部讲思政课从此走上了规范化发展的正道。

　　2. 制度的体系化形成

　　改革开放后，党和国家的建设事业重归正常，高校思政课制度化建设也取得显著的进展，这一时期，高校党政领导干部讲思政课制度的体系化建设逐渐成形。1979 年 5 月，教育部政治理论教育司在印发的《高等学校政治理论课的基本情况和存在问题》中提出："加强和健全领导体制问题……党委应有专人负责掌管政治理论课的工作，经常和教师一起进行教学研究和科学研究。有条件的应该兼教一门课。这样就可以使领导工作更深入，更能及时解决问题。"②1980 年 7 月，教育部关于印发《改进和加强高等学校马列主义课的试行办法》的通知中要求："搞好高等学校马列主义课教学的关键是加强党的领导，建立和健全领导体制……学校的党政领导同志也应尽可能担负一些马列主义课的教学工作。"③ 1984 年 9 月，中共中央宣传部、教育部关于印发《关于加强和改进高等院校马列主义理论教育的若干规定》的通知，提出："学校党委和校长要把抓好马列主义理论教学和师资队伍建设作为自己的重要职责……学校要指定一名

---

① 段忠桥：《建国以来普通高校马克思主义理论课和思想品德课课程设置及教学内容历史沿革资料汇编》（上编），北京：高等教育出版社，2004 年，第 27 页。

② 《中华人民共和国学校思想政治理论课重要文献选编》编写组：《中华人民共和国学校思想政治理论课重要文献选编》（上册），北京：人民出版社，2022 年，第 489 页。

③ 教育部思想政治工作司：《加强和改进大学生思想政治教育重要文献选编》（1978-2014），北京：知识产权出版社，2015 年，第 11 页。

具有马列主义理论素养和懂得教育规律的书记或校长主管此项工作，经常了解教学情况，参加教研室的重要活动，并尽可能兼教一门马列主义理论课或做专题报告。院系的行政领导和教务、科研部门，要安排好马列主义理论课教学和科学研究工作。"① 1991 年 8 月，国家教育委员会在印发的《关于加强和改进高等学校马克思主义理论教育的若干意见》中指出："高等学校的党政领导要把搞好马克思主义理论教育作为自己的重要职责……学校要指定一名具有马克思主义理论修养和懂得教育规律的党委书记或校长主管理论教育工作，经常了解教学情况，参加教研室（部）的重要活动，并尽可能兼教一门马克思主义理论课或开设专题讲座。"② 1995 年 10 月，国家教育委员会印发的《关于高校马克思主义理论课和思想品德课教学改革的若干意见》的通知中明确指出："各级教育部门和高等学校党政领导都要高度重视和切实加强对'两课'教学改革和建设的领导……提倡和鼓励高校党政领导兼教一门思想理论教育课……要把'两课'教学的状况作为评估学校工作和各级领导干部工作实绩的重要条件，作为学校小学水平和'211 工程'评估的标准之一。"③ 2004 年 11 月，中共中央宣传部、教育部印发《关于进一步加强高等学校学生形势与政策教育的通知》中提出："学校党政领导、学生辅导员和班主任、思想政治理论课教师、哲学社会科学相关学科的教师都要积极承担一定的形势与政策教学任务。"④

因此，党的十一届三中全会到党的十八大之前，高校思政课建设进入了恢复、调整和发展阶段，相应地，高校党政领导干部讲思政课制度建设表现为体系化的成型，一系列相关制度相互联系，从目标上强化党对思政课建设的领导，从内容上不断拓展高校党政领导干部讲思政课的课程门类，同时，这一时期，也提出了将思政课教学纳入高校党政领导干部绩效考核之列。不同制度共同形成的制度体系，为高校党政领导干部讲思政课常态化机制的规范化运行提供了

---

① 教育部思想政治工作司：《加强和改进大学生思想政治教育重要文献选编》（1978-2014），北京：知识产权出版社，2015 年，第 31 页。

② 教育部思想政治工作司：《加强和改进大学生思想政治教育重要文献选编》（1978-2014），北京：知识产权出版社，2015 年，第 117 页。

③ 教育部思想政治工作司：《加强和改进大学生思想政治教育重要文献选编》（1978-2014），北京：知识产权出版社，2015 年，第 153 页。

④ 教育部思想政治工作司：《加强和改进大学生思想政治教育重要文献选编》（1978-2014），北京：知识产权出版社，2015 年，第 274 页。

制度保障。但是，这一时期，高校党政领导干部讲思政课的制度规范，依然是宏观性地提出要求，更多的是以建议、倡议的原则指导性意见对高校党政领导干部讲思政课加以规定，且制度体系缺乏具体的内容要求，在实施过程中依然存在较大的变动性。

3. 体系化制度的发展和完善

新时代，以习近平同志为核心的党中央深刻把握经济社会发展规律，高度重视制度建设在经济社会各领域中的根本作用，不断推进各方面制度的建设和完善。相应地，高校党政领导干部讲思政课制度体系建设也不断发展和完善。

（1）制度体系规定内容的明确。党的十八大以来，高校党政领导干部讲思政课常态化机制在具体规定方面得以明确，为现实实践提供了具有可操作性的内容要求。2015 年 7 月，中共中央组织部、中共中央宣传部、教育部发布《关于领导干部上讲台开展思想政治教育的意见》，从领导体制、工作机制、任务目标等方面规定了领导干部进高校开展思想政治教育的相关内容，这是新中国成立以来第一个专门的关于领导干部开展思想政治教育的文件，具有重要意义。虽然此处的领导干部主要是指向地方层级党和政府的领导，但是，它为制定高校党政领导干部讲思政课的具体制度提供了根本遵循和指向标，是制定关于高校党政领导干部讲思政课制度的重要参照标的。2015 年 7 月，中共中央宣传部、教育部关于印发《普通高校思想政治理论课建设体系创新计划》的通知中，明确"高校所有校领导要带头讲思想政治理论课""高校党委书记是思想政治理论课建设的第一责任人，党委书记、校长和分管校领导要切实负起政治责任和领导责任"①。2017 年 2 月，中共教育部党组印发的《普通高等学校学生党建工作标准》的通知中指出，"学校党委书记、校长和院（系）党组织书记、院长每学期至少给学生党员讲一次思想政治理论课"②。2018 年 5 月，教育部办公厅颁发《关于开展"三全育人"综合改革试点工作的通知》，在其附件《普通高等学校"三全育人"综合改革试点建设标准（试行）》中明确了学校党政主要负

---

① 《中华人民共和国学校思想政治理论课重要文献选编》编写组：《中华人民共和国学校思想政治理论课重要文献选编》（下册），北京：人民出版社，2022 年，第 1389、1393 页。

② 中共教育部党组. 普通高等学校学生党建工作标准［DB/OL］. http：//www.moe.gov.cn/srcsite/A12/moe_ 1416/moe_ 1417/201703/t20170310_ 298978. html，2022-09-25.

责同志每学期参加学生日常思想政治教育 2 次以上，学校分管负责同志每学期到堂听思想政治理论课 2 次以上。① 在 2019 年学校思想政治理论课教师座谈会上，习近平总书记强调，"学校党委书记、校长要带头走进课堂，带头推动思政课建设，带头联系思政课教师"②，这一讲话为高校党政领导干部讲思政课具体内容的规定提供了更为明确的指向。2019 年 8 月，中共中央办公厅、国务院办公厅发布《关于深化新时代学校思想政治理论课改革创新的若干意见》，在形式、范围、课程规划等方面规定了高校党政领导干部讲思政课的具体内容："高校党委常委会每学期至少召开 1 次会议专题研究思政课建设，高校党委书记、校长每学期至少给学生讲授 4 个课时思政课，高校领导班子其他成员每学期至少给学生讲授 2 个课时思政课，可重点讲授'形势与政策'课。开学典礼、毕业典礼讲话等要鲜明体现党的教育方针、积极传播马克思主义科学理论、弘扬社会主义核心价值观。"③

因此，新时代，对高校党政领导干部讲思政课制度体系，从内容要求方面进行了具体的规定，同时，对讲思政课进行了硬性的制度要求，即成为高校党政领导干部工作职责的一部分，而不仅仅是倡议或建议党政领导干部讲思政课。

（2）制度体系层次结构的优化。新时代，高校党政领导干部讲思政课制度体系，不仅包括上文所述的国家层面的宏观制度，也包括地方层面的中观制度和高校层面的具体制度，形成了层次化的制度体系。第一，中观制度是指在地方层面由省（区、市）、地级市及其相关部门所制定和出台的一系列制度集合，这些制度存在和服务于固定的地区范围（如北京市、广东省等），以地域性、从属性和具体性为价值旨归，是对宏观制度框架的细化，以凸显地区特色为特征，主要适用于一定地域空间的范围，限定着这一范围内更低层级制度的内容。地域性特征决定了全国不同地方在宏观制度的指导下必将制定和出台适应本地特色的制度。当前，相当省（区、市）都出台了适应本地情况和反映本地特色的

---

① 教育部办公厅. 关于开展"三全育人"综合改革试点工作的通知 [DB/OL]. http://www.moe.gov.cn/srcsite/A12/moe_ 1407/s253/201805/t20180528_ 337433.html，2022-09-25.

② 习近平：《用新时代中国特色社会主义思想铸魂育人 贯彻党的教育方针落实立德树人根本任务》，北京：《光明日报》，2019 年 3 月 19 日，第 1 版。

③ 《中华人民共和国学校思想政治理论课重要文献选编》编写组：《中华人民共和国学校思想政治理论课重要文献选编》（下册），北京：人民出版社，2022 年，第 1536 页。

制度，以提升地域内高校思政课建设的实效。例如：2019 年 6 月，广东省委教育工作领导小组印发《广东省学校思想政治理论课建设行动计划（2019-2021年）》，明确高校党委书记、校长和院（系）党组织书记、院长（系主任）每学期为学生上第一堂思政课，高校班子其他成员每学期讲一次思政课。① 2019年 11 月，江西省委办公厅、省政府办公厅发布《关于深化新时代学校思想政治理论课改革创新的若干措施》，明确了"高校党委书记、校长每学期至少给学生讲授 4 个课时思政课，高校领导班子其他成员每学期至少给学生讲授 2 个课时思政课"②。2020 年 5 月 7 日，云南省省委办公厅、省政府办公厅发布《关于深化新时代学校思想政治理论课改革创新的若干措施》，规定了"高校党委书记、校长每学期至少给学生讲授 4 个课时思政课，高校领导班子其他成员每学期至少给学生讲授 2 个课时思政课"③。因此，在地方层面，中观制度主要产生于省（区、市）一级的党政机关，在宏观制度的基础上出台地方的相关制度，具体要求参照或等同于宏观制度的相应规定，在宏观制度的基础上制定符合地域特色和地情的中观制度。

第二，微观制度是指高校内部相关部门基于宏观制度和中观制度制定并出台符合高校发展现实的相关制度。高校制定的制度指向于高校自身范围，以发展性、可操作性为价值旨归，融入高校教学管理体系，不同高校在结合自身发展实际的背景下，开展更具特色性的思想政治课。微观制度定位于整个制度体系的最底层，侧重于制度的可操作性，是联结和转化宏观制度及中观制度与现实实践之间的中介。因此，不同高校从实践性视角出发，出台了内容翔实的制度方案，例如：沈阳师范大学印发《沈阳师范大学关于深化新时代思想政治理论课改革创新实施方案》，从组织保障层面将"深化落实党委书记、校长带头抓思政课机制"作为思政课改革创新的重要任务，要求"学校党委书记、校长每

---

① 中共广东省委教育工作领导小组 . 广东省学校思想政治理论课建设行动计划（2019-2021 年）[DB/OL]. http：//www.gd.gov.cn/zwgk/zcjd/snzcsd/content/post_ 2513387.html，2022-06-14.

② 江西省委办公厅、江西省政府办公厅：《关于深化新时代学校思想政治理论课改革创新的若干措施》，南昌：《江西日报》，2020 年 1 月 3 日，第 7 版.

③ 云南省委办公厅、云南省政府办公厅 . 关于深化新时代学校思想政治理论课改革创新的若干措施 [DB/OL]. https：//www.yn.gov.cn/zwgk/zcjd/zdjcjd/202006/t20200611_ 205405.html，2022-06-11.

学期至少给学生讲授 4 个课时思政课"①。福建师范大学发布《福建师范大学关于深化新时代学校思想政治理论课改革创新实施方案》，从思政课领导层面提出了"建立健全领导干部密切联系学生，关心参与思政课建设的相关制度安排"的要求，细化、压实党政领导干部讲思政课的任务，明确"校党委书记、校长每学期至少给学生讲授 4 个课时思政课，其他班子成员每学期至少给学生讲授 2 个课时思政课"，此外，更进一步地明确了"二级学院党委书记、院长每学期至少讲授 1 次思政课或形势政策课"②。广州大学发布《广州大学思想政治教育课程教学改革实施方案》，从思政课教学团队建设层面要求"落实好书记、校长及院（系）党组织书记、院长每学期至少为学生主讲一次思政课制度"③。因此，不同的高校，以其自身的特色和优势具体制定和实施符合本校实际的制度。

整体来看，新时代，高校党政领导干部讲思政课制度体系得到进一步发展和完善，体系化建设得以优化，尤其是 2020 年 1 月，教育部出台《新时代高等学校思想政治理论课教师队伍建设规定》，支持高等学校在制度层面建立学校党政领导干部讲授思政课、上思政课讲台的长效机制④。这一文件的出台，标志着高校党政领导干部讲思政课机制已经上升至高校思想政治教育工作的常态化、战略性地位。

（二）制度保障机制内容的政策设计

高校党政领导干部讲思政课制度体系的发展和完善，为高校党政领导干部讲思政课制度保障机制的有效运转奠定了前提和基础，因为高校党政领导干部讲思政课常态化机制的建构和实施，不仅需要形成完善的制度体系以发挥保障作用，更要促进制度保障作用的实现，而非"挂在墙上、停在嘴边"。制度保障机制，就是从制度层面保障高校党政领导干部讲思政课常态化机制的运行，就

---

① 沈阳师范大学. 关于深化新时代学校思想政治理论课改革创新实施方案 ［DB/OL］. ht-tps：//zljk. synu. edu. cn/2022/0129/c5515a80195/page. htm，2022－06－20.

② 福建师范大学. 关于深化新时代学校思想政治理论课改革创新实施方案 ［DB/OL］. ht-tps：//mkszyxy. fjnu. edu. cn/cc/67/c8396a248935/page. htm，2022－06－20.

③ 广州大学. 思想政治教育课程教学改革实施方案 ［DB/OL］. http：//jwc. gzhu. edu. cn/info/1015/2126. htm，2022－12－21.

④ 中华人民共和国教育部. 新时代高等学校思想政治理论课教师队伍建设规定 ［DB/OL］. http：//www. moe. gov. cn/srcsite/A02/s5911/moe＿ 621/202002/t20200207＿ 418877. html，2022－12－07.

是通过制度体系的建构确保高校党政领导干部讲思政课的组织领导、队伍建设、各项资源等保障因素能够有序运行。从宏观制度层到具体制度层，制度体系化建构蕴含了不同层面制度间的隶属关系，低层级的制度建构必须基于高层级的制度框架，在按照高层级制度要求的范围内制定更具独特性的制度。因此，制度体系层级化的特点决定了制度自上而下实施的可能，为制度保障机制的有效运转提供了前提。具体来看，主要包括以下方面的内容。

首先，主体的规定。高校党政领导干部讲思政课制度明确了讲课主体是高校党委书记、校长和领导班子其他成员，如副校长、副书记等。其中，高校党委书记和校长是思政课建设的第一责任人，居于主要地位。在明晰高校党政领导干部讲思政课的主体的基础上，一些制度拓展了讲课主体范围，将院（系）党组书记和院长也纳入进来，形成了"校—院（系）"两级主体，有效地增强了高校党政领导干部讲思政课的主体力量和课程的针对性、亲和力。

其次，内容的规定。对于高校党政领导干部讲思政课的内容，制度规定了可重点讲授形势与政策课。在这一基础上，高校领导干部在讲思政课过程中，不仅向学生传授世情国情党情，针对国内外、省内外等热点问题进行正面回应和学理性、现实性分析，而且也不断拓展授课内容，如进行历史教育、价值观教育、就业分析等，有利于以更为多样化、丰富性的内容提高思政课教育的实效性。

最后，形式的规定。不同高校采取了统一形式与差异化形式相结合的教学形式。在统一运作方面，主要是指全国各个高校必须按照国家所制定的思政课建设要求进行讲课，课程内容、课程安排等制度由国家统一制定。例如，中央层面对高校党政领导干部讲思政课的主题、频次等进行规定后，全国高校都遵循这一规定展开思政课的授课计划。在课程安排方面，制度规定高校党委书记和校长每学期至少4学时，领导班子其他成员每学期至少2学时，全国高校必须在这一时间安排的基础上进行授课，不能低于这一制度规定的最低要求。在差异化形式方面，不同地方、不同高校在统一的框架内，探寻独具特色的高校党政领导干部讲思政课的内容、形式等。例如：一些高校以"开学第一课""开学典礼""毕业典礼"等形式讲思政课。广东省将高校党政领导干部讲思政课放在学期"第一课"的位置。还有一些高校在书记、校长等校级党政领导干部讲思政课的基本要求下，具体到院系党政领导干部讲思政课，以院系与大学生之间的紧密关系为主要依据，要求院系党政领导干部每学期进行学院内部、跨学院间的交流等。另一些高校，探索实施"座谈制度"，通过校、院（系）领导干部与学生座谈，以面对面的交流形式，更为拉近领导干部与学生之间的距离，更加便于将思想政治教育做到学生的心坎上。

长期以来形成的体系化制度及制度的积极执行确保了高校党政领导干部讲思政课常态化机制"有典可依"，为这一机制的运转和发展提供了制度保障。但是，制度保障机制在维系高校党政领导干部讲思政课常态化机制运作的同时，也产生了一系列问题。首先，作为制度保障机制运转主干的体系化制度建构，表征为明显的"单一性"，从中观制度层到具体制度，相关的内容基本都是宏观制度的重复，例如由哪些高校党政领导干部讲思政课、所讲内容为何、所讲频次为何等，各层制度都在"是什么"方面不断地重复，因此，在一定程度上，体系化制度事实上并不"体系"，缺乏相关制度的支撑，尤其是关于"怎么做""做的效果"等方面的一系列制度规定，目前尚未制定和执行。其次，中观制度层的重要性被弱化。我国地域广泛、高校众多、文化差异显著，不同省（区、市）域面临着不同的省情、地情，在按照宏观制度要求对时政热点、党情国情、域内域外等专题课程设计的同时，缺乏地方政府尤其是省级政府关于地域特色方面相关专题的设计，中观制度层基本在重复宏观制度层的相关内容，课程设计上弱化了高校大学生对所在地相关热点问题的关注和了解。事实上，大学生对国家整体层面、与我国相关的国际层面的热点问题具有强烈兴趣外，对于自身所直接面对的省域地域环境也更具有认识和学习的动机。最后，在具体制度层面，高校应当基于自身发展现状和定位进行独具自身特色的思政课建设，不同类型的高校，比如高职院校党政领导干部显然不能完全和研究型大学一样进行思政课的相关授课，但是，根据笔者对于所在地广州市相关高校的了解及相关调查，当前相当高校并未专门制定党政领导干部讲思政课的制度，完全按照中央和省教育厅的相关制度执行，在授课形式上都是以某一热点专题为主题，将部分师生和相关部门负责人集中于会议室，由校党委书记和校长按照上课或开会的形式进行 PPT 讲授，模式基本雷同，无法凸显学校特点和学生差异，因此，在基本雷同的模式中讲思政课，其效果如何值得商榷。整体来看，在高校思政课改革和创新持续推进的过程中，必须完善体系化制度保障机制，真正形成涵盖不同层级的制度体系，制定相关的保障制度，蕴含考量不同高校及学生差异的制度内容，切实发挥体系化制度保障机制的应有效能。

三、常态化监督机制的政策设计

高校党政领导干部讲思政课机制能否常态化，不仅需要制度保障机制提供支撑，而且需要强化监督机制的作用。监督作为"永葆肌体健康的生命之源"，只有不断增强监督的自觉性和有效性，才能确保高校党政领导干部讲思政课持续性地在规定框架内运转，且不断提升授课的质量和实效性。当前，对于高校党政领导干部讲思政课的监督，整体上形成了条块结合的监督机制，即自上而下层级监督的条形机制与自下而上部门监督的块状机制。

（一）条块结合监督机制建构的政策设计

高校党政领导干部讲思政课监督机制的建构，并不是一蹴而就的，而是不断形成和完善的过程。具体来看，高校党政领导干部讲思政课监督机制的政策设计，起始于条形监督机制的形成，在其实践和发展中，随着块状监督机制的建立并与条形监督机制共同作用，最终形成条块结合的常态化监督机制。

1. 条形监督机制的建构

在革命时期，领导干部讲思政课作为党的光荣传统，通常以原则性的政治自觉推进，尚未形成规范化的监督机制。新中国成立后，随着高校思想政治工作的恢复和发展，建构适应高校思政课建设的规范化监督机制被提上工作日程。鉴于新中国成立后的一段时期内，高校党政领导干部作为思政课教师的补充力量进行授课，因此，这一阶段，对高校党政领导干部讲思政课的监督主要是从思政课教学层面加以干预。1952 年 10 月，教育部《关于全国高等学校马克思列宁主义、毛泽东思想课程的指示（节录）》要求："各课教学情况书面汇报（包括全区综合汇报及重点个别学校汇报）应于每学期期中及期末分别向我部汇报各一次。"[①] 1957 年 12 月，中华人民共和国高等教育部、教育部《关于在全国高等学校开设社会主义教育课程的指示》中提出："各院校进行这一工作时，

---

① 教育部社会科学司：《普通高校思想政治理论课文献选编》（1949-2008），北京：中国人民大学出版社，2008 年，第 13 页。

还必须将进行的经验与发现的问题，随时向省（市）党委、自治区党委报告与请示，同时分别报告各所属主管部门，并抄报高等教育部，以便及时交流经验和研究、解决问题。"① 因此，在社会主义建设时期，高校党政领导干部讲思政课监督机制基本形成了自上而下的条形监督机制，由上级部门监督低层级部门和高校的执行。

2. "条形"与"块状"监督机制的共同作用

党的十一届三中全会后，随着国家各项事业逐渐迈入正轨，高校思政课建设也进入全新的发展时期。党的十八大以前，高校党政领导干部讲思政课已经作为加强党的领导的措施予以实施，因此，对高校党政领导干部讲思政课的监督，主要是从加强和完善高校党委领导的层面进行的。1980年4月，教育部、共青团中央《关于加强高等学校学生思想政治工作的意见》强调，"学校党委应经常向上级党委汇报学生思想情况，争取领导上的帮助。教育部要建立相应的工作机构，经常研究和协助处理有关问题。"② 1984年9月，中央宣传部、教育部关于印发《关于加强和改进高等院校马列主义理论教育的若干规定》的通知，要求"省、自治区、直辖市党委宣传部（或科教部）、教育厅（局）、国务院各部委教育局应认真贯彻执行中央关于马列主义理论教育的方针、政策和规定，经常检查各校执行情况，调查了解并积极解决教学中出现的一些带有普遍性的问题……并将工作情况报告中央宣传部和教育部。"③ 1991年8月，国家教育委员会《关于加强和改进高等学校马克思主义理论教育的若干意见》指出："各省、自治区、直辖市教育主管部门……要指定一名负责人主管并由职能部门具体负责，有计划地定期组织有关人员深入各高校检查理论教育工作，着重督促检查执行中央和国家教委有关理论教育的方针、政策、规定的情况，把学校理论教育的状况作为评估学校工作和各级领导干部工作实绩的重要条件。"④ 2004

---

① 教育部社会科学司：《普通高校思想政治理论课文献选编》（1949-2008），北京：中国人民大学出版社，2008年，第32页。

② 教育部社会科学司：《普通高校思想政治理论课文献选编》（1949-2008），北京：中国人民大学出版社，2008年，第84页。

③ 教育部社会科学司：《普通高校思想政治理论课文献选编》（1949-2008），北京：中国人民大学出版社，2008年，第99页。

④ 教育部社会科学司：《普通高校思想政治理论课文献选编》（1949-2008），北京：中国人民大学出版社，2008年，第144页。

年11月，中共中央宣传部、教育部《关于进一步加强高等学校学生形势与政策教育的通知》强调，中宣部、教育部，省级宣传和教育部门以及高等学校要加强督查工作，形成定期或不定期地教学检查和督导的工作机制。① 2009 年 10月，教育部发布的《关于对贯彻落实中发［2004］16 号文件精神情况进行自查的通知》指出，教育部在自查实践中将适时对部分地区和高校进行重点抽查并分片召开专题调研座谈会。各省级党委教育工作部门负责本地高校自查工作的组织实施。各省级党委教育工作部门也要组织召开专门调研座谈会，认真听取各方面意见和建议，研究提出进一步加强和改进的思路和措施。各地高校要高度重视本次自查工作，认真部署、精心组织，要注意总结好做法、好经验，认真查找工作中存在的突出问题和薄弱环节，深入分析原因并进行认真整改，不断加强和改进大学生思想政治教育。② 2012 年 2 月，中共中央宣传部、教育部关于印发《全国大学生思想政治教育工作测评体系（试行）》的通知规定：各省（区、市）党委政府要将大学生思想政治教育工作纳入党委政府督查工作，每两年至少进行一次专项调研和督查。③ 综上所述，在改革开放和社会主义现代化建设时期，高校党政领导干部讲思政课监督机制基本形成了自上而下的条形监督机制和高校不同部门的块状监督机制的整体结构。

3. 条块结合监督机制的逐渐完善

新时代，随着高校协同育人体系的建设和逐渐完善，高校党政领导干部讲思政课监督机制破解了传统"条块分割"的问题，在"大思政格局"以及"三全育人"的思想政治教育运行模式下，高校党政领导干部讲思政课条块结合的监督机制得以形成和发展。2013 年 9 月，中共中央宣传部、教育部关于开展《全国大学生思想政治教育工作测评体系（试行）》贯彻执行情况自测自评工作的通知指出，教育部将组织力量对全国部分省（区、市）和高校开展大学生思想政治教育工作测评情况进行抽查。各省（区、市）对照《测评体系（党委

---

① 教育部社会科学司：《普通高校思想政治理论课文献选编》（1949-2008），北京：中国人民大学出版社，2008 年，第 212 页。

② 教育部思想政治工作司：《加强和改进大学生思想政治教育重要文献选编》（1978-2014），北京：知识产权出版社，2015 年，第 387 页。

③ 教育部思想政治工作司：《加强和改进大学生思想政治教育重要文献选编》（1978-2014），北京：知识产权出版社，2015 年，第 508 页。

政府版）》进行自测，形成自测自评报告。同时，各省（区、市）在高校自测基础上，对辖区内高校测评情况进行汇总，形成辖区内高校测评情况报告。各高校对照《测评体系（高校版）》进行自测，形成自测自评报告，报省（区、市）党委教育工作部门。① 2014 年 10 月，中共教育部党组、共青团中央关于《在各级各类学校推动培育和践行社会主义核心价值观长效机制建设的意见》中指出，"各地各校要建立健全社会主义核心价值观培育践行工作机制，明确领导责任制，切实加强组织领导、具体指导和督促监督，把落实社会主义核心价值观长效机制建设情况以及取得的实际效果作为干部考核考评和思想政治教育工作测评的重要指标"②。2016 年 12 月，中共教育部党组印发的《关于学习贯彻落实全国高校思想政治工作会议精神的通知》中，明确高校纪委要强化监督检查，督促推动思想政治工作要求落到实处。要定期开展督导检查，建立目标管理责任制、督查督办机制和动态反馈机制。③ 2017 年 2 月，中共中央、国务院《关于加强和改进新形势下高校思想政治工作的意见》指出，"要强化院（系）党的领导，发挥院（系）党委（党总支）的政治核心作用，履行政治责任，保证监督党的路线方针政策及上级党组织决定的贯彻执行"④。2018 年 5 月，教育部办公厅印发《关于开展"三全育人"综合改革试点工作的通知》，在其附附件《省（区、市）"三全育人"综合改革试点建设标准（试行）》中，明确了省（区、市）应"加大巡视督查力度。将加强和改进高校思想政治工作纳入对教育行政部门和高校巡视的重要内容，督促重点突出问题整改到位"⑤。2019 年 8 月，中共中央办公厅、国务院办公厅印发《关于深化新时代学校思想政治理

---

① 教育部思想政治工作司：《加强和改进大学生思想政治教育重要文献选编》（1978-2014），北京：知识产权出版社，2015 年，第 618 页。

② 教育部思想政治工作司：《加强和改进大学生思想政治教育重要文献选编》（1978-2014），北京：知识产权出版社，2015 年，第 683 页。

③ 中共教育部党组 . 关于学习贯彻落实全国高校思想政治工作会议精神的通知［DB/OL］. http：//www. moe. gov. cn/srcsite/A13/moe_ 772/201612/t20161223_ 292849. html，2023-08-04.

④ 冯刚：《改革开放以来高校思想政治教育编年史》（1978-2022），北京：北京师范大学出版社，2023 年，第 579 页。

⑤ 教育部办公厅 . 关于开展"三全育人"综合改革试点工作的通知［DB/OL］. http：//www. moe. gov. cn/srcsite/A12/moe_ 1407/s253/201805/t20180528_ 337433. html，2023-08-04.

论课改革创新的若干意见》中指出，"思政课建设情况纳入各级党委领导班子考核和政治巡视""要把思政课建设情况纳入学校党的建设工作考核、办学质量和学科建设评估标准体系"①。

整体来看，新时代高校党政领导干部讲思政课监督机制，在强调条形监督的重要性基础上，不断强化和突出了高校的自我监督，更加重视块状监督的重要作用。总之，块状监督机制的建设和发展，更好地配合条形监督机制效力的发挥，两者在实践中进一步结合，最终形成条块结合的监督机制。

（二）常态化监督机制实施的政策设计

高校党政领导干部讲思政课监督机制完成建构后，必然进入具体的监督实践环节，即回应"做什么"的问题。

第一，从监督内容来看。新中国成立后，高校党政领导干部讲思政课监督机制在不同阶段，基于自身功能和目标的不同，监督内容互异。在社会主义建设时期，高校党政领导干部讲思政课监督机制的运行以思政课教学监督为主，由高校向上级党委和主管部门进行汇报和报告，上级党委和主管部门基于高校的书面材料对高校政治理论课建设和实施情况进行监督，及时发现问题、解决问题。改革开放后，高校党政领导干部讲思政课监督机制的运行以加强党的领导为主，上级党委和主管部门基于高校思想政治工作领导情况的报告进行监督，同时，上级部门也主动对高校党政领导干部讲思政课实施情况进行调查巡视，在上级监督加之高校自身监督的共同作用下，形成有效的监督机制。第二，从监督形式来看。新中国成立后，对高校党政领导干部讲思政课的监督主要通过报告、汇报等书面形式，以高校总结经验，提出问题为主，由上级党委和主管部门基于这些书面材料进行监督。改革开放后，高校党政领导干部讲思政课的监督形式更为多样化，主要包括：上级党委和主管部门通过高校提交的书面材料以及亲自进行巡视、调查、调研、抽查、评估等方式，对高校党政领导干部讲思政课实施监督。同时，高校内部不同部门之间也积极展开监督，高校党委对党政领导干部讲思政课的实施状况进行主要监督，在这一过程中，高校组织

---

① 《中华人民共和国学校思想政治理论课重要文献选编》编写组：《中华人民共和国学校思想政治理论课重要文献选编》（下册），北京：人民出版社，2022年，第1535－1536页。

部、宣传部、学工部、信息中心、二级院（系）等多部门积极协助，展开部门间的监督，采用汇报、报告、新闻材料、实地调查等多种监督方式。

在高校党政领导干部讲思政课监督机制的现实运作过程中，条形监督机制发挥统揽全局的整体性领导作用，居于监督机制的核心地位，块状监督机制发挥具体实践的微观性实施作用，居于监督机制的实践层，两者表征为"领导+实施"的特征，不可偏废其一。例如：条形监督机制发挥着保障的作用，是保障监督的前提，缺乏来自外部的、以行政权威为基础的条形监督，必然导致监督机制的失灵，因为以内部自我监督为主要特征的块状监督机制，过于依赖监督主体的自觉主动性，无法确保监督机制存在的持续性。因而，条形监督机制发挥着类似"动力机"的作用，通过不间断地持续地监督维系高校党政领导干部讲思政课常态化机制的有效实施。同时，块状监督也是整体监督机制的重要组成部分，仅靠外部监督，必然导致低效率问题，要么需要投入巨大的人、财、物等资源，要么由于监管力量薄弱产生监管空洞等问题。这样，必然要求内部监督发挥主导作用，通过内部不同部门的监督，确保常态化机制的正常运转。当前所形成的条形监督和块状监督相结合的监督机制，有力地对高校党政领导干部讲思政课进行监督，确保这一机制的常态化建设，但是，在监督机制的实践中，也产生了诸多问题。第一，监督机制的制度性要求分布宽泛，且通常纳入高校领导机制的建设内容，尚未形成专门性的监督制度。目前的监督机制，主要指向高校学科建设、高校思政课建设以及高校党政领导工作督导等，在对以上方面进行监督的过程中，将高校党政领导干部讲思政这一工作融入其中，作为众多监督内容的一个方面，这必然导致针对高校党政领导干部讲思政常态化机制监督的弱化，要么监督未能发挥应有效应，要么监督过程中忽视了讲思政课这一工作内容。第二，监督实效性薄弱。在现有的监督机制框架内，由于监督对象数量众多（不同工作内容的监督）以及监督机制的宽泛化，导致对于高校党政领导干部讲思政课常态化机制的监督偏重于"量"的测量，即只要存在高校党政领导干部讲思政课这一事实就算作监督通过，至于上了什么、怎么上、上课效果等方面，缺少相关的监督机制，长此以往，必然产生形式化问题，即一些高校党政领导干部为了"讲思政课"而讲，完全忽视选题、备课、讲课等一系列准备、实施、反馈等过程，由相关工作人员提供讲稿和 PPT，在讲台

"一念了事"，最终必将完全脱离高校领导干部讲思政课常态化机制建构的目标。因此，应当强化条形监督，建设专门化的监督机制，形成制度化的监督，同时，优化块状监督机制，形成对于高校领导干部讲思政课的全过程监督。

四、常态化评价机制的政策设计

评价机制是对高校党政领导干部讲思政课的情况进行评价，包括内容评价、过程评价、结果评价等维度，旨在以评价促发展，通过评价来明确成绩和问题，将成绩作为经验进行凝练和扩散，发挥"带动效应"，推进地区性直至全国思政课建设的发展；将问题作为教训进行总结和反馈，以找出差距、发现问题，为后续思政课建设提供客观依据和改进方向。

（一）常态化评价机制建构的政策设计

高校党政领导干部讲思政课常态化评价机制的建构经历了从无到有的发展历程。最初阶段，常态化评价机制并非随着高校党政领导干部讲思政课的实施同时产生，而是随着高校思想政治工作，尤其是思政课建设步入科学化、规范化的正轨后才逐渐生成的，加之高校党政领导干部作为领导者和管理者的特殊角色，因此，新中国成立后，高校党政领导干部讲思政课常态化评价机制的形成和发展经历了较为缓慢的演变过程。

1. 以"学"的评价为主

新中国成立后，随着高校思政课程的建立和发展，课程评价机制也得以初步形成和展开。但是，在社会主义建设时期，高校思政课评价机制主要是针对学生的"学"的评价，通过政治理论课程的考试考查，评价学生课程学习效果，而对高校党政领导干部参与思政课"教"的评价和作为领导重要成员的"管"的评价，这一阶段基本尚未涉及，因此，高校党政领导干部讲思政课评价机制在改革开放前的相当时期内，尚未形成和建构。

2. 常态化评价机制的建立

改革开放后，随着高校思政课建设重新步入正轨和迈进快速发展阶段，关涉思政课建设成效的各方面体制机制也逐渐形成和不断完善，高校党政领导干部讲思政课评价机制在这一时期开始形成且不断发展。

（1）高校评价机制的初始形成。1985 年 5 月，中共中央《关于教育体制改革的决定》指出："教育管理部门还要组织教育界、知识界和用人部门定期对高等学校的办学水平进行评估。"① 从此，加强对高校进行评价的机制建设开始形成。1993 年 2 月，中共中央、国务院制定《中国教育改革和发展纲要》，明确提出："建立各级各类教育的质量标准和评估指标体系。各地教育部门要把检查评估学校教育质量作为一项经常性的任务……对职业技术教育和高等教育，要采取领导、专家和社会用人部门相结合的办法，通过多种形式进行质量评估和检查。"②《纲要》的出台，开启了高校评价机制的规范化建立和发展阶段。

（2）高校党政领导干部讲思政课常态化评价机制的建立和标准化发展。高校党政领导干部讲思政课常态化评价机制的规范化建构和发展始于 21 世纪初。2001 年 7 月，教育部印发的《关于普通高等学校"两课"教育教学中贯彻江泽民同志"七一"重要讲话精神的通知》（以下简称"通知"）中，明确提出了将教育部作为检查评估的主体，即"教育部将在适当时候，对高校'两课'教育教学工作进行检查和评估，把高校按规定设置课程的情况、课时安排、师资队伍培养、经费投入等问题作为检查和评估的重点"③。《通知》虽然没有明确地具体指明对高校党政领导干部讲思政课进行评估，但是，高校党政领导干部作为"两课"的兼职授课教师，这一评估实际上已经涵盖了对高校党政领导干部讲思政课的评估。因此，《通知》的印发和出台实际上成为高校党政领导干部讲思政课评价机制建构的直接政策来源。2004 年 8 月，中共中央、国务院印发的《关于进一步加强和改进大学生思想政治教育的意见》指出，"要把大学生思想政治教育工作作为对高等学校办学质量和水平评估考核的重要指标，纳入高等学校党的建设和教育教学评估体系"④。这对高校党政领导干部讲思政课评价提出了更加全面的要求，也提出了指标化建构的科学路径。2011 年 1 月，教育部印发《高等学校思想政治理论课建设标准（暂行）》的通知，具体形成了涵盖三级指标的高校思政课建设评价体系，其中，在三级指标中明确指出了学校

① 《十二大以来重要文献选编》（中），北京：人民出版社，1986 年，第 732 页。

② 《十四大以来重要文献选编》（上），北京：人民出版社，1996 年，第 79 页。

③ 教育部社会科学司：《普通高校思想政治理论课文献选编》（1949-2008），北京：中国人民大学出版社，2008 年，第 192 页。

④ 教育部社会科学司：《普通高校思想政治理论课文献选编》（1949-2008），北京：中国人民大学出版社，2008 年，第 209 页。

党委、行政领导的责任要求："校党委（常委）会议、校长办公会每学期至少召开一次专题会议研究工作……学校党政主要领导和分管领导每学期分别到堂听课2次以上，定期听取思想政治理论课教学工作汇报。"① 虽然这一评价体系明确将高校党政领导干部对于思政课建设责任纳入评价指标中，但是，对于他们亲自上讲台讲思政课的要求，还未提出具体的规定，同时，这两项指标在重要程度上都属于B类（总共分为A*、A和B），因而，在实际操作中其重要性并不十分凸显。但是，《标准》的制定，标志着高校党政领导干部讲思政课评价机制朝向标准化、科学化、更具可操作性的方向发展和不断完善。2012年2月，中共中央宣传部、教育部关于印发《全国大学生思想政治教育工作测评体系（试行）》的通知，明确将"校级领导为学生作形势政策报告的制度并有效实施"② 作为具体评价指标予以确定，这标志着高校党政领导干部讲思政课的要求被首次纳入思政课评价体系的整体框架中，作为思政课测评体系的重要指标予以确立，同时，也表明了高校党政领导干部讲思政课评价机制建设的标准化发展趋势，为高校党政领导干部讲思政课的有效实施提供了客观的可供操作的指标依据，有利于高校党政领导干部讲思政课评价机制不断发展和完善。

3. 常态化评价机制的深化发展和逐渐成熟

新时代，随着高校思想政治工作和思政课建设进入创新和深化阶段，高校党政领导干部讲思政课评价机制也得到深化发展并逐渐成熟。2015年7月，中共中央组织部、中共中央宣传部、教育部印发《关于领导干部上讲台开展思想政治教育的意见》，明确了："省级教育部门要通过召开座谈会、调查采访等方式对领导干部上讲台的讲授情况、学生反响等进行跟踪反馈……每学期末，省级组织、宣传、教育部门要全面总结本行政区域内领导干部上讲台的情况，研究制订下学期授课计划，并于新学期开学前将工作总结和授课计划报中央组织

---

① 教育部思想政治工作司：《加强和改进大学生思想政治教育重要文献选编》（1978–2014），北京：知识产权出版社，2015年，第434页。
② 教育部思想政治工作司：《加强和改进大学生思想政治教育重要文献选编》（1978–2014），北京：知识产权出版社，2015年，第511页。

部、中央宣传部、教育部。"① 虽然《意见》中所指的上讲台的党政领导干部为各省（区、市）党政领导班子成员，各省（区、市）有关部门、地市的主要负责同志，重点是省级领导干部，但是，其中对领导干部讲思政课的评价机制进行了"怎么做"的具体规定，是对先前评价机制政策设计偏重"是什么"的深化和拓展，为高校党政领导干部讲思政课评价机制的运行提供了政策蓝本和依据。2015 年 9 月，教育部印发《高等学校思想政治理论课建设标准》的通知，在所建构的高等学校思想政治理论课建设标准体系中，进一步明确"学校党政领导干部讲思政课"的指标评价要求，同时，将这一指标作为 A*（指标分为 A*、A、B），即核心指标予以确定。② 2021 年 11 月，教育部印发《高等学校思想政治理论课建设标准（2021 年本）》的通知，再次明确"学校党政领导干部讲思政课"的指标建设要求，且仍作为核心指标参与高校思政课建设评价。同时，增加和细化了相关内容，即"把思想政治理论课建设列入学校事业发展规划，纳入学校党的建设工作考核、办学质量和学科建设评估标准体系"③。因此，新时代，高校党政领导干部讲思政课评价机制以科学化的指标建构的形式逐渐走向成熟。

（二）常态化评价机制运行的政策设计

高校党政领导干部讲思政课评价机制的建构，为其运行提供了前提，解决的是"有没有"的问题。进而，需要考察这一机制的具体实施过程，即解决的是运行过程中"好不好"的问题。

1. 多部门协同评价

新时代，高校党政领导干部讲思政课通常作为思想政治理论课建设的一项核心指标，实现其自身效力。因此，教育部及其构成的专门部门整体负责全国高校思政课建设的评价，教育部作为最高评价主体参与高校党政领导干部讲思

---

① 中共中央组织部、中共中央宣传部、教育部. 关于领导干部上讲台开展思想政治教育的意见［DB/OL］. http://www.moe.gov.cn/srcsite/A12/moe_ 1407/s253/201507/t20150731_ 197069. html，2021-12-24.

② 《中华人民共和国学校思想政治理论课重要文献选编》编写组：《中华人民共和国学校思想政治理论课重要文献选编》（下册），北京：人民出版社，2022 年，第 1396 页。

③ 《中华人民共和国学校思想政治理论课重要文献选编》编写组：《中华人民共和国学校思想政治理论课重要文献选编》（下册），北京：人民出版社，2022 年，第 1656 页。

政课的评价过程。在此基础上，地方各级党委宣传、教育工作部门作为主要评价主体，负责本地方高校党政领导干部讲思政课的评价。高校作为直接执行主体，通常发挥自我监督的自觉性，由高校党委负主要评价责任，将领导干部讲思政课纳入干部实绩考核中。因此，高校党政领导干部讲思政课评价机制已然形成了多部门协同评价模式，不同评价主体参与到评价过程中，最终落脚到促进高校思政课建设的现实目标。

2. 多样化评价方式

高校党政领导干部讲思政课评价方式的选择，不同主体通常采用不同的方式。教育部作为全国最高评价主体，通常采取书面材料检查、抽查、实地检查和巡视等形式。通过多种评价方式对高校思政课建设进行评价，及时获取优秀经验并加以宣传和推广，同时，也能及时发现问题，反馈给高校进行整改，遇到较为普遍性的高发问题时，教育部能够从全国层面，积极推进相关顶层设计，整体推进国家思政课建设的实效。地方各级党委宣传、教育部门，通常以高校定期书面报告、工作汇报、实地评价等形式执行评价，基于近因原则，地方党委行政部门作为高校思政课建设的直接领导主体，便于展开实地评价，同时，通过建立定期汇报制度，以书面材料的形式对高校党政领导干部讲思政课进行评价，评价结果更具针对性，能够快速回馈评价结果，也便于直接指导高校基于评价结果进行思政课建设的相关改革。针对优秀经验，地方党委行政部门能够快速获取并迅速在地方高校间进行推广，有利于加强高校间的相互交流和学习。高校作为党政领导干部讲思政课的直接执行主体，高校党委负主要评价责任，在高校不同部门的协助下，展开对党政领导干部讲思政课的评价，通常采取现场评价和书面材料总结评价等方式。整体来看，高校党政领导干部讲思政课多样化评价方式的运用，有效地实现了对高校党政领导干部讲思政课实效性的评价，同时，随着这一实践的展开和发展，评价方式也必然随之得到完善和优化，这必将进一步地提升高校思政课建设的有效性，达成高校思政课建设目标。

整体来看，高校党政领导干部讲思政课的评价机制是由多元评价主体协同参与，运用多样化的评价方式展开评价，以促进高校思政课建设。在实际运作中，评价机制无论在主体方面还是指标内容方面，都得到了不断优化和完善，有力地保障了高校党政领导干部讲思政课常态化机制的有效发展，有利于形成科学的评价结果，进而反馈给评价对象，推动高校思政课建设。但是，当前的评价机制也存在相应的问题，主要表现为：第一，"单向度"的运作机理。多元主体在具体实施评价过程中，形成了由上到下的主要评价路径，这极易导致评价机制逐渐陷入"内卷"的窠臼，即高层级评价主体远离评价对象，往往只能依赖抽查、影音资料、文字材料等方式对高校党政领导干部进行评估，难以发现真正问题及其症结所在，思政课的实效如何更是难以评价。而地方层级的评价主体，通常在客观性方面难以把握，评价主体和评价客体在多领域工作过程中所形成的交互关系，使其在具体评价中存在主观成分，难以进行有效评价和反馈。第二，评价体系的阙如。评价机制有效性的前提在于科学评价体系的建构，但是，当前高校党政领导干部讲思政课评价机制，是以描述性的语句的形式内置于思政课程评价以及党政领导干部绩效评价中，且只是表现为整体评价的个别指标，因此，无法精准地对高校党政领导干部讲思政课的实效性进行评价。相应地，基于高校思政课建设和发展所内蕴的重要意义和价值，高校党政领导干部讲思政课作为核心指标的地位已然得以确证，因此，需要建构科学的评价指标体系和优化评价机制的路径，建构专门化的评价指标，形成涵盖不同领域、不同类型的多级指标体系。同时，拓展评价路径，更加强调自下而上的评价，如以问卷、访谈等多种形式对大学生、教师等不同受众对象进行调查，以辅助自上而下的评价机制，形成更为科学的评价结果，更为有效地进行反馈，进而形成更为优化的高校党政领导干部讲思政课常态化机制，以凸显从领导机制到评价机制的闭环发展与优化。

第二节　新时代高校党政领导干部讲思政课
常态化机制的现状和问题调研

针对新时代我国高校党政领导干部讲思政课常态化机制的运行现状，即运作机理、运行过程中所产生的积极效应和存在的困境，本节将基于文献资料整合分析的形式进行调研，以客观呈现常态化机制在实然层面的状态。文献研究法作为一种研究理路和方法，包括资料的收集方法和资料的分析方法，它不是直接从研究对象，即人那里获取研究所需要的资料，而是去收集和分析现存的、以文字形式为主的文献资料。① 文献资料主要包括个人文献、官方文献和大众传播媒介三大类，本节所使用的文献涵盖了这三个类别，既包含学者们的研究文献（著作、论文等），也包含官方文献（政策、制度等），还包含大众传播媒介（官方网站新闻等）。关于通过官方网站新闻的调查，本研究基于调查的可行性和资料的可获得性，主要以广东省内高校为例进行相应分析，这些高校涉及"双一流"高校、普通本科高校、普通专科院校等。通过对这些高校书记校长"第一堂思政课"情况的调查探究，由个性推及共性，现实性地探讨当前高校党政领导干部讲思政课常态化机制的现状。基于文献调查法的无反应性、无接触性、适合纵贯分析等优点，本节借助文献研究展开关于高校党政领导干部讲思政课常态化机制的现状和问题的调研和分析。

以"领导干部上讲台""高校领导干部讲思政课"等为主题在中国知网进行检索，共有文章73篇，其中，核心期刊16篇，尚未有关于高校党政领导干部讲思政课方面的著作。第一篇关于高校党政领导干部讲思政课的文章是2019年刘建国发表于贵州日报的《高校领导干部要带头讲好思政课》。通过对现有文献的梳理分析，有助于揭示新时代我国高校党政领导干部讲思政课常态化机制现状和问题。

一、常态化机制的运作机理

新时代高校党政领导干部讲思政课常态化机制的建构，为保障"讲思政课"的具体实施提供了基础，与此同时，机制的建构虽是基础，但是，如果缺乏良好的运行，常态化机制必然滞留于"文本层"，仅仅是形式化的表现。因此，在分析常态化机制"是什么"的基础上，本文将进一步深化对高校党政领导干部讲思政课常态化机制运作机理进行分析，从现实实践维度呈现这一机制的运作状态。新时代高校党政领导干部讲思政课常态化机制的运作机理，表征了常态化机制的动态性过程，学者们基于常态化机制所表现的层级化主体结构、多样

---

① 袁方、王汉生：《社会研究方法教程》（重排本），北京：北京大学出版社，2013年，第295页。

化机制要素、多元性对象等特征，对其运作机理的分析主要指向主体层、动力层和对象层三个维度。

（一）多元化主体协同参与

"由谁运作"即运作主体为何，是分析常态化机制运作机理的首要问题。在国家治理体系和治理能力现代化建设中，不同主体被纳入治理体系，共同参与国家社会事务的治理。具体到高校党政领导干部讲思政课常态化机制的运作，从顶层设计层面就已经对主体的参与进行了规定和要求。2015 年 1 月，中共中央办公厅、国务院办公厅印发的《关于进一步加强和改进新形势下高校宣传思想工作的意见》指出："建立健全高校党委统一领导、党政工团齐抓共管、党委宣传部门牵头协调、有关部门和院（系）共同参与的工作机制。"① 同年 7 月，中共中央组织部、中共中央宣传部、教育部颁发的《关于领导干部上讲台开展思想政治教育的意见》要求："各高校要建立健全党委统一领导，组织、宣传、教务、学生工作部门共同参与的领导体制和工作机制，将领导干部上讲台列入教育教学计划，并组织实施具体教育教学活动。"② 2017 年 7 月，教育部党组通过了《关于开展 2017 年全国高校思想政治理论课教学质量年专项工作总体方案》，指出要不断拓展利用优质社会资源和高校资源充实思政课师资力量的有效途径，"统筹好地方党政领导干部、企事业单位负责人、社科理论界专家、各行业先进模范以及高校党委书记、校长、院（系）党政负责人、名师大家和专业课骨干教师、日常思想政治教育骨干等八支队伍上思政课讲台"③。2018 年 4 月，教育部印发的《新时代高校思想政治理论课教学工作基本要求》中明确提出："高校要建立思想政治理论课教学科研二级机构牵头，宣传、教务、学工、

---

① 《中华人民共和国学校思想政治理论课重要文献选编》编写组：《中华人民共和国学校思想政治理论课重要文献选编》（下册），北京：人民出版社，2022 年，第 1383 页。

② 中共中央组织部、中共中央宣传部、教育部. 关于领导干部上讲台开展思想政治教育的意见 ［DB/OL］. http：//www. moe. gov. cn/srcsite/A12/moe_ 1407/s253/201507/t20150731_ 197069. html，2021－12－24.

③ 教育部党组. 2017 年高校思政课教学质量年专项工作启动 ［DB/OL］. http：//www. moe. gov. cn/s78/A12/gongzuo/moe_ 2154/201705/t20170519_ 305171. html，2023－08－05.

科研、财务、人事等部门共同配合的思想政治理论课教学管理体制。"① 基于上述文件可知，在高校内部，已然明确和形成了涵盖校党委、组织部、宣传部、学工部（处）、二级院系在内的多主体参与的运作模式。

从国内研究文献来看，关于常态化机制的运作模式，学者们也进行了多维度分析，基本认同在高校党委统一领导下，以高校党委书记和校长为主导，以学工、宣传、组织等多部门为协助的多元主体共同参与的运作模式。王新华认为，要建立健全学校党委书记、校长带头抓思想政治课的科学长效机制。党委书记、校长每学期至少给学生讲授 4 个课时，领导班子其他成员每学期至少给学生讲授 2 个课时。在学校相关党政领导为授课主体的基础上，其他相应部门如组织部、宣传部、思政部和各院系等都应发挥自身的作用和优势，共同强化党政领导上思政课的有效性，以此为契机助推教师、教材、教法三项改革，加强对于思想政治课题研究与实践的支持力度。② 张政文、王维国认为，从党委书记的角色来看，必须强化其第一责任人的作用，从宏观领域对高校思政课建设的重大事项进行整体性的政治指导，对于思政课建设过程中的主要矛盾和问题必须亲自部署、亲自过问、亲自协调；从校长的角色来看，在主抓行政科研工作过程中，将思政课建设摆在重点位置，把思想政治教育贯穿教学、管理等工作的全过程，加强自身的政治领导责任，带头上好思政课；从其他校领导的角色来看，相关领导应当强化自身责任，守好、管好责任田，在思政课教育教学、学科建设、科研立项、社会实践、经费保障等方面积极协助，参与制定和执行相关政策和措施，身体力行地推进党政领导讲思政课常态化机制；从微观层面的学院和系来看，这些构成高校整体的基本元素，是助力和保障常态化机制有序运行的基础力量，需要在师资、实践教学基地等具体实施方面对思政课予以积极的支持，共同形成高校党委思政课建设的工作合力。③ 付桂军、金炳镐认为，继续强化高校党委书记在思政课建设中的"一把手"责任，明确校长在党

①　《中华人民共和国学校思想政治理论课重要文献选编》编写组：《中华人民共和国学校思想政治理论课重要文献选编》（下册），北京：人民出版社，2022 年，第 1487 页。

②　王新华：《新时代高职思想政治理论课改革创新研究》，北京：《教育与职业》，2021 年第 7 期，第 108-112 页。

③　张政文、王维国：《高校党委如何抓好思政课建设》，北京：《光明日报》，2019 年 3 月 19 日，第 15 版。

委领导下有效承担责任的意识，从制度建构层面推进涵盖思政课教学改革创新等内容的制度保障体系；同时，在高校书记、校长的切实推动下，充分发挥其他主体的能动性，以马克思主义学院为实施主体，将学工、团委、思政课教师、学术导师等多元主体纳入思政课建设过程，促进各主体有效配合、相互协作，形成高校思政教育机制运作共同体。①

从现实实践来看，高校党政领导干部讲思政课常态化机制的运作显示出包含多元主体的协同参与模式。基于所调查的广东省6所不同类型的高校，他们在校党委书记、校长开展"思政第一课"的过程中，都涉及了校党委、宣传部、组织部、学工部、信息网络中心、相关二级学院等多元主体，不同主体在各自职能、专业领域内展开相应的协助和服务工作。例如，2021年6月中山大学党委书记为土木工程学院30多位本科生讲授"思想政治理论第一课"，参与主体不仅包括书记、相关院系党组书记、院长等，还包括党委宣传部、党委学生工作部、信息化管理办公室、相关院系老师、辅导员等。广东海洋大学明确要求：校党委书记、校长"第一课"活动由教务处负责教学实施，马克思主义学院会同党委办、校长办负责拟定讲稿并制成课件，党委宣传部负责上课情况的校内外宣传报道；学生工作部（处）负责做好听课学生组织工作以及学生听课情况的宣传材料收集工作（包括学生听课图片、感想等）；教育信息中心负责在线授课的录像、视频制作以及其他在线技术保障工作。学院党组织书记、院长"第一课"活动由各学院具体负责教学实施；党委宣传部负责"第一课"实施工作的通知部署、实施情况的统计、汇总、上报；教育信息中心负责做好全校"第一课"在线教学技术保障工作。②

综上所述，高校党政领导干部讲思政课常态化机制的运行并非单纯由党政领导干部个体进行，虽然他们在讲思政课过程中处于核心主体地位，但是，这一机制的运作在主体层表现为多元主体协同参与的模式，高校党委居于领导核心地位，高校党委书记、校长居于主体地位，切实发挥了党委在多元主体中的

① 付桂军、金炳镐：《同频共振：高校思想政治理论课坚持"主导性和主体性相统一"研究》，北京：《民族教育研究》，2020年第5期，第5-11页。

② 广东海洋大学党委宣传部. 关于做好2022年秋季学期我校党委书记、校长和学院党委书记上第一堂思政课工作的通知 [DB/OL]. https://www.gdou.edu.cn/info/1094/45265.htm，2022-12-10.

领导核心作用，有利于形成全校重视和贯彻思想政治教育的优势格局。同时，高校内部顶层领导主体的关注与亲自践行，有利于推进协同育人，凝聚育人合力的效能，推动高校内部不同部门间相互协作常态机制的建构，破解以往高校思想政治教育运作模式中"条块分割"的问题，在"全员育人""全方位育人""全程育人"的思想政治教育运行模式下实现各方面力量的有效联结。①

（二）多样性机制合力作用

高校党政领导干部讲思政课常态化机制，表征为系统性的机制样态，是多样性机制共同构成的体系化整体。常态化机制的现实运作过程，是多样性构成机制共同合力的表现。对此，学者们展开了一系列论述，对不同机制进行了相关的论述。赵春玲、逄锦聚提出了关于领导干部讲思政课常态化的三类体制机制：党委领导贯穿思政课建设全过程的领导体制；建立涵盖各级党组织领导思政课建设，尤其是强化对学校主要领导对于思政课建设的考核机制；形成学校党委书记、校长为核心主体，各职能部门协同合作的多元主体育人机制。② 靳诺指出，各高校要在建立和完善以党委书记和校长为核心主体共管思政课建设的体制机制基础上，按照中央对于领导干部的"带头"要求，切实推动思政课建设各项工作的不断落实和完善。同时，以中国人民大学为例，明确了新时代以来，学校完善和强对思政课的管理机制，尤其是在制度层面，逐渐建构和完善了保障思政课深入发展的制度体系，如备课、听课、考核和评估制度等，有力地提升了思政课建设成效。③ 凌霞关于高校党政领导干部讲思政课多样性机制的运作，具体从三个维度展开分析，第一，中央会议及讲话精神形成的指导机制。例如，各高校以习近平总书记在全国教育大会和思政课教师座谈会上的讲话为指导，落实和推动高校思政课建设的加速发展，并形成各具特色的党政领导干部讲思政课实践模式。第二，学校各部门之间搭建起齐抓共管机制。要完成对学生的思想政治教育工作，不仅仅是依靠思政课教师这么简单，而是必须动员

---

① 冯刚、张晓平、苏洁：《中国共产党高校思想政治教育发展史》，北京：人民出版社，2021 年，第 408 页。

② 赵春玲、逄锦聚：《"大思政课"：新时代思政课改革创新的重要方向和着力点》，北京：《思想理论教育导刊》，2021 年第 8 期，第 97-102 页。

③ 靳诺：《新时代高校思想政治理论课改革创新的逻辑、方向和体系》，北京：《教学与研究》，2020 年第 1 期，第 16-23 页。

全校各方面力量对学生齐抓共管，这样才能建立起全员、全程、全方位育人的体制机制，因此，必须形成以学校党委为领导，以马克思主义学院为中心，以团委、学生工作部门为侧翼的齐抓共管机制。第三，遵循大中小学思政课一体化建设机制，高校党政领导干部积极总结思政课建设和讲授过程中的经验，形成符合大学生特点的高校思政课建设机制，进而回溯到中小学思政课建设实践中，推进大中小学思政课一体化建设的内涵式发展。①

在具体实践维度，高校党政领导干部讲思政课常态化机制的运行和实现，也是多样性机制合力作用的结果。以所调查的广东省相关高校为例：

第一，在制度保障机制方面，形成了根本遵循、基本遵循和具体实施三个层次的保障机制。首先，以党和国家的政策、制度为根本遵循，坚定地贯彻执行党和政府的根本制度要求，如《关于深化新时代学校思想政治理论课改革创新的若干意见》作为高校党政领导干部讲思政课的底制度。其次，以省级教育行政主管部门的政策、制度为基本遵循，这是对根本制度的进一步细化，更具特色和可操作性，例如：广东省教育主管部门在中央的政策和制度框架内，探索和建构具有地方特色的基本制度保障机制。它在全国首先开创了"思政第一课"制度，在开学季由校党委书记和校长为大学生进行"思政第一课"教育。这一制度自 2015 年建立以来，共有 1600 多人次的高校党委书记和校长走向"第一课"的讲台，同时，其在实践的过程中也得到了进一步深化发展，主要体现在授课主体范围的拓展，由校级向院级延伸，逐渐形成了校院（系）党政领导干部一体化授课的制度保障机制，极大地开创和提升了高校党政领导干部讲思政课的良好态势和现实效应。与之相适应，广东省在国家相关制度的基础上出台了具体的制度以保障"思政第一课"的实施，如《广东省学校思想政治理论课建设行动计划（2019-2021 年）》，每年春季和秋季印发的《关于做好高校党委书记、校长和院（系）党组织书记、院长（系主任）及中小学党组织书记、校长上第一堂思政课工作的通知》等，这些具体制度的出台有力地保障了高校党政领导干部讲思政课常态化机制的实施，为国家制度目标的实现提供了基本支撑。最后，以高校内部制定的政策、制度为具体实践蓝本，这是高校在

---

① 凌霞：《新时代思政课建设研究》，北京：九州出版社，2020 年，第 130-170 页。

以国家制度为根本遵循、以省域制度为基本遵循的基础上，结合高校自身特点和发展现实所制定和执行的政策，是从实践操作层面对基本制度进行的具体化。例如，为深入贯彻《关于深化新时代学校思想政治理论课改革创新的若干意见》精神，贯彻落实广东省教育厅印发的《关于做好 2021 年秋季学期高校党委书记、校长和院（系）党组织书记、院长（系主任）及中小学党组织书记、校长上第一堂思政课工作的通知》要求，罗定职业技术学院召开 2021 年秋季学期"思政第一课"集体备课会，学校领导班子成员，各系党政负责人，相关部门负责人以及马克思主义学院教师代表参加了备课会。会上，大家围绕习近平总书记在庆祝中国共产党成立 100 周年大会上的重要讲话，从教学内容、过程设计、教学方法等方面就如何上好"思政第一课"进行研讨。通过实施集体备课制度，有利于从实践层面把握"思政第一课"的具体实施，提升"思政第一课"的有效性。

第二，在具体运作机制方面，每个高校党政领导干部讲思政课，都形成了课前、课中和课后的不同运作流程。在课前，高校党政领导干部通常进行主题的选择、讲稿的准备、课件的制作、授课的形式、参与对象以及通知的发布等相关准备工作。在课中，高校党政领导干部以课堂和会议形式，针对特定主题进行讲授，并预留时间便于参与师生群体进行相关问题的提问。在课后，对听课学生进行随机采访，检验学生的听课效果，同时，组织部、宣传部、信息技术部等部门进行材料的撰写和新闻的发布等。关于相关文字材料等方面的文件，进行保留以待督查和评价。因此，高校党政领导干部讲思政课是由多样性机制合力作用的结果，简单依赖某一机制或者评价某一机制的重要性，都无法完成最终常态化机制的运转。

从理论研究来看，学者们基本认可高校党政领导干部讲思政课常态化机制所蕴含的多样性机制的子系统，其运作过程显示出多样化机制合力作用的体系化模态，从不同机制出发进行了较为详细的分析，为我们认识和理解多样性机制提供了可视化视角。从现实实践来看，多样性机制合力运作有利于提高高校党政领导干部讲思政课常态化机制的整体性效能，以部分提升整体，但是，整体优于部分之和的定理使得我们必须注意在多样性机制合力过程中相互间的协调问题，避免出现明显"短板"，甚至相互间在合力形成中产生冲突，弱化整体有效性。

（三）差异化运作的现实情境

高校党政领导干部讲思政课常态化机制运作的主阵地在高校，这就决定了不同高校之间的差异性必然要求高校党政领导干部讲思政课常态化机制在运作过程中尊重和遵循差异，以更好地实现高校思政课建设目标，提升机制自身的效力。

1. 高校自身特性的差异

从高校自身特性来看，高等学校是本科院校、专门学院和专科院校的统称，简称高校。当前，我国的高校主要分为普通高等学校、职业高等学校、成人高等学校等。不同高校在办学定位、发展模式、社会功能、学生构成等多方面的差异性，决定了思政课内容及目标的不同。基于这一现实差异，学者们进行了相关探讨。曹丽萍认为，高等职业院校自身的定位和功能属性异于普通院校和成人院校。高职院校主要偏向于培养技术型人才，注重学生实操能力的提升，因此，"就业"应成为引领高职院校思政课建设和改革的重要导向。[①] 马冠朝具体分析了应用性本科高校的属性和功能，指出应用型本科高校对学生的培养通常贴合市场和就业的需求，因此，应按照社会需要对自身办学目标、人才培养模式、课程设置等教学体系进行优化和调整，同样，思政课建设也应以行业发展为标准，更加关注市场就业动向，以新时代劳动教育价值引领学生思想政治教育发展。[②]

2. 学生之间的差异

从教育对象，即大学生群体性质来看，不同大学生自身特点和发展需求决定了思政课内容设计的差异性。林伯海、彭晓伟认为，大学生基于自身的成长环境、教育背景、心理因素等各方面差异，形成了具有个性化的发展特征，而思政课的受众大众化，使得课程内容无法面面俱到，适应每一个学生的独特性差异，因此，需要教师重视备课过程，充分考虑到学生之间的差异，从个性中

---

① 曹丽萍：《以就业为导向的高职院校思政课改革实践研究》，济南：《中国成人教育》，2014 年第 21 期，第 181-183 页。

② 马冠朝：《民族地区应用型民办本科高校思想政治理论课建设特点研究》，贵阳：《贵州民族研究》，2018 年第 6 期，第 222-226 页。

寻找共性，把握大学生的成长规律。同时，将研究思政课课程本质作为思政课建设的重要内容。在面对大学生个体差异日趋明显的情境下，教师必须着力研究思政课教学目标，将学生的"求知"需求与课程的"解知"内涵相互联结，既要考量学生想学什么，也要观照课程教学过程，即采用何种方法、解答何种疑惑、能否解决学生问题等，只有将课程紧密地与大学生需求联系，才能更好地发挥思政课的实效，激发大学生学习的积极性和主动性，满足"供"与"需"的平衡，增强思政课程的吸引力、亲和力和现实性。① 房广顺、刘培路认为，思政课改革和建设必须坚持以学生为中心的理念，围绕学生的特点和需求展开。学生之间既存在生长环境的个性化差异，也受到地区经济、文化、社会等环境的影响，因此，在思政课教学过程中，必须充分尊重学生之间的差异，根据不同类型学校、不同年级，不同专业的学生，有针对性地进行课程设计，包括内容、方式方法等，都需要进行相对应的调适，例如，高年级学生相较于低年级学生，在思维能力和实践经验方面都具有显著的差异和优势，基于此，就必须因材施教，在高年级的授课过程中偏重更具学理性的知识传授，而对低年级学生则偏重于"是什么"的解答，加入丰富的案例进行具体化的讲解。思政课只有充分考量学生之间的差异，并进行针对性的课程设计与实施，才能更好地满足学生需求，提升思政课的实效性。② 王学俭认为，新时代思政课的创新和发展，必须识别青年学生身上所独具的时代"密码"，只有精准认识青年学生的群体特征，才能更具针对性地展开思政课教育与教学。宏观来看，新时代青年在成长过程中表现出以下显著特征：首先，"经济全球化原住民"，也就是青年学生更具有全球视野，思维和眼界宽广，接受新事物和创新能力强，但是缺乏独立性，缺乏进行整体性、全局性思考的能力，容易陷入以部分代替整体的思维极端。其次，"市场经济原住民"，青年更具追求自身利益的胆识和能力，更加务实地对待周围世界和处理人际关系，但是有人又呈现出重利轻义的弊端，成为极端利己主义者。最后，"互联网原住民"，青年具有强烈的创新能动性，

① 林伯海、彭晓伟：《高校思想政治理论课要坚持统一性和多样性相统一》，北京：《思想教育研究》，2019 年第 11 期，第 91-95 页。

② 房广顺、刘培路：《思想政治理论课建设坚持统一性与多样性相统一论析》，上海：《思想理论教育》，2020 年第 1 期，第 58-63 页。

能够快速融入信息时代所带来的快速变革的外部环境，愿意学习和运用互联网等科学技术，但是，又容易生成"科技万能主义"的错误价值观，沉迷网络虚拟世界，严重依赖科技而弱化自身的独立性和自制力。基于新时代青年学生这三个方面的特征，各级党委和政府以及高校等主体，必须加强思政课的思想政治教育功能，对青年学生进行正确的世界观、人生观和价值观引导，培养青年学生积极进取的奋斗目标和坚韧不拔的奋斗意志，逐渐成长为实现国家富强和民族振兴的中坚力量。①

从高校党政领导干部讲思政课常态化机制实施的具体实践来看，由于高校自身间的差异、学生间的差异等，决定了高校党政领导干部讲思政课常态化机制的差异化运作。以调查的广东省几所高校的具体情况来看，每所高校在讲课主题选择、内容布局等方面互不相同。首先，对于双一流重点高校来说，中山大学、华南理工大学两所高校党委书记分别以"读书不忘革命，革命不忘读书——中山大学文化血脉中的红色基因"和"把握'两个大局'，认清历史方位，在学习党史中走好新时代长征路"为主题，从党史、国史和革命史到校史，从历史沿革中为大学生讲解相关革命传统，且主要以侧重理论知识维度进行展开，落脚点在于让大学生将国史党史校史相统一，树立大历史观视野，熟悉本校悠久的发展史以及所发挥的社会功能和做出的突出贡献。其次，对于省内本科高校来说，广东工业大学、广东海洋大学两所高校分别以"传承红色基因，勇担时代重任"和"学习习近平总书记'七一'重要讲话精神"为主题，在对党史、中国共产党精神谱系的相关阐释基础上，更为贴合省情校情，激励大学生"学有所成、学有所用"。最后，对于高职高专院校来说，广东南华工商技术职业学院党委书记和罗定职业技术学院校长分别以"百年大党与大国崛起"和"感党恩 听党话 跟党走——沿着习近平总书记指引的方向前进"为主题，展开党史国史教育，通过以更为通俗的表达向师生进行相关理论知识的讲授，最终着落于学生职业发展基本面，教育学生以"大国工匠"精神不断激励自己发奋学习。因此，从上述不同类型高校党政领导干部讲思政课的过程来看，每一所高校都以不同主题展开相关授课，且针对不同学生的差异，高校党政领导干部

---

① 王学俭：《论推进新时代高校思想政治理论课守正创新的几个重点问题》，北京：《马克思主义理论学科研究》，2021 年第 7 期，第 97-104 页。

的讲课精髓也表现出较大差异，但都更注重学生受众群体的可接受性。

因此，无论是理论研究，还是现实实践，高校党政领导干部讲思政课常态化机制的运作都表现出明显的差异性，那么，正确对待差异的客观存在，基于差异的存在展开思政课的实践，才能具体问题具体分析，不至于陷入简单同一的单一性机制运作的窠臼，才能有效发挥高校党政领导干部讲思政课的实效性。同时，我们必须注意，当前在讲课形式方面，还存在简单同化的问题，部分高校基本都是以大课形式进行单一的理论的灌输，不利于常态化机制应有效应的发挥，长此以往，高校党政领导干部讲思政课常态化机制对于大学生思想政治教育潜在的效能将难以深度挖掘，因而，在后续的实践中，各个高校不仅应当逐渐创新讲思政课的形式，也应注重创新讲思政课的内容，在国家课程主题要求的框架内，更贴合地区实际、学校实际和学生实际。

二、常态化机制运作的积极效应

基于高校党政领导干部讲思政课常态化机制运作机理的分析，这一机制对于高校思想政治理论课的改革创新，进而对于高校思想政治教育任务和使命的实现具有重要的现实价值。高校党政领导干部讲思政课作为新时代思想政治理论课建设和创新的重要内容，其本身就承担着"育人""育才"的独特属性和重要使命，是高校党委全面加强思想政治建设的工作阵地和重要抓手，是思政工作系统中问题反馈机制的重要体现与建构应用。高校领导干部上讲台讲思政课，为高校思想政治工作的开展提供了坚实的领导力量，有助于壮大高校思想政治教师队伍，提升高校思政课的有效性。因此，关于新时代高校党政领导干部讲思政课常态化机制运作的积极意义，学者们也展开了较为丰富的论述，主要包括以下方面。

（一）有利于强化多要素集成的"大思政"格局

习近平总书记指出："'大思政课'我们要善用之，一定要跟现实结合起来。"① 关于高校党政领导干部讲思政课的常态化机制对于当前高校建构"大思政"格局的积极效应，学者们进行了翔实的探讨。杨晓慧认为，建构"大思政"

---

① 习近平：《"'大思政课'我们要善用之"》，北京：《人民日报》，2021年3月7日，第1版。

格局，就是促进思政课建设主体，各项促进性、发展性和保障性要素以及正确理念形成一体化运作模式和实施机制，在主体、要素、思想等主客观条件有效协同的背景下，实现协同育人的合力，将思政课所关涉的各方面要素都能很好地汇聚和调动起来，打破以往仅仅围绕思政课自身的狭窄建设局限，以"大思政"格局助力思想政治教育目标的实现。① 因此，高校党政领导干部讲思政课，有利于从课程设计、队伍建设、物质要素、体制机制等方面建构和强化多要素集成的"大思政"格局。

1. 推进以思政课程为核心的人才培养机制的"大思政"格局建设

学者们从高校思政课程育人机制的效应出发，具体阐述了高校党政领导干部讲思政课常态化机制对高校"大思政"格局建设过程中人才培养机制实施的积极作用。麦均洪认为，高校党政领导干部上好思政课，有利于推动高校"第二课堂"育人功能的发挥，在讲课内容、授课方式等方面丰富了思政课原有的灌输式教学模式，将党政领导干部的理论优势和行政经验与思政课教学紧密结合，实现学校"小课堂"与社会"大课堂"的有效贯通，开拓学生的知识视野，将更多丰富的社会经验与课本理论结合起来，推进"思政课程"与"课程思政"的一体化建设，打造更贴合社会、学校和学生实际的思政课教学平台，为社会培养更具应用性和实践性的人才。② 叶安胜、赵倩、周晓清等人基于成都大学"大思政"育人格局系统的建构实践，认为高校党政领导干部讲思政课以内容多样、形式丰富的教学模式，例如，"第一课"教育、"主题教育"等，提升了思政课的育人实效，强化了思政课对学生的引领、提升与教育意义和价值。③

2. 推进以高校党委统一领导下的思政课教师队伍建设的"大思政"格局

学术界从高校"大思政"格局建设过程中关于思政课教师队伍建设的微观领域，分析了高校党政领导干部讲思政课常态化机制对高校思政课组织建设所

① 杨晓慧：《以"大思政"理念创新思政育人格局》，北京：《思想教育研究》，2020 年第 9 期，第 6-8 页。

② 麦均洪. 推进高校党政领导干部上好思政课常态机制建设［DB/OL］. https：//m. gmw. cn/baijia/2020-06/29/33949753. html，2021-09-28.

③ 叶安胜、赵倩、周晓清：《新时代背景下"大思政"育人格局的构建与探索》，北京：《中国大学教学》，2021 年第 7 期，第 16-20 页。

产生的积极效应。夏永林认为，"大思政课"建设模式，使得高校在思政课教师队伍的构成方面，进行多元化的型塑，不仅包含思政课教师和高校党政领导干部，而且也可以聘请和吸引党政干部、行业先进代表、企事业优秀代表等，建构起思政课的"八支队伍"，共同为上好思政课献策献力。[①] 王爱莲、康秀云指出，当前高校的育人模式在主体结构方面形成了多元化的主体协同机制，因此，在思政课教学中，除了以往思政课教师这一核心主体之外，也应当充分发挥高校其他主体的积极作用，比如党团工作人员、部门行政人员、心理咨询师、后勤服务人员等，他们能够基于自身的理论优势和经验优势，丰富思政课的教学内容和形式，提升思政课对于学生的影响力，也有利于思政课教师队伍的发展。因此，高校应当基于中央的有关规定，在校级党政领导干部讲思政课之外，引导高校其他主体积极参与思政课教学，真正建构起"大思政"和"三全"育人格局，形成内容更加丰富、形式更加多样、目标更加凝聚的全新思政课建设体系。[②] 郭凤至认为："国家支持高校有关校领导、哲学社会科学教师、辅导员班主任骨干兼任思想政治理论课教师，鼓励、支持、推动主渠道与主阵地两支队伍的有机融合。"[③] 因此，高校要在融合上下功夫，聚焦于高校内部各部门、多主体合力的形成，强化相互间配合的协同机制，切实有效地构建开放型的主体参与格局，促进开放的"大思政"的教育理念[④]。

3. 推进自上而下贯穿式的体制机制建设以保障"大思政"格局的实效性

学者们认为高校党政领导干部在讲思政课的实践过程中，亲身参与到思政课教学全过程，领导、负责思政课建设体制机制的建设和运转，有利于思政课建设整体体制机制自上而下贯穿式的发展，为"大思政"格局的形成提供坚实保障。刘兴平认为，党委领导下的高校思政课建设领导体制的确立和完善，进一步强化了党委书记和校长的主体责任归属，通过发挥自身行政权力，既能有

① 夏永林：《"大思政课"内涵的多维探讨》，北京：《思想理论教育导刊》，2021 年第 8 期，第 110-114 页。

② 王爱莲、康秀云：《高校思想政治理论课内涵式发展的建设合力探析》，南宁：《广西社会科学》，2021 年 第 4 期，第 172-177 页。

③ 郭凤至：《高校思想政治理论课程建设研究》，北京：北京师范大学出版社，2019 年，第 209 页。

④ 郭凤至：《高校思想政治理论课程建设研究》，北京：北京师范大学出版社，2019 年，第 208 页。

效畅通信息传递和需求转换渠道，为思政课建设提供硬件和软件的有力保障，形成专业化的工作队伍，也能有效形成外部监督压力，促使高校内部各部门和不同主体间相互协同合力的形成，推动相关政策、制度和措施的制定与实施，最终建构起自上而下的"大思政"保障体制机制。① 赵静指出，思政课建设的重要一环就是必须坚持系统思维，以系统工程的建构路径推进思政课的建设和发展，因此，必然要求多元主体协同参与、持续推进。首先，完善指导机制。从内部来看，高校必须进一步完善党委领导、各行政部门配合、相关职能部门服务、各二级学院支撑的领导体制，在党的领导下指导思政课建设的可持续性以及维系其价值的明确性。从外部来看，政府和社会也应形成重视和支持思政课建设的主体力量，通过内外部相互协调和配合，推动重视思政课、办好思政课、讲好思政课和学好思政课的良好氛围的建立。其次，完善激励保障机制。高校思政课建设的有效性，其关键要素就是相应激励保障机制的构建。因此，学校管理主体应当从激励保障机制的核心入手，将人才培养、课程体系、师资队伍等重要问题作为主要矛盾予以解决，同时，将思想政治教育贯穿激励保障机制建构的全过程，确保和引领学校在评价等各项工作中紧紧围绕"立德树人"的根本使命。最后，推进思政课建设的长效机制。建立健全以育人为核心功能和导向的评价反馈制度体系，确保高校各领域、各方面的工作考核和评价都能凸显这一功能和导向，进而在制度体系的不断发展和完善过程中，形成制度运行的长效机制，推动和保障高校思政课改革创新在一定的框架内实施。② 教育部社会科学司在"2017年高校思政课教学质量年"专项工作情况介绍中指出，"各地高校党委书记、校长积极登台开讲。教育部直属高校主要负责同志听课、讲课、调研思政课600多次，领导班子成员听课、讲课、调研思政课1100多次。100多位省部级以上领导通过讲课、听课、调研等方式，亲自指导、参与思政课

---

① 刘兴平：《高校"大思政"格局的理论定位与实践建构》，北京：《思想教育研究》，2018年第4期，第104-108页。

② 赵静：《协同推进高校思想政治理论课建设研究》，北京：《思想理论教育导刊》，2019年第9期，第88-92页。

建设"①。通过不同层级党政领导干部听思政课、讲思政课常态化机制的建立和运行，有效地增强了高校思政课建设的主体力量，为高校思政课的深入推进和发展奠定了强大的主体基础，有力地保障了自上而下贯穿式的"大思政"格局的建构。刘宏达、万美容等人指出，"优化全员育人、全过程育人、全方位育人制度的顶层设计。坚持育人导向，突出价值引领，通过建立健全党委统一领导、部门分工负责、全员协同参与的思想政治工作制度，将思想政治工作贯穿于高校教育教学全过程，建立系统化长效育人机制"②。

（二）有利于提升高校思想政治理论课建设的实效性

作为一种客观存在的实践活动，思政课建设的实效性主要是指满足学生成长成才需要和实现人生目标的作用顺畅发挥。基于思想政治理论课实效性所包含的不同要素，当前，学者们主要对要素的不同类别进行了研究，探讨党政领导干部讲思政课在提升思想政治理论课实效性方面的积极意义。

1. 以方式方法的改革创新提升思政课建设实效

高校党政领导干部讲思政课为高校思政课建设和发展带来新的变量，以不同于传统思政课课堂教学的方式方法提升思政课建设实效。一些学者认为，领导干部讲思政课在方式方法上更好地创新了思政课的教学模式。领导干部既是党内担任领导职务的主体，因而他们本身代表党的形象展开与大学生的交流，通过面对面近距离的交流，实际上更加强化了党在学生群体中的威望，强化了党的执政能力和执政地位。同时，领导干部自身具有丰富实践经验的独特优势，通过讲思政课，能够将党的理论方针政策以更为通俗易懂的语言和生动的现实案例予以呈现，弥补高校课堂教学的理论抽象性所产生的课程教学低效问题，尤其是结合本地区和高校内所发生的热点问题，更能引起学生对思政课的兴趣和具身认知，促进理论与实际的有机结合。③ 李俭指出，党政领导干部在长期的

---

① 教育部社会科学司："2017年高校思政课教学质量年"专项工作情况介绍［DB/OL］. http://www.moe.gov.cn/jyb_ xwfb/xw_ fbh/moe_ 2069/xwfbh_ 2017n/xwfb_ 20171206/sfcl/ 201712/t20171206_ 320708. html? eqid=f67008f60007e02200000006642bd623, 2022-10-16.

② 刘宏达、万美容等：《高校思想政治工作前沿问题研究》，北京：人民出版社，2019年，第392页。

③ 人民论坛"特别策划组"：《关于领导干部上讲台——当经验丰富的一方官员遇上思想活跃的青年学子》，北京：《人民论坛》，2017年第4期，第12-13页。

实践中，具备较高的政治素养、丰富的实践经验和充实的理论修养，对于关切人的利益的现实问题有更具深刻的领悟和应对的经验，因此，党政领导干部讲思政课，通常能够以生动幽默的语言和学生熟知或强烈关注的现实问题进行启发性的分析与解读，营造宽松活跃的教课氛围，也能以现实中的难题反问学生，促使学生形成相应的思考，在这一过程中，在问与答的交流互动中强化思政课的针对性，提升思政课教学的实效性。① 吴海江认为，党政领导干部讲思政课，有利于将课本知识与实际相结合，有利于将学生的个人发展与党和国家的事业相结合，为高校思政课教学改革和创新提供了更为有效的载体和方法，增强思政课功能发挥的实效性②。

2. 以内容的丰富拓展提升思政课建设实效

高校党政领导干部具有丰富的实践经验和理论素养，尤其是实践经验方面，相较于其他思政课教师具有显著优势，因此，有利于拓展和丰富思政课内容，提升思政课建设实效。一些学者指出，领导干部授课，在内容上要有三个贴近，即贴近生活、贴近社会和贴近专业。党政领导干部以其丰富的实践经验，将现实性的对象转化为思政课的知识体系，将生活领域中的经验传授给学生，使学生更加深刻地理解生活的意义；将社会领域中积极的现象以及消极的问题展现给学生，通过阐述正向与负向效应的发生过程，使学生更加深刻理解党的政策和主张，潜移默化地引导学生的时事敏锐性；党政领导干部将自身专业融入思政课教学，确保思政课教学内容既具生动性又具学理性，同时，基于不同学校、不同专业进行针对性的思政课教学，使得内容指向更加精准。③ 熊光清认为，党政领导干部讲思政课，选择主题是关键，也是基础，选题的恰当与否直接关涉思政课教学实效，因此，基于党政领导干部自身的特点，在选题及其内容上，可以选择与自身工作紧密相关的现实重大问题，或者当前国内外经济、政治、

---

① 李俭：《领导干部走向大学讲台的重大意义》，北京：《人民论坛》，2017 年第 4 期，第 20–22 页。

② 吴海江：《防止官话套话，提升亲和力和针对性》，北京：《人民论坛》，2017 年第 4 期，第 30–32 页。

③ 人民论坛问卷调查中心：《干部声音：干部期待什么样的"授课"》，北京：《人民论坛》，2017 年第 4 期，第 18–19 页。

民生、生态等领域关注度高的热点问题，抑或学生较为关注的理论和现实问题。① 有学者认为，党政领导干部讲思政课，不能落入思政课教师理论性和知识性教学的传统模式，而应充分发挥自身的独特优势，以"点睛"而非"照本"来丰富和充实思政课教学内容，让书本上抽象的、枯燥的知识生动起来，以自身的知识体系和现实体验丰富思政课教学内容，提升学生参与思政课的积极性和主动性。② 霍庆生认为，领导干部讲思政课要讲出"信仰的淳味""信念的党味""内容的趣味""严教的辣味"和"不绝的回味"。③

3. 以党政领导干部自身优势的发挥提升思政课建设实效

从党政领导干部自身来看，他们所展现出的独特优势是强化思政课建设实效的关键。张威、周杰认为，党政领导干部相较于思政课教师，除了具有一定的共性之外，更多的是两者间所表现出的差异性，尤其是在行政权威、实践经验和理论转化方面，党政领导干部具有显著的优势，因此，必须抓住党政领导干部的这些特点，以其亲身参与思政课教学的契机充分发挥优势效应，增强思政课建设实效。④ 冯秀军指出，传统高校思政课的教学方式，主要是通过思政课教师的知识传输，而对于知识结合实际的转化效果，由于思政课教师自身的工作和经历所限，无法较好地实现转化优势。而党政领导干部在这些方面的优势却较为显著，通过他们的参与，能够结合理论知识和现实经历，使大学生以"切身性"的体验感达成思政课教学的情感共通，强化思政课的吸引力和说服力。⑤ 凌霞认为："高校党委书记和校长要带头走上思政课讲台，可以结合自身的学科背景和研究方向，参与到'形势与政策'课程的专题教学当中，同时要保证一定的课时数，党政领导参与讲授思政课绝不是蜻蜓点水的面子工程，而

---

① 熊光清：《创新领导干部上讲台的方式方法》，北京：《人民论坛》，2017 年第 4 期，第 36 页。

② 人民论坛问卷调查中心：《干部声音：干部期待什么样的"授课"》，北京：《人民论坛》，2017 年第 4 期，第 18-19 页。

③ 霍庆生：党政领导干部讲思政课的"五味"育人［DB/OL］．https：//www.gmw.cn/xueshu/2021-05/10/content_ 34833426. htm，2021-09-28.

④ 张威、周杰：《领导干部上讲台开展思想政治教育的传播学思考》，北京："决策论坛-管理科学与经营决策学术研讨会"论文集（上），2016 年，第 33-34 页。

⑤ 冯秀军：《善用"大思政课"的三个维度》，北京：《思想理论教育导刊》，2021 年第 8 期，第 103-109 页。

是要把这项工作做踏实，切切实实地讲出高度和深度来，体现出领导的能力和水平，这样才能让学生产生学术敬仰和人格崇敬。除此之外，领导干部还应该在开学典礼、毕业典礼等对于学生大学生活具有重要仪式感的时间空间内，积极传播马克思主义，倡导践行社会主义核心价值观，明确地落实党的教育方针和理念。"① 从大学生群体来看，高校党政领导干部在具有深厚的理论性的基础上，同时具备较强的实践性，他们是管理服务工作的中枢，上至国家大政方针、党和政府的政策举措；下至高校内部各个系统、不同部门的管理运作等，都具有独特的认知和理解，能够较好地从实践层面为大学生展开理论性解读。贺莉指出，学校领导对高校思想政治理论课的重视程度对大学生价值感、满意度有显著正向影响；大学生感知的学校重视程度越高，越认可高校思想政治理论课对其自身政治素质、道德素质的养成作用。② 例如，广东省高校在校党委书记、校长和学院党委书记、院长等党政领导干部讲思政课后，学生们对于课程内容给予了积极评价，认为校长书上"思政第一课"从不同视角不同层面开拓了知识视野，更为深刻地理解了思政课的内容和意义。华南理工大学校党委书记以"党史学习教育"为主题的"思政第一课"开讲后，得到参与学生的热议，学生们纷纷表示，"从建党初期到新时代征途，从祖国的发展到学校的进步，书记的讲述内容让我们非常感动，倍感振奋"，"中国共产党带领人民实现从站起来、富起来到强起来的伟大飞跃，创造出让世界惊叹的中国奇迹，作为新时代大学生党员，要不断从中汲取奋斗力量，坚定理想信念，在学习党史中走好新时代长征路"。

（三）有利于推进高校思政课教师队伍一体化建设

《新时代高等学校思想政治理论课教师队伍建设规定》指出：思政课教师是指承担高等学校思政课教育教学和研究职责的专兼职教师，是高等学校教师队伍中承担开展马克思主义理论教育、用习近平新时代中国特色社会主义思想铸魂育人的中坚力量。高校思政课教师队伍一体化建设，是发展新时代高素质思政课教师队伍的关键内容。因此，高校党政领导干部讲思政课，有利于拓展、

① 凌霞：《新时代思政课建设研究》，北京：九州出版社，2020年，第145页。
② 贺莉：《高校思想政治理论课教学效果及其影响因素研究》，北京：中国社会科学出版社，2021年，第277-278页。

建强高校思政课教师队伍，实现其一体化发展。对此，学术界也展开了内容丰富的研究，取得了一系列研究成果。具体来看，王易、岳凤兰认为，思政课教师队伍不能仅仅依赖于专业的思政课教师，还应将类似于学科专家教师、行政领导干部、行政管理人员等纳入队伍建设中，通过项目培训、专题教育、宣传计划等多种形式和途径，吸引更多的优秀人员参与思政课教学，培养思政课教学名师、领军人物和教学骨干等。① 麦均洪认为，高校党政领导干部讲思政课，有利于加强思政课教师队伍的一体化、立体化和常态化发展。高校党政领导干部要同思政课教师、行政人员等协力推进队伍建设的一体化朝向，既成为优秀管理者，也成为学生成长成才的引路人。② 陈燕指出："思想政治教育的人力资源不仅仅包括党组织、思政课教师等专门从事思想政治教育工作的部门和人员，还应该包括在思想政治教育活动的各个环节所涉及的部门和人员。"③ 因为"大思政"格局的逐渐形成，使得思政课相关主体必然在不同环节发挥显性或隐性的效应，最终都会对思政课教学的实效性产生积极或消极影响，因此，思政课教学主体应当包含其所关联的各个机构和人员，共同形成推动思政课建设和发展的主体合力。

（四）有利于推进高校思政课教学管理

高校思政课所承担的"立德树人"的关键课程角色，使得其在推进高校思想政治工作和教育教学工作内涵式发展方面发挥着主导性作用。④ 因此，加强思政课教学管理，就是确保对思政课教学过程中遇到的困难的应对和解决，保障思政课目标的实现，同时，对于取得的成绩进行总结和凝练，从而进行推广，推动思想政治教育的发展。从高校党政领导干部讲思政课层面来看，其对推进思政课教学管理，也发挥着不可忽视的重要作用。

---

① 王易、岳凤兰：《建设符合新时代要求的高素质思想政治理论课教师队伍》，上海：《思想理论教育》，2020 年第 5 期，第 18-23 页。

② 麦均洪：发扬优良传统 深入推进高校领导干部上好思政课的长效机制建设 [DB/OL]. http：//www. wenming. cn/djw/shouye/sixianglilun/lilunqiangdang/202006/t20200623 _ 5685733. shtml，2021-09-28.

③ 陈燕：《思想政治教育社会治理功能研究》，北京：中央编译出版社，2019 年，第 191 页。

④ 教育部：《关于新时代高校思想政治理论课教学工作基本要求的通知》，北京：《中华人民共和国教育部公报》，2018 年第 5 期，第 15-18 页。

第一，有利于直面思政课教学过程中的问题，通过亲身的思政课教学参与，提出更具针对性的解决对策。江俊文认为，党政领导干部讲思政课的实施，有利于促使领导干部深入高校思想政治工作的实际过程，切身感受和理解高校思想政治工作中所存在的问题，尤其是思政课教学中所遇到的难题和面临的困难，有利于更为精准地制定和实施政策和措施，保障高校思政课教学管理的持续性与有效性。① 杨林、杨春华、周家荣认为，高校党政领导干部讲思政课，是推进党委领导的具体举措与有效落实，有利于及时发现思政课教学过程中所存在的问题，也能以更为主动的姿态掌握学生思想状况，据此有针对性地制定和出台相应制度举措，强化思政课教学管理实效。②

第二，有利于推进思政课教学效果的提升，发挥党政领导干部自身的带头作用。刘建国指出，党政领导干部讲思政课具有重要的风向标意义。思政课教学效果如何，既体现了党政领导干部的理论素养，也体现了党政领导干部的责任意识，更体现了党政领导干部的思想态度。党政领导干部必须将工作落在平时，只有充分进行"备课"，才能更好地"上课"，以提升思政课教学效果。③ 王达品认为，高校党政领导干部只有亲自参与思政课教学，才能切实提升高校思想政治工作过程中的领导责任和主体意识，通过亲自部署、亲自过问、亲自协调，为推动思政课建设提供有力的保障。同时，高校党政领导干部在具体授课过程中，能够更为直接地与思政课教师和学生进行交流，在相互影响中提升自身的理论素养和实践能力，成为思想政治工作的专家，也加强了与学生之间的紧密关系，以更具亲和力和吸引力的形象提升思政课教学效果。④ 曲士英、桑璐认为，高校党政领导干部讲思政课，有利于切实贯彻党委书记第一责任人制度，推动思政课建设体系纳入高校顶层设计和发展规划，以亲自参与思政课听课和教学的具体过程，精准地把握思政课建设和教学过程中所存在的问题，为

---

① 江俊文：《领导干部上台讲课"点亮"思政课实践教学》，北京：《思想理论教育导刊》，2016年第5期，第117-119页。

② 杨林、杨春华、周家荣：《新时代高校思想政治理论课建设责任指标体系构建研究》，武汉：《学校党建与思想教育》，2021年第17期，第26-30页。

③ 刘建国：《高校领导干部要带头讲好思政课》，贵阳：《贵州日报》，2019年7月24日，第12版。

④ 王达品：《发挥三个层面"主体"作用着力提升高校思想政治理论课建设质量》，北京：《思想理论教育导刊》，2020年第12期，第108-111页。

思政课教学的良好推进提供领导保证，同时，也有利于同教师和学生建立更为密切的联系，随时把握思政课建设的过程与实效的达成程度。①

第三，有利于形成思政课教学的良好氛围。李正军指出，高校党政领导干部讲思政课体现了党委主要领导对于思政课建设的重视程度，在听课讲课过程中，对于发现的问题能够及时进行解决，同时，也提升了党政领导干部自身的认识和自觉，以更为实际的行动支持思政课建设，例如物质性的投入、师生问题和困难的及时解决、营造思政课建设良好氛围等，因此，党政领导干部发挥其领导效力，推动全校层面形成思政课建设合力，建构起学校办好、教师讲好、学生学好的思政课建设有序格局。② 曾维华、王云兰指出，高校党政领导干部亲自参与思政课教学实践，有利于凝聚学校各层面、各部门主体形成合力，有利于调动更多资源支撑思政课建设，做好思政课建设的保障。基于此，营造和形成高校思政课建设齐心协力、齐抓共管的良好局面。③ 王易认为，高校党政领导干部讲思政课，有效地推动了学校各部门和人员形成思政课建设的合力，党委、行政部门、二级学院（系）、思政课教师、后勤服务部门等不同主体发挥自身职能和优势，推动形成思政课建设的良好氛围。④

三、常态化机制运作的困境

高校党政领导干部讲思政课常态化机制对于高校思政课建设，进而推进高校"立德树人"根本任务的落实产生了一系列积极效应。但是，在现实运作中，由于多种因素的限制，这一机制的实施也同样落实和面临诸多的困境。对此，学者们从常态化机制的构成要素出发，展开具体而深入的分析。

（一）常态化制度保障机制整体性建设不足

制度具有全局性、稳定性和长期性等特征。高校党政领导干部讲思政课常

---

① 曲士英、桑璐：《新时代高职院校思想政治理论课教学评价的构成要素及实施路径》，北京：《中国职业技术教育》，2020 年第 7 期，第 34-38 页。

② 李正军：《新时代高校思想政治理论课建设"四位一体"工作格局研究》，武汉：《学校党建与思想教育》，2020 年第 5 期，第 67-70 页。

③ 曾维华、王云兰：《立德树人：新时代高校思想政治理论课的使命与责任》，昆明：《学术探索》，2021 年第 2 期，第 136-143 页。

④ 王易：《高校思想政治理论课改革创新的多维解读》，北京：《马克思主义理论学科研究》，2020 年第 5 期，第 142-150 页。

态化机制的建构与实施，如果仅停留于实践层面，不转化为成熟定型的制度，且在实践中不断地贯彻执行和反馈，继而优化制度体系以保障常态化机制的持续性，就无法保证这一机制在未来高校思政课建设过程中所发挥的应有效能。因此，型塑完善的制度保障体系，确保制度保障机制的效用，成为常态化机制建构的首要环节。但是，当前，高校党政领导干部讲思政课常态化机制作为新近生成的存在，在制度保障方面还存在诸多问题，针对这些问题，学者们进行了相应的探究。王再新、王意超认为，党政领导干部作为党政机关的主要负责人，通常忙于领导事务的处理，疲于应对高校和学生之间的交流，相关的讲课制度和会商机制不完善，同时，领导干部与组织、宣传、教育等部门间缺乏相应的联通机制，关于授课主题、讲课内容等方面缺乏统筹的制度安排。① 黄建指出，由于党政领导干部讲思政课制度体系的建构与运行，包含需求调研、启动遴选、组织管理、质量评估等诸多相互联系又需要发挥各自作用的多样化机制，而当前在顶层设计层面缺少统一的系统化制度体系，不同地方和高校在制度执行方面基本依照自身制度的建构，呈现出地方化、任意性、碎片化特征，抑制了党政领导干部讲思政课的质效实现。② 一些学者认为，推进党政领导干部讲思政课常态化机制的进一步完善和规范，必须将这一机制进行制度化，通过建构制度，实现党政领导干部讲思政课的常态化，避免"应付了事""运动式"讲课等消极心态③。

在现实层面，广东省对高校党政领导干部讲思政课做出了具体的制度要求，2021 年 8 月，广东省教育厅印发《关于做好 2021 年秋季学期高校党委书记、校长和院（系）党组织书记、院长（系主任）及中小学党组织书记、校长上第一堂思政课工作的通知》（以下简称《通知》），对思政课的课程要求、课程内容、课程时间、课程目标等方面进行了较为翔实的规定。根据《通知》要求，广东省所有高校党政领导干部基于规定内容开始实施上讲台讲思政课，但是，

---

① 王再新、王意超：《领导干部上讲台的价值意蕴与实践理路》，北京：《中国高等教育》，2020 年第 5 期，第 26-28 页。

② 黄建：《健全优化领导干部上讲台制度》，北京：《中国党政干部论坛》，2019 年第 8 期，第 77-80 页。

③ 人民论坛课题组：《为什么要上讲台？怎么讲受欢迎？》，北京：《人民论坛》，2017 年第 4 期，第 14-17 页。

现实实践中，这一制度对于高校党政领导干部讲思政课在具体实施过程中，以及课程结束后的效果评价方面，没有明确的规定。事实上，广东省教育厅作为地方领导主体，通常制定符合区域范围内的较为宏观的制度，基于此，各高校应当以这一制度为蓝本进行切合自身实际的细化，如课程形式，参与学生，课前准备、课中形式、课后评价反馈机制，思政课全过程的监督机制等，都没有体现在现有制度框架内，也缺乏相关的制度保障机制，使得党政领导干部讲思政课表现出较强的任意性，即只要符合省教育主管部门的要求，遵循其制度规定，就"万事大吉"。同时，虽然《通知》指明了确定的主题，但是，出于学校不同、学生类型差异较大等客观因素，决定了不同高校应当依据主题进行适应性调整，更为切合自身高校的现实。因此，高校党政领导干部讲思政课常态化机制的系统性特征，要求我们必须从整体性建设方面进一步完善常态化制度保障机制，例如，广东南华工商技术学院实施了二级学院书记、院长第一堂思想政治理论课集体备课会机制，围绕"第一堂思政课应该怎么讲""怎么讲好第一堂思政课"，要求各二级学院书记、院长高度重视，深刻领会精准把握省教育厅文件精神，精心准备，紧紧围绕"一入三讲两落实"，开展好第一堂思政课的备课和授课工作。但整体来看，缺乏制度保障机制的整体性建设，仅仅依靠领导机制、原子化制度内容等，根本无法对高校党政领导干部讲思政课常态化机制进行有效的制度保障，而制度保障机制的阙如，极易导致"运动式""形式化""流程式"的思政课模式，无法发挥高校党政领导干部讲思政课常态化机制的应有效应。

（二）常态化监督机制专门性建设比较滞后

高校思政课建设有效性的实现，需要相应的制度体系予以保障，以维系高校党政领导干部讲思政课常态化机制的成效。通过有力监督，能够及时发现高校党政领导干部讲思政课实践中存在的问题，精准地划分出责任归属，以避免因监督缺位而导致责任互相推诿的问题，保障高校党政领导干部讲思政课的有序推进。考核是对高校思政课建设工作效果的考察审核，通过一定的结果形式反映高校思想政治教育建设状况。监督是取得成绩的重要手段，考核是促进监督的动力源，因此，只有建构完善的监督考核机制，才能有效地监督和考核高校党政领导干部讲思政课的实效，为评价反馈机制提供客观的标准。当前，关于高校党政领导干部讲思政课监督考核机制过程中存在的问题，学者们进行了相关的研究。陈华、张志鹏等人认为，一些高校将党政领导干部讲思政课行政化、形式化、任务化，导致上讲台讲思政课的实效性不明显，甚至个别高校为了呈现干部讲思政课的效果，事先对课程过程中的提问等互动环节进行"彩排"，严重违背了中央推进领导干部上讲台给大学生上课的初衷。① 刘武根指出，高校党政领导干部，尤其是党委书记和校长，是关系高校思政课建设的"关键少数"，对于思政课建设所需要的各方面资源和要素的调配具有决定性影响，因此，必须加强对高校党政领导干部的监督，进一步强化巡视效应，将思政课纳入巡视范围，同时，以思政课建设作为考评依据，纳入高校党政领导干部考核和升迁的考评机制中，只有如此，才能有效应对思政课建设不平衡不充分问题。②

目前，关于高校党政领导干部讲思政课的监督考核机制，虽然已在制度层面有所反映，例如中共中央办公厅、国务院办公厅已经在《关于深化新时代学校思想政治理论课改革创新的若干意见》这一文件中明确提出要把思政课建设情况纳入各级党委领导班子考核和政治巡视中，要求各高校党委书记、校长要结合自身学科背景和工作经历，带头走进课堂听课讲课、带头推动思政课建设、带头联系思政课教师，要把思政课建设情况纳入学校党的建设工作考核、办学质量和学科建设评估标准体系中。③ 但是，在实际的操作过程中，这一制度化的要求依然停留于原则性的规定或杂糅于宽泛的内容考核体系中，讲思政课常态化的考核评估只是思政课建设考核体系的一个指标，且侧重于从"是否"的量的维度进行监督考核，至于讲课质量、授课实效、准备过程等，都无法进行监督。同时，高校党政领导作为高校管理主体，本身就负有监督考核其他主体的责任，如教师、行政人员、后勤人员等，且通常处于高校监督体系的核心，导致高校党政领导干部，尤其是校党委书记和校长讲思政课处于无人监督的窘境，

---

① 陈华、张志鹏、吴玉梅：《党史学习教育视野下领导干部上讲台常态化机制研究》，武汉：《学校党建与思想教育》，2021 年第 18 期，第 47-49 页。

② 刘武根：《论新时代高校思想政治理论课建设的主要矛盾》，北京：《思想理论教育导刊》，2018 年第 5 期，第 105-110 页。

③ 徐蓉：《论新时代高校思想政治理论课改革创新的价值坚守》，北京：《教学与研究》，2020 年第 8 期，第 73-80 页。

即使个别高校制定了相关的监督制度，也往往流于"形式"，主要在于由下而上的监督往往存在其他方面的条件制约等。另外，高校党政领导干部讲思政课的监督也存在"双重身份"的性质，既当"守门员"又当"裁判员"。比如，广东省教育厅发布的《关于做好2021年秋季学期高校党委书记、校长和院（系）党组织书记、院长（系主任）及中小学党组织书记、校长上第一堂思政课工作的通知》，规定要认真落实意识形态工作责任制，各授课人员要对授课相关事项及讲稿亲自审定、亲自把关，确保正确的政治方向和价值导向。《通知》中将课前相关事项的监督主体，聚焦于党政领导干部自身，虽然有利于提高党政领导干部的责任意识和重视程度，但也存在监督主体唯一，无法实现有效监管的问题。因此，应当进一步贯彻和落实教育部于2018年4月所印发的《新时代高校思想政治理论课教学工作基本要求》，提升高校思想政治理论课教学质量，强调"落实高校党委书记是思想政治理论课建设第一责任人的责任和校长负起政治责任和领导责任，进一步完善思想政治理论课教学工作制度，建立健全教学监督机制"①。

（三）常态化评价机制体系化建设存在短板

建立健全高校党政领导干部讲思政课常态化机制是高校思政课质量提升的重要方面，对于这一工作的评价是高校思政课建设评价的内涵之一。具体来看，评价反馈机制是对高校党政领导干部讲思政课效果的评价和反馈，以更为客观全面地反映思政课的质量。开展高校党政领导干部讲思政课的评价反馈机制，是推进思政课内涵式发展的必然要求和重要着力点，事关高校立德树人根本任务的切实落实和担当民族复兴大任时代新人的培育。同时，对于高校党政领导干部讲思政课的评价，也是思想政治理论课建设质量评价的关键，因为思想政治理论课建设始终要坚持党的领导，严格落实地方党委思想政治理论课建设主体责任，推动建立高校党委书记、校长带头抓思想政治理论课建设机制。当前，对于高校思想政治教育工作评价的现状，主要集中于思想政治理论课教育教学工作评价、日常思想政治教育工作评价、辅导员专项工作评价、课程思政工作质量评价、团委专项工作质量评价、心理健康教育工作质量评价等多个层面，

---

① 冯刚：《改革开放以来高校思想政治教育发展史》，北京：人民出版社，2018年，第107页。

评价对象主要是教师和学生。学者们从不同维度对高校思想政治教育评价机制进行研究，如曹明指出，在评价教师思政课教学质量和学生学习成效的标准中，应当大力建设和推广过程性评价这一手段和方法，将思政课教学全过程，包括课前准备、课中教学和课后评价贯通起来，逐渐形成在培养学生和增强学生学习主动性方面的多主体、多形式的评价活动。① 郝文斌、黄嘉富认为，对于思政课教师进行有效的考核与评价，是思政课建设过程中充分调动思政课教师这一核心主体能动性的重要激励方式，但是，当前的评价机制存在四个方面的矛盾，即科学研究评价与课堂教学评价、工具性评价与价值性评价、基础研究评价与应用研究评价、个人业绩评价与团队建设评价之间的矛盾。因此，评价体系的建设必须精准地把握这四对矛盾，才能更好地完善当前考评机制所存在的问题，有效地发挥评价体系的应有效应，激发广大思政课教师成果转化的积极性，有效达成思政课建设的根本目标。② 但是，这些研究基本都集中于对思政课教师的评价，鲜有对于高校党政领导干部的评价。同时，在诸多研究中，仅有极少的文献涉及了对于党政领导干部的评价，且指出评价机制的不足，比如，人民论坛课题组在对"领导干部上讲台"需要注意哪些方面的调查中，约52.1%的受访者选择了"建立和完善授课效果的评估机制和跟踪机制，与学生有效互动"这一选项③。评价机制的"缺位"已成为党政领导干部上讲台需要改进的重要问题。因此，授课效果的评估与跟踪机制、授课互动交流机制还有待完善。

在具体应用方面，曲士英、牛涛指出，2017年，教育部以"主题年"的形式，将当年定为"高校思想政治理论课教学质量年"，进而制定和推出转向工作方案，展开对高校思政课建设的调研和评估。这次评估基本覆盖了所有普通高校，基于调研评价结果可知，我国高校思政课建设的评价体系已经基本形成并在实践中取得了一系列成果，相应的具有我国高校特色的评价理论也正在生成，我国高校已然迈向了从主观经验性评价到客观指标性评价的过渡阶段。但是，

① 曹明：《过程性评价的应用困境及对策》，北京：《思想政治课教学》，2020年第3期，第81-84页。
② 郝文斌、黄嘉富：《高校思想政治理论课教师考核评价内在矛盾的辩证分析》，上海：《思想理论教育》，2019年第9期，第90-93页。
③ 人民论坛课题组：《为什么要上讲台？怎么讲受欢迎？》，北京：《人民论坛》，2017年第4期，第14-17页。

当前的评价体系依然存在相当多问题，整体来看，评价体系建设和实践机制的运行仍处于探索阶段，还不能掉以轻心，需要进一步加以研究和改进，以不断完善和趋于成熟的评价体系保障及推动我国高校思政课改革和创新。① 此后，在国家出台的一系列制度中，都对高校思政课教师的评价进行了规定，如 2020 年 3 月出台的《新时代高等学校思想政治理论课教师队伍建设规定》，明确提出高等学校应当健全思政课教师专业技术职务（职称）评价机制，建立以同行专家评价为主的评价机制，突出思政课的政治性、思想性、学术性、专业性、实效性，评价专家应以马克思主义理论学科为主，同时可适当吸收相关学科专家参加等评价要求。但是，对于高校党政领导干部的评估，主要依据的是国家党政领导干部"德能勤绩廉"的"五大"评价标准，尚未形成专门就讲思政课的评价指标，评价机制的阙如，导致反馈的缺失，高校党政领导干部讲思政课的有效性到底如何，缺乏相应的评价反馈机制，成为推进高校党政领导干部讲思政课常态化的重要问题，如果长期缺失相关的评价反馈机制，高校党政领导干部讲思政课极易陷入"运动式""形式化"的窠臼，为了讲课而讲课，只重视"有没有"，忽视"好不好"，将严重阻碍常态化机制的可持续发展。基于此，有学者建构了新时代思想政治理论课建设质量评价指标体系，明确将高校党政领导干部讲思政课作为质量评价标准纳入思政课建设质量评价体系中。②

（四）常态化培训机制"缺位"

培训机制作为高校党政领导干部讲思政课常态化机制的重要构成要素，对于思政课改革创新和提升思政课的实效性具有重要意义。党政领导干部自身政治强、情怀深、思维新、视野广、自律严、人格正，才能"以身作则"，才能发挥带动效应，提升这一常态化机制的实效性。而高校党政领导干部虽然具备较强的理论素养，但是，他们所具备的不同专业背景，不同能力素养，不同观点方法等，需要相应的培训机制加以统一，以更好地适应思政课建设要求。因此，高校党政领导干部讲思政课常态化机制的持续实施与发展，必然需要建立相应

---

① 曲士英、牛涛：《高校思想政治理论课评估的意义、现状与完善路径》，哈尔滨：《黑龙江高教研究》，2018 年第 12 期，第 125-128 页。

② 权麟春：《新时代高校思想政治教育工作质量评价研究》，北京：中国社会科学出版社，2021 年，第 142 页。

的培训机制。然而，一段时期以来，我国尚未形成关于高校党政领导干部培训的常态化机制，相关的培训机制通常是以某一重大事件为背景的"运动式"培训。例如：2003 年 6 月，中共教育部党组印发《关于在教育战线兴起学习贯彻"三个代表"重要思想新高潮的通知》，要求"各地教育部门和高校要通过举办各种形式的研讨班、培训班、学习班，把机关处级以上领导干部、高校院（系、所）以上负责人和其他各类学校的有关负责人轮训一遍"①。当前，我国对于思政课主体的相关培训机制，主要集中于思政课教师和辅导员层面。一些学者指出，"教育部加快推进马克思主义理论和建设工程重点教材编写、出版和使用，组织开展重点教材相应课程教师示范培训，推动完善中央、地方、高校三级培训体系"。② 肖贵清指出，思政课教师培训是思政课建设过程中的重要方面，思政课教师只有通过不断的培训和学习，才能适应知识体系的更新和实践的新发展。同时，思政课教师的培训是一项系统工程，包含从设计到实施再到考核的各方面环节和要素，因而需要树立整体思维，统筹考量。但是，当前一些地方的培训，形式大于内容，没有进行充分准备，缺乏各环节之间的紧密衔接，重复性、无用性、过时性内容出现在培训当中，成为教师的负担。当前，在全国范围以及一些地方，已经积累了值得推广和借鉴的良好培训经验，可以以此为契机进行统一化和一体性的建设与推广，建构起完善的培训制度体系和实施机制。此外，深化培训载体的建设和创新，应当从国家、地方和高校三个层级的培训载体着手，建构涵盖"国家—地方—高校"的不同职能、各具特色的培训基地，其中，必须充分发挥国家的引领作用。③ 许欢、黎万和指出，在 2019 年教育部发布的关于学校思政课改革创新意见中，对于思政课特色、学生培养目标以及思政课教师的角色定位进行了清晰的界定。其中，重点强调了思政课教师综合素质的提升。基于此，必须完善从中央到地方再到高校的思政课教师培训体系。当前，我国已有 12 所高等院校成为"全国高校思想政治理论课教师社

① 教育部思想政治工作司：《加强和改进大学生思想政治教育重要文献选编》（1978-2014），北京：知识产权出版社，2015 年，第 252 页。
② 《中国共产党思想政治教育史》编写组：《中国共产党思想政治教育史》（第二版），北京：高等教育出版社，2018 年，第 382 页。
③ 肖贵清：《论新时代思想政治理论课的制度化建设》，北京：《思想理论教育导刊》，2021 年第 4 期，第 98-104 页。

会实践研修基地"。①

在具体实施层面，通过对广东省相关高校的考察，当前，高校内部商未形成成熟党政领导干部讲思政课的培训机制，与培训相关的内容和形式主要通过"会议学习"和"集体备课"两种模式展开。其一，以"会议学习"形式是所有高校都采用的一种形式，这一形式多以领导人的讲话精神、党和国家的重大热点事件、中央下发文件等为核心内容进行集体学习、集体讨论。例如，中山大学、华南理工大学等高校，均开展了党史学习教育，以习近平总书记"七一"讲话精神为主线，展开相关学习讨论，这一过程中，参会的党政领导干部、教师、学生等形成较为统一的意识，在互相交流中增进相关知识的学习。其二，"集体备课"也是多数高校采用的一种形成，这一形式是以"校长、书记和院长、书记思政第一课"为主题，针对某一确定的内容，如学习习近平总书记"七一"讲话精神等，展开讨论，由不同个体就这一内容的讲课形式、讲课大纲、讲课内容等方面进行交流，参与的领导干部和教师在相互讨论中各取所长，形成统一的"思政第一课"授课方案。例如，广东石油化工学院、罗定职业技术学院等高校，在"思政第一课"授课前均要展开"集体备课"。虽然各高校以相同或独具特色的形式进行了相关学习，但是，这些学习模式都具有较大的随意性，与完整的培训机制还相差不少，因此，高校党政领导干部讲思政课培训机制应成为未来常态化机制不断建构和完善过程中的一项重要工程予以强化。

---

① 许欢、黎万和：《高校思想政治理论课教师队伍建设政策演进与展望》，自贡：《四川轻化工大学学报》（社会科学版），2020 年第 6 期，第 72-83 页。

第三章

新时代高校党政领导干部讲思政课常态化机制建构

《中共中央国务院关于进一步加强和改进大学生思想政治教育的意见》（中发〔2004〕16号）颁布施行，开创了各级领导干部到高等学校为青年学生作形势与政策报告的授课模式，取得了显著的教育效果。随后，高校党政领导干部走上《毛泽东思想和中国特色社会主义理论体系概论》《中国近现代史纲要》等多门思政课讲台，将此政策逐渐落地和推广。时代的发展、政策的进步呼唤着建构常态化的新时代高校党政领导干部讲思政课机制。目前，高校党政领导干部讲思政课还存在着机制不健全、覆盖面不够、督促检查不到位的情况。为此，需持续推动常态化机制的科学建构和高效运行，以强化对高校思政课的引领，深化高校思想政治工作的内涵式发展，凝聚起广大师生共同建好思政课的强大动力。

第一节　新时代高校党政领导干部讲思政课常态化机制建构的理念

科学的理念是新时代高校党政领导干部讲思政课常态化机制建构的基础，体制机制的建构理念本质上是其所完成事物的理念体现。因而，阐明上思政课遵循的理念，也就澄明了高校党政领导干部上思政课常态化机制建构的理念。

一、坚持马克思主义理论的指导地位

高校党政领导干部讲思政课，需要立足唯物史观阐释世情、国情、党情，

将马克思的文本阐释和时代解读联系起来，始终坚持马克思主义的指导地位。

（一）立足唯物史观阐释世情、国情、党情

当今世界是一个变革的世界，是一个国际体系和国际秩序深度调整的世界。我们的国家和政党要"立足于时代去解决特定的时代问题，才能推动这个时代的社会进步。"①随时依据世界局势的变化，调整上思政课的方案、决策和站位，实现对广大青年学生正确意识形态的引领。

首先，高校党政领导干部讲思政课，要始终用唯物史观来考察世情、国情、党情，把马克思主义同中国具体实际和时代特点紧密联系起来。高校教师是广大高校党政领导干部与其他党政领导干部不同的身份。讲授思政课，要求高校党政领导干部不仅要自己能充分认可、掌握和灵活运用马克思主义理论，能够不断提升自身的马克思主义理论素养，还要学会运用辩证唯物主义和历史唯物主义的立场和观点去指导学生，引导学生学会认识世界和改造世界的方法。高校党政领导干部讲思政课立足唯物史观研究世情、国情、党情，有利于青年学生站在"顶层设计"的高度认识形势、预测方向，有利于青年学生对党的路线方针政策的全面、准确认识，使年轻学子与党和国家发展紧密关联，使他们更加相信党和国家。其次，高校党政领导干部讲思政课要以习近平新时代中国特色社会主义思想蕴含的世界观、方法论，对整个国家的总体情况和发展趋势进行全面分析，以党的创新理论武装广大青年。习近平新时代中国特色社会主义思想，基于生产力与生产关系的矛盾、经济基础与上层建筑的矛盾，以实现中国的高质量发展为指向，以坚持和发展中国特色社会主义事业为基本目标；加强各种改革的系统性、整体性和协同性，使社会生产力的发展与生产关系的发展有机统一，社会主义经济基础的巩固与上层建筑的优化有机统一，社会全面进步和人的全面发展的有机统一。

（二）马克思主义文本解读与时代解读相结合

新时代高校党政领导干部讲思政课常态化机制的建构，"必须不断接受马克思主义哲学智慧的滋养"②，注重马克思主义经典文本解读与时代解读的契合。

---

① 习近平：《之江新语》，杭州：浙江人民出版社，2007年，第235页。
② 习近平：《辩证唯物主义是中国共产党人的世界观和方法论》，北京：《思想政治工作研究》，2019年第2期，第9-11页。

回顾党领导中国人民进行革命、建设和改革的光辉历程，我们党领导全国人民取得民族独立、人民解放和进入小康、走向繁荣的历史轨迹，每一步都深深地留下了中国共产党对马克思主义进行时代性、民族性创新的印记。习近平总书记在纪念马克思诞辰 200 周年大会上的讲话中强调："共产党人要把读马克思主义经典、悟马克思主义原理当作一种生活习惯、当作一种精神追求，用经典涵养正气、淬炼思想、升华境界、指导实践。"① 广大党员干部对于阅读马克思主义经典的重要性基本形成了共识，但是高校党员干部如何把马克思主义经典文本解读融进课堂教学，成为其面临的一项重要课题。

高校领导干部在思想政治理论课的课堂上，要积极运用马克思主义中国化时代化的最新思想理论成果，以科学的理论为根基来让课程充实丰富又充满学理性。基于党的十九大报告、二十大报告及系列中央委员会会议报告对新时代中国特色社会主义思想进行的深入剖析可以看到，中国特色社会主义在发展马克思列宁主义原创性理论的基础上，具有显著中国特色、时代特点，因而能够推动中国社会向前发展。习近平新时代中国特色社会主义思想，要求我们学会准确把握和处理历史发展中的矛盾，总结旧矛盾、解决新矛盾；对经济社会发展中的问题，要抓住矛盾的共性，在矛盾的共性中掌握问题的特点，在矛盾的对立中掌握规律，从而在矛盾的解决中促进经济发展和社会进步。在此进程中，要遵循"对立统一"的根本规律，以问题为指导，"以改革为中心"来处理问题。新时代高校党政领导干部讲思政课常态化机制的建构过程中，需要把新时代中国特色社会主义思想运用其中，将具体案例与课程理论融会贯通，引导大学生们不仅要养成阅读马克思主义经典的良好学习习惯，也要掌握必要的政治理论知识，还要学会用唯物史观去思考问题、分析问题，以史为鉴，端正学习态度，掌握正确的思维方式以及为人处事方式。

二、坚持党性原则，树牢"四种意识"

高校党政领导干部是党政事务管理者，又是高校教育工作者。建构高校党政领导干部讲思想政治理论课常态化机制是党的革命传统新时代发展的内在要

① 习近平：在纪念马克思诞辰 200 周年大会上的讲话 [EB/OL]. http：//www.xinhuanet.com/politics/2018-05/04/c_ 1122783997.htm.2024-07-22.

求。高校党政领导讲思政课，既强化了党政领导干部的时代使命感与职责意识，同时也进一步增强了党员自身的党性意识。

（一）突出政治意识，夯实教师的信仰根基

首先，高校党政领导干部上思政课，要旗帜鲜明讲政治。领导干部只有坚定共产主义政治理想，才能解决好共产党人应当具有的世界观、人生观、价值观这个"总开关"问题，才能在共产主义政治理想这盏明亮的政治灯塔的照耀下乘风破浪向前进。① 新时代高校党政领导干部讲思政课常态化机制，是"世界百年未有之大变局"背景下扎实办好社会主义大学的中国方案，是坚持党对高校全面领导的制度安排，是高校党政领导干部有效传播新时代中国特色社会主义思想、培养时代新人的日常制度保障。高校党政领导干部讲思政课，核心就是讲政治。讲政治是马克思主义政党的优良传统、鲜明特点和突出优势。讲政治必须提高政治领悟力。政治领悟力是从政治的高度领会、体悟党中央精神的能力，政治问题任何时候都是根本性的大问题。高校党政领导干部讲思政课，就是要旗帜鲜明讲政治，所以也必须做到科学地讲政治，把讲政治的具体要求建立在客观规律的基础上，从理论与实践的结合上全面把握讲政治的内涵。中国共产党所讲的政治，就是马克思主义政治，是不断推进马克思主义中国化、时代化，坚持正确的前进方向和道路，为实现国强民富、民族复兴不懈奋斗的政治。改革开放后，我们党在总结以往经验教训的基础上，恢复和扩大讲政治的优势。讲政治落实到高等教育领域，就是做好高校教师和大学生们的理想信念教育，做好高校教师和大学生们的思想政治工作，保证高校意识形态的绝对安全，保障高校的改革和发展朝着正确的方向前进。共产主义代表了人类社会发展的方向，反映了无产阶级和劳动人民的利益。树立牢固的共产主义远大理想，是党在革命、建设、改革中必须时刻坚守的灵魂定律。高校党政领导干部在给大学生上思政课和进行思政教育的过程中，需要经常强调共产主义远大理想这个前提，这是上好思政课的信仰根基。另外，在高校党政领导干部讲授思政课的过程中，要注意由干部身份向教师身份转化的原则和细节。

其次，新时代高校党政领导干部讲思政课要提高理论思维能力。习近平总

---

①　本书编写组：《领导干部一定要讲政治》，北京：中共中央党校出版社，2017 年，第 17 页。

书记曾指出："中华民族要实现伟大复兴，也同样一刻不能没有理论思维。马克思主义理论始终是我们党和国家的指导思想，是我们认识世界、把握规律、追求真理、改造世界的强大思想武器。"① 作为认识和改造世界的思想武器，无论是对民族还是对国家来说，理论思维的建设是目前发展的重要步骤之一。②

第一，新时代高校党政领导干部讲思政课要做到读原著学原文悟原理。时至今日，广大党政领导干部的马克思主义理论修养已经有了实在的进步。新时代高校党政领导干部讲思政课的内容上、定位上和高度上，都要求做到不断从马克思主义理论中汲取科学智慧和理论力量，高校党政领导干部仍然要坚持学习马克思主义，马克思主义理论博大精深，常学才能常新。高校党政领导的思政课堂上，需要把马克思主义经典著作作为我们知识传播的理论来源和文本载体。马克思主义基本原理在马克思主义经典中的出现，是马克思主义发展史上的一个里程碑，是新中国成立后面对社会主义革命和建设学习马克思主义的基础。1963 年 7 月，为了总结前一阶段的经验教训、不断提高干部的马克思主义理论素养，毛泽东同志曾反复强调党的高中级干部要挤出时间阅读一些马列主义著作。同年底，中共中央宣传部向中共中央呈送了关于组织高级干部学习马恩列斯著作的请示报告及供干部选读的 30 本著作目录。进入改革开放新时期，邓小平同志坚持加强对毛泽东思想与马列主义脱节现象的深刻批判。他严肃批评将毛泽东思想和马克思列宁主义割裂开来的现象，强调任何理论问题都有一个本源的问题。中国特色社会主义进入新时代，习近平总书记反复强调学习经典的必要性和阅读原著的重要性，多次要求要原原本本地、原汁原味地学习经典著作，反复强调读原著、学原文、悟原理。其实，很多高校已经开启了党政领导干部读原著、学原理的行动，只是目前的进行状态比较分散化且尚未系统化。例如，新疆石河子大学 2019 年以来每年会组织处级领导干部开展"不忘初心、牢记使命"主题教育集中学习，校领导带头领学《习近平关于"不忘初心、牢记使命"重要论述选编》《习近平新时代中国特色社会主义思想学习纲要》

---

① 习近平：《在纪念马克思诞辰 200 周年大会上的讲话》，北京：人民出版社，2018 年，第 15 页。

② 郭旗：《高校辅导员理论思维强化策略研究》，济南：《高校辅导员》，2022 年第 6 期，第 70—74 页。

《习近平谈治国理政》，带领全校处级领导干部原原本本、认认真真读原著、学原文、悟原理；河北省沧州市市直工委在市直机关建立了县处级领导干部"理论自习室"，系统化推进"读原著、学原文、悟原理"长效机制建设，来自市直机关的 100 余名县处级领导干部在"理论自习室"进行了学习……综上，我们可以认识到，在新时代高校党政领导干部讲思政课常态化机制构建过程中，必须把"高校党政领导干部读原著、学原文、悟原理"活动落地并系统化、日常化。

第二，新时代高校党政领导干部要走上讲台把思政课讲好、讲深、讲透，必须做到学深悟透习近平新时代中国特色社会主义思想。各大高校的党政领导干部在思想政治教育学习当中，将马克思主义中国化最新成果确定为重要教学内容，并作为教书育人的一个重要任务指标。通过对最新理论的学习，推动广大青年学生进一步提升理论素养。通过讲好思政课实现立德树人是党政领导干部的使命，通过与时俱进的理论学习，可以系统地将符合基本原理、中国国情的马克思主义中国化成果教给学生。坚持不懈地用马克思主义及其最新理论成果武装头脑，并将其融入思政课教学，这是高校党政领导干部走上讲台把思政课讲好的必然要求。学习和掌握习近平新时代中国特色社会主义思想，是全体党员和干部面临的重要政治课题。党领导群众历尽艰难险阻，屡战屡捷的一个根本经验，就是我们党历来注重思想建党、理论强党，用理论武装人，从而始终保持坚定的政治定力、强大的思想合力。习近平同志指出，中国特色社会主义进入新时代，在中华人民共和国发展史上、中华民族发展史上具有重大意义，在世界社会主义发展史上、人类社会发展史上也具有重大意义。① 习近平新时代中国特色社会主义思想是马克思主义中国化时代化的最新成果，高校党政领导干部要用习近平新时代中国特色社会主义思想来武装头脑，科学地将其运用于讲思政课的实践中。

第三，新时代高校党政领导干部讲思政课需要养成"国之大者"的政治意识。高校思想政治理论课，肩负引导和培养时代新人的使命。让学生们能够成为政治领悟力高的心怀"国之大者"的时代新人，要解决思想认识上的高度和

① 《习近平谈治国理政》（第 3 卷），北京：外文出版社，2020 年，第 10 页。

格局问题，需要学会从党和国家的高度思考问题、理解政策，对重大问题有底线意识。因为一个人如果固守自己的一亩三分地，不去开阔眼界和提升格局，是难以提升政治觉悟力的。一是高校党政领导干部在思政课堂上讲授思想政治理论课的过程中，要引导学生善于从"两个大局"的高度看问题，引导学生们学习和工作的前提是要以"两个大局"为基本出发点：中华民族伟大复兴的战略全局、世界百年未有之大变局。少年强则国强，广大高校大学生是中国发展的中坚力量。"两个大局"是同步交织、相互激荡的，其中，中华民族伟大复兴是世界百年未有之大变局的关键变量。社会主义中国与西方资本主义国家之间的制度摩擦，是长期存在的；强起来的中国与日益焦虑的霸权主义大国之间的结构摩擦，是不可避免的。① 同时，中国需要足够的历史智慧和时代的智慧来处理制度摩擦和结构摩擦，习近平总书记提出了构建人类命运共同体的构想。从根本上讲，就是要向世界展示中国的国际发展观和中国的世界治理纲领，体现中国的治理智慧。同时，引导学生从中华民族伟大复兴的战略全局看问题，抓住新时代社会主要矛盾去认识问题、分析问题、解决问题。立足"两个大局"战略高度，培养学生的"国之大者"政治意识。二是高校党政领导干部在思政课授课过程中坚守"一个中心、两个基本点"的党的基本路线。高校党政领导干部讲思政课不能偏离党的基本路线，这是我们必须牢牢守护的生命线、幸福线。高校党委是学校的领导核心，高校基层党组织是基层单位的政治核心和战斗堡垒，高校的党政干部就是守好生命线、幸福线的先锋队。高校领导干部上思政课过程中，围绕科教兴国战略引领青年大学生服务和维护国家的基本路线。高度关注时代变革，深刻理解科教兴国战略对坚持党的基本路线的重大意义，充分认识高校在实施科教兴国战略和迎接知识经济挑战中所肩负的历史使命，牢固树立服务于经济社会高质量发展的观念和思想，使大学生真正成为科教兴国的强大生力军。让大学生们能够深刻明白学习知识的最终目的是服务祖国、报效祖国。

（二）树立阵地意识，保持社会主义的办学方向

习近平总书记对社会主义办学方向的论述全面而深刻，他创造性地提出了

---

① 孙来斌：《马克思主义发展的历史阶段及其主题演进》，北京：《马克思主义研究》，2021 年第 3 期，第 67-79+160 页。

教育"四为服务"新论断。2014年9月，在与北京师范大学师生代表座谈时，他强调"我们的教育是为人民服务、为中国特色社会主义服务、为改革开放和社会主义现代化建设服务的"①，提出了教育"四为服务"的观点。2016年在全国高校思想政治工作会议上，他进一步指出"我国高等教育发展方向要同我国发展的现实目标和未来方向紧密结合在一起，为人民服务，为中国共产党治国理政服务，为巩固和发展中国特色社会主义制度服务，为改革开放和社会主义现代化建设服务"②。目前，高校意识形态工作中面临着社会思潮复杂化、传播方式网络化以及高校自身不适应等诸多问题和挑战。高校党政领导干部走上思政讲台，就是要做好高校的意识形态工作，切实发挥好"主阵地""主渠道""主力军""主战场"的作用。一是牢牢把握意识形态领导权，充分发挥党政领导干部在意识形态工作中的示范作用，结合自身成长经历、学校校情资源、新时代成就等强化思政课理想信念教育的感染力与引领力；二是统筹学校教学资源，优化教材逻辑向教学逻辑转化效果。高校党政领导干部全面了解学校的思想政治工作平台、设施等资源，合理用好学校思政课资源有利于推动课程知识逻辑向学生认知逻辑的转化，提升课堂的教学效果；三是延展思政课堂为"大思政课"。高校党政领导干部熟悉学校立德树人体系情况，能够把"大思政课"资源引入思政课堂，打破思政小课堂与社会大课堂的壁垒，消融"思政课堂"与"课堂思政"的冲突，在小课堂上实现育人大效果。

（三）筑牢底线意识，处理好守正与创新的关系

高校党政领导干部讲思政课要清楚认识到，思政课教师和其他课程教师有着明显区别，思政课教师作为高校意识形态教育的工作者，必须要有牢固的底线意识。作为思政课教师站在讲台上，高校党政领导干部必须坚持党性意识、道德底线、法律准绳，一刻都不能松懈。高校党政领导干部不仅是思政课教师，更是一名党和国家的教育工作者，要把党性觉悟与思政课纪律要求结合起来，时刻以党和国家的各项规章制度、思政课课堂纪律为准绳来要求自己。习近平

---

① 《做党和人民满意的好老师——同北京师范大学师生代表座谈时的讲话》，北京：《人民日报》，2014年9月10日，第2版。

② 习近平：《把思想政治工作贯穿教育教学全过程 开创我国高等教育事业发展新局面——在全国高校思想政治工作会议上的讲话》，北京：《人民日报》，2016年12月9日，第1版。

总书记在全国党校工作会议上指出，党性教育是共产党人的必修课，也是共产党人的心学。① 同时，学校对思政课教师的师德师风要求要高于一般专业课教师，党政领导干部上思政课的师德师风要求又要高于思政课教师，因而高校领导干部在思政课堂上要守好师德标准。

高校党政领导干部在思政课讲台上筑牢党的基本路线，既要筑牢底线意识，也要处理好守正与创新的关系。坚持马克思主义基本立场、观点、方法，在新时代新征程的"两个大局"背景下，一如既往地守好"一个中心、两个基本点"的基本路线。同时，立足新时代"两个大局"背景下，国内政治、经济、文化、社会、生态的新发展和新格局，国际上世界百年未有之大变局加速演进中产生的新机遇、新问题和新矛盾等，创新实现党的基本路线的路径、方式和方法，在坚持与发展、一与多的统一中实现守正与创新的统一。在思政课堂上坚持党的基本路线传播的守正创新，对高校党政领导干部的政治敏锐性、学术深刻性、教法灵活性都提出了不同于一般思政课教育的高要求。

（四）强化责任意识，牢记立德树人使命担当

立德树人是新时代思政课教师的责任和使命。习近平总书记坚持和发展了思想政治工作"生命线"理论，提出"思想政治工作是学校各项工作的生命线"② 的论断，指出"要坚持把立德树人作为中心环节，把思想政治工作贯穿教育教学全过程，实现全程育人、全方位育人"③。所以，常态化下的高校党政领导干部讲思政课机制建构，要求党政领导干部同时有着双重责任：作为教师所肩负的立德树人的责任以及作为领导干部所肩负的做好学校党政工作的责任，两种责任在实践中相互促进。高校党政领导干部讲思政课时不仅要有鲜明的政治立场、政治态度，还需要随着党的事业的发展，在实践中不断加强政治历练和政治能力训练。一是加强理论素养，坚定政治方向。如果没有较强的理论素

---

① 习近平：在全国党校工作会议上的讲话［EB/OL］. http：//www. xinhuanet. com/politics/2016-05/01/c_ 128951529. htm. 2024-07-22.

② 《坚持中国特色社会主义教育发展道路 培养德智体美劳全面发展的社会主义建设者和接班人》，北京：《人民日报》，2018 年 9 月 11 日，第 1 版。

③ 习近平：《把思想政治工作贯穿教育教学全过程 开创我国高等教育事业发展新局面——在全国高校思想政治工作会议上的讲话》，北京：《人民日报》，2016 年 12 月 9 日，第 1 版。

养，政治能力就会成为一句空话。政治理论素养是政治能力的基础。党政领导干部要深入学习贯彻党的重要会议精神尤其是习近平新时代中国特色社会主义思想，把握其核心要义、精神实质，坚持马克思主义政治立场、观点、方法，切实把学习成果转化为上好思政课的思路、推动上好思政课的动力、创新思政课教学的举措、破解思政课教学难题的对策，围绕上好思政课的中心工作，将各项任务落到实处。二是敢于迎难而上，提高政治能力。树立高度自觉的看齐意识、大局意识，自觉从大局看问题，把上好思政课放到全局中去思考、谋划、推进，力求每次课程目标明确、思路清晰，抓住关键，形成亮点。面对上课中的矛盾、问题，要敢于迎难而上，找准关键和瓶颈，发扬"钉钉子"精神，创新教学思路，敢于打破条条框框，用新思维新方法去努力上好课，不断提高上课的能力。

高校党政领导干部讲思政课，肩负培养时代新人的光荣使命。思政课旨在立德树人，为国家培养担当民族复兴大任的时代新人。新时代高校思想政治教育从本质上说是社会主义意识形态的引领与教化，具有鲜明的政治性、阶级性和理论性。思想政治工作是学校各项工作的生命线，而办好思政课是做好这项工作的重中之重。思政课堂是高校实现立德树人的主渠道，要坚持"面向现代化、面向世界、面向未来"。高校党政领导干部讲思政课常态化机制的建构，要坚持立足教育来推动中国特色社会主义事业发展，要坚持"立德树人"的教育方针推动培养社会主义建设者和接班人事业的发展。因而，在思政课上，党政领导干部要敢于批判社会中存在的不良社会思潮和言论，以个人示范、学理阐析、实践应对的统一实现正确的舆论引导，营造浓厚的教学和育人风气。高校党政领导干部讲思政课常态化机制的建构，要以培养社会主义建设者和接班人为目标和落脚点。思政课上，既要培养青年大学生成为具有理想信念的"栋梁之才"，也要培养青年大学生成为具有丰富内心世界、正确价值取向、独立人格尊严、巨大生命潜能的活生生的人。

三、坚持以学生为本的原则

（一）注重"供给侧"与"需求侧"的平衡

社会在进步，新时代大学生的个性需求也随之向多层次、立体化方向发展。

作为高校思想政治教育前沿阵地，思政课如何满足大学生成长成才需求，成为高校党政领导干部上好思政课面临的实践课题。习近平总书记对思政课建设提出的"八个相统一"要求，蕴含丰富的供给侧改革理念，是高校党政领导干部讲思政课常态化机制建构的指导性方法论。具体看，可吸纳其中的理论原则、方法策略等，充分运用新思维激发思政课授课的活力，在优化教学目标与教学内容、创新教学供给方式、转换教学话语、构建教学场域等方面攻坚克难，以实现"供"与"需"的平衡。[①] 高校党政领导干部在讲思政课的过程中，可以从学生精神需求、学生认知心理结构、信息化时代教学场域的变化等方向来平衡思政课程的"供给侧"和"需求侧"。

第一，关注大学生精神需求的多维度、个性化特性，让思政课教学目标明朗化。在单一化的价值时代，社会群体的价值取向、审美观念等受外在因素影响较小，具有明显的相似性；而在多元化的价值时代，环境因素的巨大差异，导致个体外显出特殊性，内在产生了需求的多维度矛盾。要解决这种矛盾，我们可以把强调个性化需求定制和弹性生产理念的供给思维运用到党政领导干部讲思政课常态化机制建构的过程中，坚持个性与共性相统一的原则，明确思政课课程定位，打造令人耳目一新的思政课形象。第二，对接大学生认知心理的独特模式和动态结构，让思政课供给方式新颖化。就教学方法而言，应该摒弃单一的灌输式思维，转而选用具有渗透性、集约性、时效性的"滴注式"方法。从"小"处出发，自"微"处发力，用"微制作"托举"大平台"，把思想政治教育渗透到学生的日常生活与学习之中，发挥其以柔克刚的教育作用。要将学生的趣味性、实践性诉求作为出发点，采用灵活的教学形式。第三，围绕大学生对新媒体的天然兴趣，推动思政课教学场域立体化。基于互联网的普及使自媒体等新媒体深得大学生群体喜爱的现实，高校党政领导干部在进行思政课授课时，要培养善于运用新媒体技术巩固思想政治教育话语权，打造高水平网络授课平台和区域融媒体联动平台；充分利用新媒体技术对思政元素进行"加工重组"，让书本中的理论成为可视化的经验，在满足学生视觉体验和感官需求的过程中，增强思政课教学实效性。

[①] 周鉴：《基于大学生精神需求的高校思政课供给侧改革研究》，武汉：《学校党建与思想教育》，2021 年第 14 期，第 59-61 页。

（二）遵循大学生的成长规律

新时代高校党政领导干部讲思政课的内容和形式，要注重结合新时代、新环境下的大学生成长规律。新时代新征程，认识和把握大学生成长规律与建构主体间性思想政治教育模式，已经成为党政领导干部上好思政课、实现讲思政课常态化机制建构的重要课题。"把握思想政治教育规律和大学生成长规律，引导学生树立正确的世界观、人生观和价值观。增强学生社会责任感、创新精神和实践能力。"① 遵循大学生的成长规律，是常态化机制建构的内在要求。

正处于生理、心理急剧变化时期的大学生，其三观也处在成型的重要时期。该阶段，大学生们的个性与心理正在走向成熟却又未完全成熟，具有很强的可塑性。首先，他们智力因素的发展和抽象思维能力的提升使得大学生自身的求知欲旺盛，认知能力增强，思维的独立性、批判性和创造性都大为增强。但是需要注意的是，大学生中的绝大多数都具有正向认知，他们对马克思主义有着坚定信念，信仰共产主义；但也有少数学生在思想认识上存在偏差，一定程度上存在自私自利、享乐主义等错误认知。第二，大学生们的情绪和情感丰富却又易变，导致大学生的心理体验面临着闭锁性与开放性、独立性与依赖性、情感与理智、自尊与自卑、理想与现实等矛盾。在身心逐步成熟的转型期，大学生的个性发展呈现出个性化特点，其个性发展具有不稳定性。个性发展容易受到情绪、情感和外部环境的影响，个人体验具有敏感、波动、两极化等特点，自我调节能力也有一定不足，需要加以及时、积极的心理关怀和辅导。第三，受实践能力的限制，部分大学生不能正确全面地评价自我，不能明确自身发展方向，也不能在现实中找到自我肯定和发展的支点，亟需常态化讲好思政课加以引导。大学阶段是人格形成的重要时期，而人格的形成与发展是一个动态过程。在人格发展过程中，要遵循个人发展与他人引导相统一，个性与社会性相统一的发展规律。

高校党政领导干部丰富的工作经历和工作中养成的大政治格局，有助于他们在承担思政教师角色之时正视和遵循青年大学生成长规律，强化学生政治认

---

① 教育部关于印发《高等学校辅导员职业能力标准（暂行）》的通知 [EB/OL]. http：//www.moe.gov.cn/srcsite/A12/s7060/201403/t20140327_167113.html. 2014 – 03 – 27.

同、思想认同和情感认同，逐步引导大学生形成正确三观，抵制错误思潮。遵循学生成长规律上好思政课及建构常态化机制，高校党政领导干部需要认真了解和研究授课对象的特征和成长环境。要立足学生的现实，做到以理服人、摆事实、讲道理；要通过循序渐进的引导，增强大学生的思想道德和心理素质；要抓住当前高校思政课改革发展的契机，帮助高校学生坚定理想信念，为其提供科学的理论解答，强化其理论自信。遵循学生成长规律上好思想课及建构常态化机制，高校党政领导干部需要提高自身理论素养。江泽民指出："重视理论建设和理论指导，是我们党的一个根本特点。"① 尤其在进入 21 世纪后，他更进一步指出："一个民族要兴旺发达，要屹立于世界民族之林，不能没有创新的理论思维。没有理论创新的民族，不可能成为强盛的民族。"② 我们党历来注重对科学理论的运用，在马克思主义理论指引下，党领导全体人民实现了从"站起来"到"富起来"再到"强起来"的飞跃，并向着民族复兴目标不断前进。遵循学生成长规律讲思政课常态化机制的建构，高校党政领导干部要注重培养理论思维，这是基础；要学会理论分析和运用理论指导实际，这是能力；学会用科学的理论武装学生，这是关键。

（三）遵照思政课自身规律，落实"三贴近"原则

新时代高校党政领导干部讲思政课常态化机制的建构，需要遵循思想政治理论课程的自身规律。要把握新时代历史方位，对学生进行有效引导的同时，推动常态化机制建构的顺利进行。思想政治理论课是一套课程体系，具有本学科特有的概念、范畴和术语以及由它们组织起来的基本理论和研究方法。思想政治理论课在充分融合了政治学、社会学、心理学、伦理学、教育学等多门学科同时，还是一门具有鲜明实践性的课程，其形成与发展都有赖于思想政治教育实践，思想政治理论课的教学资源就是来源于对长期经验的分析总结，得出新观点、提出新见解，把这些所得应用于课程教学并再次反作用于思想政治教育实践。新时代高校党政领导干部讲思政课常态化机制的建构，需要遵循思想政治理论课程的自身规律，高校党政领导干部在思政课教学过程中，不仅要运

---

① 江泽民：《论党的建设》，北京：中央文献出版社，2001 年，第 536 页。
② 江泽民：《江泽民论有中国特色社会主义（专题摘编）》，北京：中央文献出版社，2002 年，第 275 页。

用好马克思主义基本原理和中国特色社会主义理论，同时要充分认识到课程自身的"理论性+融合性+实践性"的基本规律，把握好"在改进中加强"要求下思政课的目的和任务、内容和原则、方法和载体，探索思政课作为关键课程与常态化机制建构的良性互动，提升思政课教学效果。

高校党政领导干部讲授思政课遵循思政课自身规律，需要从学生特点出发、以生为本，要坚持"三贴近"原则：即授课内容贴近实际、贴近生活、贴近学生。贴近实际，就是授课内容立足于社会主义初级阶段这个最大的现实情况，课件和案例要来源于大学生的实际情况，反映客观现实，把握社会主流，从生活中挖掘生动事例，吸取新鲜营养，展示美好前景，使思政课更加入情入理，充满生活气息；贴近学生，就是教学内容充分考虑学生的年龄和特点，授课案例要贴近学生实际需要，唤起学生兴趣和共鸣，才能深入学生内心；贴近生活，是贴近实际和贴近学生的基础，因为学生的实际来源于生活、学生的成长也来自生活。所以，高校党政领导干部讲思政课常态化机制的建构，让教学内容贴近学生的生活是核心和关键。首先，党政领导干部要注意讲课内容多样化、授课形式新颖化。随着大数据、云计算和信息技术的发展，教学案例的模式已经变得丰富多彩。包括文字案例、语音案例、视频案例，例如，思政课教师和大学生们自己制作的短视频、主题推文等，极大地丰富了思政课的课堂；第二，党政领导干部要关注时事热点。在思想政治理论课的课堂上，教学内容紧跟时事，有利于提升内容的新颖性和新鲜度，是有效提升教学质量的重要步骤。作为思政教师，高校党政领导干部要关心时事热点和身边的新闻事件，基于正面引导来找寻青年大学生感兴趣的共性话题作为课堂案例。高校党政领导干部上思政课遵循"三贴近"原则，从学生日常生活出发，让他们有身临其境的感受，更真切地感知教材内容，能够有效地提升思政课的实效性。如果思想政治理论课教学内容与学生生活实际存在较大距离，会导致学生产生消极的学习情绪，陈旧的案例会降低课堂魅力，不能吸引学生注意力甚至影响学生学习兴趣。

第二节　新时代高校党政领导干部讲思政课
常态化机制建构的主要内容

新时代高校党政领导干部讲思政课常态化机制的建构要坚持马克思主义理论指导地位、党性原则和以生为本等原则，完善领导机制、制度机制、运行机制、监督评价机制和培训机制建设，是新时代高校党政领导干部讲思政课常态化机制建构的主要内容。

一、常态化领导机制

高校党政领导干部是党和国家教育政策得以落地的重要主体，也是党政领导干部讲思政课常态化机制落地的核心主体。常态化机制建构中的领导机制是否通畅有效，关系着思政课的实效性和意识形态工作的顺畅开展。要清楚地看到，在高校思政课建设中，党政领导干部讲思政课常态化机制的领导机制运行中还存在一些短板，这就要求我们以问题和不足为导向，推动领导机制的建立健全和顺畅运行。

（一）领导机制设计原则

领导机制在高校党政领导干部讲思政课常态化机制建构中居于关键地位，高校党委对思政课建设的领导、党政领导干部对思政课建设的高度参与都关系着常态化机制建构的实效性。要保证党的教育路线、方针、政策的贯彻，在高校党政领导干部讲思政课常态化机制建设方面得到指导。学校党委书记和校长要把抓好思政课教学和师资队伍建设作为自己的重要职责，同时，努力搞好自身的思想建设和业务建设。高校工作有其特殊性，这是由其体制、机制决定的，新时代高校党政领导干部讲思政课常态化机制的领导机制建构应遵循坚持党的领导、党政协同育人和制度化建设等原则。

首先，要坚持党对领导机制建构的引领。立德树人是高校党政领导干部讲思政课的基本使命，要把党对领导机制建构的引领贯穿常态化机制运行全过程。把高校党政领导干部上思政课建成高校"一把手"工程，并把它作为学校党委考核、学校领导考核的重要指标。在高校，校党委是一切工作的领导中心，"一把手"工程设计该制度是符合我国国情、体现高校特点的高校领导管理体制。在高校党政领导干部上思政课"一把手"工程落实中，要把政治意识、大局意识、核心意识、看齐意识融入到领导机制设计中去。其次，高校党委和二级党委要强化顶层设计，统筹协调、统筹推进和监督常态化机制的领导机制建设，坚定正确政治方向，准确把握高校思政课教学规律、人才培养规律和学科发展规律，增强机制建设的系统性、整体性、协同性，注重前瞻性、操作性、坚韧性，准确识变、科学应变、主动求变，加快构建充满活力、富有效率、更具实效的思政课领导机制。最后，要健全党政领导干部上思政课的基层机制，形成以校办（党办）领导下的教务处、人事处、学工处、马院协同的高校党政领导干部上思政课工作小组，确保党对思政课的领导真正落实到位。

（二）建立立体化、层级化、个性化的领导机制

现阶段，高校党政领导干部讲思政课常态化机制建构的领导机制设计，还没有形成系统规范的制度规定，党政领导干部讲思政课是一种零星化、探索式的授课样态，党政领导干部之间、各个部门之间存在平面化、孤立化等问题。

学校党政部门、二级学院党委和行政班子亟须通过确立动态统筹的领导理念、灵活机动的组织结构调整、持久的领导素养提升及沟通与考核体制，实现领导模式由"平面化"向"立体化"转变。立体化领导机制的建立，有利于实现党政领导干部讲思政课常态化机制建构中领导机制的权责分明、各司其职。新时代高校党政领导干部讲思政课常态化机制建构中的领导机制设计，应建好"校党委-二级党委-二级行政/教学单位"一体化的"领导-协同"式立体化领导机制；领导内容方面，注重内容的层次化和差异化；领导方案上，注意方案设计的具体化、个性化；同时在运行中平衡好高校党政领导干部作为思政课教师和党政领导干部双重角色的"度"。此外，马克思主义学院的组织建设、行政体制建设也需要服务于党政领导干部讲思政课常态化机制建构。就领导机制设计而言，马克思主义学院应充分发挥理论培训、榜样示范、建言献策、实践引领等作用。

二、常态化制度机制

"走上讲台传主义、俯身基层讲政策"是我们党在各个历史时期取得事业成

功的重要经验和政治优势。新时代高校党政领导干部讲思政课常态化机制的制度机制建构，不仅要在授课过程中向大学生教授思想政治理论、抒发自身的理论见解，也要在潜移默化中使大学生们成为马克思主义的忠诚信仰者和实践者，实现思政课育人目标。新时代高校党政领导干部讲思政课常态化机制建设，离不开科学的制度机制，以发挥参照和保障的作用。不仅要制定科学的教学制度，也要制定合理的管理制度。宏观方面，高校需要参照党和国家的思想政治工作政策；微观层面，高校的工作管理规章和运行制度，既要与相关政策呼应，又要适合高校自身的特色和文化。

（一）宏观层面：以国家政策为纲的课程制度建设

新时代对高校思想政治理论课教学管理制度提出新要求。顺应新时代新变化，高校党政干部讲思政课的制度化发展也需要建立与时俱进的备课和听课制度、教学内容和教学质量测评制度、检查和评价制度、教学档案管理制度等，并认真执行各项制度。

新时代高校党政领导干部想要上好思政课，要制定完善的课程教学制度，按照相关教育政策要求来落实课程学习任务和课程育人任务。国家教育政策是高校课程制度的纲要性指南，高校课程体系制度的制定，需要严格参照国家教育制度来设计。良好的制度机制是确保党政领导干部讲思政课常态化的前提和保证。首先，相关的授课要求、课程安排、教学管理等都需要在课程开设前进行明确；其次，部门归属、职责范畴、媒体传播等一系列问题，需要提前明确；再次，将高校党政领导干部讲思政课常态化的制度机制建设要求融入党政部门的制度规划设计，并写入相关政策中；最后，制定相关的激励政策，激发高校党政领导干部走上思想政治理论课讲台的积极性，让越来越多的党政领导踊跃成为思政课教师队伍的一员。

（二）微观层面：凸显高校文化特色的执行机制建设

学校制度文化作为校园文化的重要组成部分，它不仅有保障学校工作有序开展的功能，同时又具有激励、鼓舞、凝聚人心的作用。高校党政领导干部讲思政课常态化的制度机制建设，既要以国家相关教育政策为纲，又要适应本校文化特色，并将其当作校园文化建设来抓。制度是高校有章可循、按部就班运作的依照，制度化建设是高校党政领导干部讲思政课常态化的必要环节。随着高校规模的日益扩大，学生数量激增，高校党政领导干部讲思政课必然要迈向制度化。大部分公办高校一般都有比较长的办学历史，形成了自身相对成型的教学和管理制度，这对于高校党政领导干部讲思政课的制度机制建设有一定促进作用。制度机制建设应引起高度重视，用制度来约束、规范、推动高校党政领导干部讲思政课常态化发展是必要的、可行的。制度机制建设是实践经验的总结和提炼，高校可以借鉴同行兄弟院校的经验，也要结合自身实际，切忌照搬照抄。

高校党政领导干部讲思政课常态化的制度机制建设，应该树立"以生为教育之本，以校为特色之源"的理念，制定实效性强、条理清晰又贴地气的适合学校实际的制度。高校党政领导讲思政课常态化的制度建设不仅关涉到这套机制的常态化实施，还关涉到学校思想政治工作的质量。科学化、现代化、前瞻性的制度机制可以保证思政课讲授走向规范化。现阶段，高校党政领导干部讲思政课还没有形成常态化的制度机制，不同省份甚至不同院校的情况都不一样，这也造成了相关配套制度的庞杂性，进而导致部分高校领导干部讲思政课的兴致不高、积极性不强的结果，造成这样的结果有以下两个成因。

第一，高校党政领导干部的部门归属和职责不够明确。由于现行制度机制的不完善，目前高校党政领导干部讲思政课，在一些院校存在形式化倾向，并没有形成常态化的局面。"去形式化"是实现高校党政领导干部制度化、常态化讲思政课的重要环节。提升党政领导干部学习思想政治理论的主动性和对马克思主义经典著作阅读的兴趣，形成高校党政领导干部们喜欢走上思政讲台、把讲思政课当成兴趣和责任的氛围，是今后一个时期制度机制建设的主要任务。这需要学校层面出台相关政策进行引领，二级学院也需充分安排和协调好具体课程设计、课时分配、教学职责等，避免在常态化机制的制度机制建设的具体实施过程中出现"三不管"问题。

第二，现行制度不完善和高校党政领导干部自身分工不够清晰。高校党政领导干部讲思政课需要有完善的制度保障，这是保证高校领导干部讲思政课常态化机制能够良好运行的前提。面对新时代党政领导干部上思想政治理论课常态化建设这个问题，如果没有一个规范、配套的制度机制，高校党政领导干部无论在从事党政管理工作还是教学工作时，都容易出现混乱无序的状态。这将会导致两方面都出现消极结果，究其原因就在于无章可循导致的高校党政领导干部自身分工不够清晰。高校党政领导干部作为思政课教师时，其工作理念、思路、职责等要有所不同。在思政课教学中，除了授课，还要主动完成同其他专职思政课教师相同的工作，如课后辅导、作业批改、实践教学等。这些问题的解决，都待一个完善的制度机制来进行保障。

三、常态化运行机制

领导机制和制度机制需要依靠科学的运行机制，才能保证自身落地、有效实施。新时代高校领导干部讲思政课常态化机制建构，需要建立科学的运行机制，以实现高校党政领导讲思政课的常态化、流程化。科学的运行机制是保障高校党政领导干部讲思政课效果的核心环节。健全常态化机制的运行机制设计，要充分把党的领导优势融入制度机制建设过程，为思政课育人作用发挥提供保障。运行机制的科学建设，要考虑好多主体的职责、多环节的协同，要系统优化思政课教学和管理全过程。

（一）建立多主体协作的运行机制

根据管理学的组织理论，我国绝大多数高校属于直线职能制的组织构造类型。学校下属院系为直线部门，依据职能分工设置的党政管理机构为职能部门。大多数高校的职能部门数量都在 30 个以上，有的甚至多达 40 余个。这些职能部门大体上可分为四大类：第一类是党务部门，包括党委办公室、组织部、宣传部、学工部、统战部等；第二类是行政部门，包括校长办公室、教务处、学生处、科技处、财务处、人事处、后勤处等；第三类是直属部门，包括网络中心、图书馆、期刊社、出版社等；第四类是社群组织，包括工会、团委等。① 直线职能制的组织架构是基于分工协作，若目标不一致，各个职能部门会发生冲突。尤其是在涉及思政课等跨领域协作的工作上，责任归属常常很困难。新时代高校党政领导干部讲思政课常态化的运行机制建设，亟需明确高校多主体、多部门的权责，尤其是明确校党委、二级党委及各党支部的职责权限，建好益于党政领导干部讲思政课顺畅开展的多主体协作的运行机制。

---

① 林祥柽，范丽娟：《高校职能部门大部制改革的目标方案与运行机制》，镇江：《高校教育管理》，2015 年第 4 期，第 1 页。

　　高校党委对思想政治理论课的开展是一种直接领导，高校党政部门、二级学院在学校党委领导下，不仅要协作好组织和行政工作，更要在党政领导干部讲思政课常态化的运行中相互配合，以推动运行机制的建设和完善。加强对常态化机制的认识，要加强党政领导干部讲思政课常态化的整体布局尤其是运行过程的设计。学校各部门主体要紧密合作、各司其职，做到教学、科研、管理等方面的通力协作。在课程实施过程中，建立起"全员、全程、全方位"的运行机制建设思路。党政领导干部无论在管理岗位、科研岗位或是服务岗位上，都有着"管理育人、教书育人、服务育人"的责任，要以此为基础，把常态化讲授思政课落实到运行机制的科学设计中。

　　与此同时，高校应努力建设一批以教学、服务、管理为一体的复合型党政领导干部授课主体，并形成教学团队。学校党委要发挥立德树人的核心作用，统领好全局性工作。高校党委、二级党委必须切实加强对党政领导干部讲思政课的引领，组织党政干部参加培训，系统学习习近平新时代中国特色社会主义思想，确保正确办学方向，提高政治站位，筑牢树立"四个意识"、增强"四个自信"，动员并组织高校各部门主体力量，创建各方面齐抓共管、全员育人的思政课育人新局面。在立德树人工作中，不同岗位的教职员工虽然各自分工明确，但是系统、全局、协作的意识是非常必要的，党政领导干部讲思政课亦如此，建立一套行之有效的运行机制十分必要。

　　（二）推动学术研究和教学实践相统一的运行机制

　　高校党政领导干部在高校有着职位号召力和角色影响力，这对于树立良好的学术风气非常有利。党政领导干部要在学术研究成果支撑思政课教学、思政课教学实践反哺学术研究上，充分利用自身的突出优势，营造崇尚学术和尊重学术、创新课堂和创新教学相互支撑的良好氛围。一方面，以学术研究支撑教学实践。一是围绕授课主题，选取哲学、政治学、教育学等学科的最新研究成果，支撑思政课堂的科学性与价值性；二是围绕授课内容，选取相关学术研究的最前沿问题，激发学生学习的兴趣、提升学生解决问题的能力、拓宽学生的学术视野。另一方面，以教学实践反哺学术研究。一是在教学中发现理论难题、学生困惑等生成学术研究的生成点；二是在思政课建设中发现体制机制运行困难，生成党政领导干部上思政课的研究领域。通过思政课科研与教学统一的实现，提升高校党政领导干部讲思政课的学术研究能力和教学实践能力，进而形成科研育人、教学育人、实践育人协同的常态化讲思政课的运行机制，建构起科学性与实践性统一的思政课教学模式。更为深远地意义是，通过党政领导干部上思政课中的学术问题与教学问题的相互支撑，推动思政课整体性的学术研究与教学实践统一的运行机制。

四、常态化监督与评价机制

高校党政领导干部讲思政课常态化机制建构，目的在于保证党政领导干部日常化、经常性走上思政课讲台。发挥"立德树人"与"三个面向"有机结合的教育职责，保证常态化机制的创新优化，需要建设切合实际的监督与评价机制。教育评价标准直接影响教育教学模式、人才培养模式及培养目标等的设定。[①] 为保证高校党政领导干部讲思政课的常态化、科学化，也需要一套科学评价标准。机制本身不是万能的，每个机制都有一定的适用范围，比如一些突发情况或新情况在现行机制中不一定匹配。因此，党政领导干部讲思政课常态化的监督与评价机制需要根据思政课的具体情况进行及时调整，保证机制的有效性。新时代高校党政领导干部想要上好思政课，要有一个完善的监督与评价机制，按照规范来操作和落实课程学习任务和课程育人任务。良好的监督与评价机制是确保党政领导干部授课能顺畅进行的前提和保障，而监督与评价机制的制定和优化是基础，机制的科学运行是关键。高校党政领导干部讲思政课常态化机制建设的生命力在于制度的实施有监督、有评价，进而有提升。有了制度、无落实，制度就变成了一种形式，制度再健全、制度再森严，也不过是徒有其表。良好的监督与评价机制，益于提高党政领导干部讲思政课的执行力、积极性，益于保证常态化机制运行的权威。所以在一定意义上讲，监督与评价机制比运行机制还重要。高校党政领导干部讲思政课常态化机制的落地执行，离不开有效的监督和评价机制，要把"有令必行，有禁必止"作为行动指南。要有明确的以教学质量为导向的监督和评价标准，确立"学校——学院——教学主体"的立体化责任体系，执行"教学督导、专项评价、数据监测"联动的监督

---

① 吴潜涛：《思想政治教育教学与研究》，北京：中国人民大学出版社，2018 年，第 135 页。

评测，设计好监督和评价机制。

（一）构建多维度、立体化的监督体系

高校党政领导干部讲思政课常态化机制建构，需要充分调动不同层级、不同部门发挥自身作用，构建多维度、立体化监督体系，保障高校党政领导干部讲思政课监督的制度化、常态化。不仅要贯穿落实思政课相关政策，还要细化高校各部门的监督职责及重点任务。对高校党政领导干部讲思政课常态化运行过程的监督机制建构，要根据高校党政领导干部讲思政课的客观需要，对不同层级、不同部门的工作任务、工作要求、工作质量给予科学客观的监督。

首先，是政府层面的宏观监督。党政领导干部讲思政课教学质量的提升具有方向性，"正向助推式的管理"与"负向拖拽式的管理"常常相伴而行。因此，改进党政领导干部讲思政课的质量，必须树立正确的教育质量观，直面问题，摆正位置，改进机制。高校党政领导干部讲思政课常态化的监督机制的建构，是确保思政课教学质量的重要工作环节。树立正确的教育质量观，纠正形式化的教育质量监督机制，不只是部门化的个体行为，而必须借力政府部门尤其是教育主管部门的科学监督。各级教育主管部门及其主要领导须树立正确的思政课教学质量观，尊重教育规律，重视"结构意义的质量"。要从长远发展角度、思政课教学高质量发展的角度来看监督机制的成效。教育主管部门要警惕"学业成绩政绩化"对思政课教学质量的片面评价。党政领导干部讲思政课效果的监督、评价重点在标准制定与信息化技术运用，其任务是指导和规范党政领导干部讲思政课的具体过程并为其优化提供指引。

其次，是学校层面的微观监督。学校层面，对高校党政领导干部讲思政课的教学质量评价，可采用"诊断-改进"模式。该模式的作用在于，推动党政领导干部讲思政课建立在遵循教育规律的基础上。高校党政领导干部在进行思政课教学过程中，最常见的问题是，在监督、评价指标设计上存在一定程度的模糊性，过分依赖定性方式，科学、精准的定量方式难以落地。因此，从党政领导干部讲思政课的教学效果出发，建立一套科学、精准的监督评价机制，是高校党政领导干部讲思政课常态化机制建设的重要抓手之一。

（二）构建基于职责履行的评价指标体系

高校党政领导干部讲思政课必须自觉承担起主体职责，履职尽责对于保证课程质量非常重要，这也是高校提升治理能力的重要内容。① 高校党政领导干部讲思政课常态化的评价机制建构，需要立足党政领导干部职责履行的具体指标体系来推动。

首先，在突出重点的基础上建构系统科学的评价指标体系。作为高校思想政治工作的重要内容，党政领导干部讲思政课担负着培养合格的社会主义建设者和可靠接班人的使命。要达到这一目的，就需要在课程标准编制、教材编写与出版、党政领导干部备课和讲课等方面设立科学评价指标体系，要按照党和国家关于思政课建设的相关要求进行。重点需关注：高校党委、行政部门和二级党政部门的协同育人评价指标体系如何细化；高校党政领导干部讲思政课常态化之"常"如何衡量、教学质量如何评价；高校党政领导干部讲思政课的科学评价指标体系何以科学；学生以及第三方评价如何适恰参与到评价过程中去等等。

其次，在聚焦问题的基础上建构系统科学的评价指标体系。要对高校党政领导干部讲思政课的教学成效进行客观评价，必须关注"问题"。当前，对思想政治课程的教学质量进行评估，多采用学生终评、同行专家评议等方式，采用上述评价手段难以全面、准确、客观反映教学质量。此外，评估关注点具有单一性，侧重于课堂，忽视其他方面。同时，学生评估更注重教学方法和亲和力，对思想政治理论内容的关注度不够。需要指出，定性评价本身存在一定的主观性，对思政课的评价更是如此。因而，要全面、客观、准确地评价党政领导干部讲思政课的教学成效，必须聚焦问题。建构系统科学的评价指标体系，必须关注评价主体、评价过程、评价方式、评价环境、评价技术等各个要素及其面临的问题。

最后，在以评促改的基础上建构系统科学的评价指标体系。高校党政领导干部如何在常态化讲好思政课的过程中成为一名优秀思政教师，关注评价结果及其反馈的改进方向、重点十分必要。高校党政领导干部讲思政课，是一个在改进中加强、在加强中优化的过程。在构建系统科学的评价指标体系的过程中，需要把握评价工作的终极目标，即以评促改地提高思政课教学质量，在"督"

---

① 朱伟文：《质量保证视域下的高校课程体系预测评价机制研究》，上海：同济大学出版社，2020年，第70页。

和"评"的互动中促进思政课教学效果的提升。在评价指标体系的设计上，不仅要使其客观反映教学质量和教学效果，还要提高"诊断"效果，帮助党政领导干部发现教学中的不足。同时，要让党政领导干部了解、掌握评价指标体系，在完成常态化讲思政课的任务时，做到对标对表地提升教学水平。

五、常态化培训机制

我国有着党政领导干部上讲台的革命传统；国际上，也流行着官员代表上高校讲台的做法。那么，"干部"如何转化为思政课"教师"，是核心问题。因此，通过培训使党政领导干部成为合格的思政课教师，十分必要。建构和完善高校党政领导干部讲思政课常态化的培训机制，成为新时代高校思政课高质量发展的重要课题之一。专职思政课教师可能存在理论水平较高但政策水平不强、专业知识丰富但实践经验不足等问题，而高校党政领导干部的情况恰与此相反，这也成为提高干部教育培训质量的重点。2015 年颁布的《干部教育培训工作条例》明确指出，建立健全领导干部上讲台制度，提升理论和教学水平，[①] 为优化党政领导干部培训指明方向。要从实际出发，把培训机制的建构和落地作为日常工作进行，避免"为上讲台而上讲台"等问题。党政领导干部长时间从事党政工作，讲思政课的经历、经验不如专职思政课教师丰富。所以，对高校党政领导干部进行专门培训非常必要。

（一）培训效果"目标化"

高校党政领导干部讲思政课常态化机制的建构，离不开以目标为指引的对标式师资培养。为明确党政领导干部讲思政课的职责定位，达到讲好思政课的履职要求，最终让高校党政领导干部能够胜任高校思政课讲授的需要，必须对其进行系统的"目标化"培训。在对高校党政领导干部进行培训之前，将培训效果"目标化"是非常必要的一个前提环节。培训目标的制定，有利于规划科学合理、条理清晰的培训方案。

（二）培训结果"资格化"

高校党政领导干部讲思政课常态化机制的建构，要以培训一名合格的思政

---

① 程伟：《领导干部上讲台的实践及思考》，延安：《中国延安干部学院学报》，2016 年第 2 期，第 68-71 页。

课教师为依据，即具备讲思政课的教学"资格"。如果培训结果无法达到这一"资格化"要求，那么就要完善培训机制的内容、标准等，避免培训本身变成"走过场"。所以，在对高校党政领导干部进行系统化培训时，可以采用"身份认证"等方式，探索授予参加培训的党政领导干部思政课教师资格认定证书或其他具有准入门槛的培训证书的机制，实现高校党政领导干部经过系统培训、考核后"持证上岗"。

（三）培训视角"多维化"

对高校党政领导干部讲思政课进行的专业性培训，要结合目标导向来设计科学的培训内容，注重培训视角"多维化"，实现多线并推，强化授课能力。一是要进行系统的意识形态教育培训和师德师风建设；二是要带领党政领导干部阅读马克思主义经典、中国化马克思主义理论尤其是习近平新时代中国特色社会主义思想，夯实政治理论功底；三是加强对党政领导干部的思政课教学技能、教学方法的培训。在培训内容上，要兼顾国内外相关理论、最新素材等；在培训方式上，高校可结合地方、院校自身特色开展形式多元的培训，例如布置任务自学、组织集体备课、开展听评课等，也可以通过组织专题报告会、现场观摩、信息技术培训和实践教学等方式，还可以通过集中培训、个别培训等活动进行。同时，注重结合思政课实践教学，组织和编制高校的具体培训标准、培训课程、日程安排等，还可构建课程资源库，进行讲思政课"演练"活动，借此全面提高党政领导干部讲思政课的能力。

第三节　新时代高校党政领导干部讲思政课
常态化机制建构的具体操作设计

明确了新时代高校党政领导干部讲思政课常态化机制建构的具体内容后，重点从领导机制、制度机制、运行机制、监督评测机制和培训机制等层面出发，对新时代高校党政领导干部讲思政课常态化机制建构的具体操作设计进行分析。

一、领导机制的架构与实施

高校承担着为国家和社会培养人才的重任，培养什么人、为谁培养人、怎样培养人是关乎高校办学方向和教书育人的重大问题。高校思想政治理论课肩负立德树人的使命，高校党政领导干部讲思政课常态化，离不开科学的领导机制，以此作为导引来促进思政课建设质量提升。高校党委是思政课的直接领导者，二级党委是相关政策落实的推动者、实施者，行政部门/学院是直接执行者。党政部门领导是讲思政课的主体，领导机制架构是否科学、机制运行是否通畅，关系着思政课的实效性。健全的领导机制能够协调、带动各方力量，是党政领导干部讲思政课常态化的有力保障。

（一）立体化的领导架构

新时代高校党政领导干部讲思政课常态化的领导机制架构，主要体现为"校党委—二级党委—行政部门/学院"这一立体化领导模式。高校党政领导干部讲思政课常态化，需明确高校党委的领导地位，"党委领导下的校长负责制"是核心。我国现行的高校内部领导体制，其组织架构主要有三个部分：一是党委系统，包括党委会、常委会及其下设各职能部门；二是行政系统，包括校务委员会及其下设各职能部门；三是学术系统，包括学术委员会、学位委员会、教学指导委员会等。[①]《关于坚持和完善普通高等学校党委领导下的校长负责制的实施意见》明确指出，学校党委统一领导学校工作，执行中国共产党的路线、方针、政策，坚持社会主义办学方向，领导学校的思想政治工作和德育工作，通过讨论可以决定在校内进行组织机构设定和负责人的选择上，要根据其学校内部改革制度以及管理制度进行定向的人才培养，完善各项任务。[②] 高校党政领导干部讲思政课常态化的领导机制架构，依据"校党委—二级党委—行政部门/学院"这一立体化领导模式，形成具体的领导目标、任务、方式等，益于在实践中引领、帮助党政领导干部讲好思政课。

最优发挥校党委的领导作用，是建构立体化领导机制的首要问题。依据"校党委—二级党委—行政部门/学院"这一立体化领导模式，思想政治理论课的承办单位一般属于马克思主义学院的工作范畴，因此，马克思主义学院与其

---

① 路云平：《对完善我国高校领导体制的几点思考》，武汉：《学校党建与思想教育》，2011年第19期，第61—62+75页。

② 中共中央办公厅印发《关于坚持和完善普通高等学校党委领导下的校长负责制的实施意见》．[EB/OL]．http：//www.gov.cn/zhengce/2014-10/15/content_2766861.htm.2024-07-22.

他二级部门又有所不同。那么，应该如何将高校党政领导干部讲思政课的立体化领导模式落到实处？

第一，增强党委领导下的相关职能部门协同合作。思政课肩负着立德树人的育人使命，为保证高校党政领导干部讲思政课常态化，就必然要求建构起相应的领导机制。要不断健全党委统一领导、党政分工合作、协调运行的党政领导干部讲思政课工作机制。校党委和有关部门要加强检查和指导，及时研究解决党政领导干部常态化讲思政课过程中的困难。第二，切实保障马克思主义学院和其他二级院系协同发力。思政课作为发挥思想政治教育育人作用的"主渠道"和"主阵地"，马克思主义学院走在前列，必须主动承担起党政领导干部讲好思政课的沟通协调、培训、排课、评价、改进等任务，为党政领导干部讲好思政课提供必要支持。与此同时，各二级行政部门如校长办公室、教务处、研究生院、财务处、后勤处等也应积极参与到共建思政课、助力党政领导干部讲好思政课的过程中，为党政领导干部讲好思政课提供政策、培训、资金等方面的必要保障。由此，强化部门之间的协同合作，凸显和发挥领导机制的引领性作用。

（二）层级化、差异化的领导样态

党政领导干部讲思政课立体化架构下的领导机制在运行时会以层级化、差异化的样态进行呈现。层级化就是"校党委—二级党委—行政部门/学院"三个层级，其中校党委居于领导架构顶层，具有战略性引领地位和领导职责；二级党委是次级领导层，其职责是推动校党委决策得以落地实施；行政部门/学院居于具体的管理和服务层，其职责是把政策本身落实、落细并实时参与。

第一层级，校党委领导层面——形成党政领导干部讲思政课以点带面、协同联动的有力引领局面。高校党政领导干部讲思政课常态化的领导机制建设，必须发挥好校党委尤其是党委书记的引领作用，在讲思政课常态化过程中积极发声、提出建设性、参考性指导意见和建议。校党委要主动引导二级党委、行政部门/学院在党政领导干部讲思政课的过程中加强能力建设，自觉地把思想政治理论和知识体系融入教育教学中去。校党委可以采取相应的教学改革措施，强化学校内部的课程资源共享，推动各类课程与思政课程的相互融合，从而建立起"主渠道""主阵地"和其他渠道、其他阵地的互补。校党委要引导党政领导干部积极把课程融合、理论知识和实践融合等理念贯穿思政课授课过程，使之成为一种有效的授课模式；要引导高校党政领导干部努力在高校思政课讲台上成为思政课教师队伍的先锋队。此外，校党委要从人才队伍建设、硬件建设、社会服务等方面对立体化领导架构进行规范化、科学化的优化，把马克思主义学院建设成为思政课教学与研究的学术平台、理论平台、宣讲平台和教育平台等，加大对理论的推广和对人才的培训，为高校党政领导干部讲好思政课提供支持。校党委要在人才培养、科研立项、评优等方面给予马克思主义学院以支持，对思政课教师队伍进行整合式建设，使高校党政领导干部有机融入思政课教师队伍。

第二层级，二级党委——形成党政领导干部讲思政课"一条线"到"多条线"发展的组织协同局面。二级党委要统一传达校党委精神，妥善实现对师资融合、资源配置、课程建设、沟通协调等方面的具体引领。同时，二级党委要发挥动员作用，鼓励党政领导干部走上思政课的讲台、讲好思政课。同时，各二级党委可携手组织各二级单位党政领导干部共同学习、交流经验、"教学练兵"、相互听课评课等，进而，有计划、有组织地高效将党政领导干部讲思政课的教学活动在校内推广，并促成成功教学案例、积累典型经验。

第三层级，行政部门/学院——形成党政领导干部讲思政课由马院"一枝独秀"到全校"遍地开花"的全员育人局面。一方面，党政领导干部讲思政课要推动实现各类课程与思政课同向同行；另一方面，要推动实现党政领导干部讲思政课的"思政金课""思政品牌课"。从行政部门/学院角度出发，行政部门、学院的党政领导要积极参与到思政课建设中去，主动承担一门思政课、上好一门思政课，要将思想政治课程与学科发展有机联系起来，规划好、制订好、落实好上思政课的环节和步骤，彰显党政领导干部讲思政课的特色、水平、质量，用科学的理论魅力吸引学生、说服学生、教导学生、感化学生。同时，要加强对马克思主义理论相关知识的学习，加强思政课教学队伍建设、搭建思政课教学平台、培育思政课授课品牌等，为党政领导干部讲好思政课助力。

（三）具体化、个性化的领导方案

由于专业、学科性质、从事工作和研究的不同，党政领导干部讲思政课也应有所不同，领导机制建设上应格外注重"具体问题具体分析"。加强领导机制由"直线-职能型"模式走向具体化、个性化，必须形成结合实际、结合专业、结合特色的授课模式以及个性化授课方案。因此，加强领导机制建设，必须引导党政领导干部讲思政课的实践形成具体化、个性化方案，这有助于更好地提升高校党政领导干部讲思政课的时效性和实效性，同时使思政课具有特色。

第一，高校党政领导干部讲思政课常态化的领导机制建设，核心是要落实党对思政课建设的全面领导，包括具体授课方案的领导。要对高校党政领导干部讲思政课"把方向、管大局、促落实"。"把方向"就是把党政领导干部讲思政课的政治方向，即深入研究如何发挥校党委、二级党委在思政课建设中的引领作用。"管大局"主要包括两个方面：一方面，要管涉及党和国家关于党政领导干部讲思政课的方针、原则、政策、决策等顶层设计层面的大局问题；另一方面，要管涉及可能影响思政课教学运行、教学效果和教学评价等方面的重大问题。"促落实"就是遵照思政课建设的相关规定，保证党政领导干部讲思政课在顺利贯彻落实的同时有实效、有成绩。"促落实"是一个实践问题、管理问题，也是一个行动问题、改革问题。"促落实"中的"促"字有两层含义：一是促进，就是如何在"校党委—二级党委—行政部门/学院"这一立体化领导模式下来推动落实；二是督促，就是发挥各级党委、各行政部门和二级学院对讲思政课的过程性监督作用，激发党政领导干部讲思政课的实效性，及时发现并纠正工作偏差，推动高校党政领导干部讲思政课常态化的领导机制建构更加科学有效。

第二，高校党政领导干部要以身作则，带动其他思政课教师一同形成思政课教学合力，着力打造党政领导干部为主体的"思政金课"。在保证党政领导干部讲思政课的教学大纲与思政课教学目标一致的前提下，广泛收集、整合、塑造校内外各类教学案例、资源、方法等，为思政课的课程讲解提供支撑，这也有益于确保思政课教学内容更加贴近学生、社会、国家的实际，激发学生听课兴趣。另外，党政领导干部还要主动与思政课专职教师交流，在相互学习和相互借鉴中提升教学水平。

第三，高校党政领导干部要作为政策和行动引领者，持续推动"思政课程"与"课程思政"协同育人作用的发挥。一方面，要积极上好思政课，发挥"思政课程"的主渠道作用；另一方面，要充分体现"课程思政"优势，结合党政领导干部自身职业、专业、经历等，强化"课程思政"的育人效果。高校党政领导干部可根据院校特点、专长等，设置专业性、针对性和创新性的"课程思政"，充分发挥"课程思政"的思想政治教育功能，以专业课程中蕴含的"思政基因"实现立德树人，并结合实际、结合时代、结合学生兴趣点，将其转化为具体化、生动化、可读性兼具的教学素材、教学载体、教学形式等，在"润物细无声"中实现对学生的精神引领。与此同时，要推动"思政课程"与"课程思政"协同育人，通过课程形式创新、教学模式创新、教学场域联动等实现全课程育人。

（四）"双重角色"引领作用的发挥

高校党政领导干部走上思想政治理论课的讲台，既是教师身份，又是管理者身份，"双重角色"决定着肩负双重任务。高校党政领导干部讲思政课常态化的领导机制建构，同样要注重其"双重角色"引领作用的发挥。

首先，高校党政领导干部作为思政课教师角色时，如何实现引领作用的发挥。高校党政领导干部带头讲思政课，要从思想政治工作的战略高度审视，要把上好思政课作为"重要动作"放在突出位置，这是领导机制发挥引领作用的关键一步。思想政治理论课的教学质量，直接关系大学生"三观"的培育，党政领导干部充当思政课教师角色时，必须转换自我身份。立德树人的效果，取决于其是否有足够的责任感、知识储备、理论素养、教学能力等，发挥引领作用必须以身作则。高校党政领导干部要成为合格的进而成为优秀的思政课老师，必须不断加强思想理论学习和教学技能训练。当今国际国内形势的深刻变化，要求党政领导干部讲思政课时，必须站在理论前沿、实践前列，知行合一讲好思政课。高校党政领导干部不仅是党政工作"带头人"，也是建好思政课的"带头人"；当其走上思政课讲台，就要以上好思政课的"带头人"标准要求自身。高校党政领导干部要基于扎实的理论知识、丰富的实践经验、崇高的道德情操、鲜明的家国情怀等把思政课讲好。在方式方法上，高校党政领导干部要注重新方式、新方法的运用，不能仅做"传声筒"，要把理论与实践结合起来进行教学创新，根据大学生的年龄、认知和兴趣点采取针对性教学措施，做到以理服人、以情感人，让思政课"活起来"，发挥思政课润物细无声的育人作用。高校党政领导干部讲思政课，既是积极参与到教书育人活动中的具体表现，也是其政治素质、理论素养、教学能力的锻炼，要把思想政治课与工作实际结合起来，争取实现每一次授课都能博得"满堂彩"，紧紧抓住学生需求和眼球，提升思政课的亲和力、针对性与吸引力。需要强调，高校党政领导干部作为思政课教师角色时，要能够把自身所学潜移默化地教授给学生，只有这样，才能引起学生的理论共鸣、心理共鸣，最终才能强化学生的理论认同和理论自觉。

其次，高校党政领导干部作为党政事务管理者角色时，如何实现引领作用的发挥。高校党政领导干部业务素质与能力的高低，直接影响着高校的高质量发展进程。作为学校党政事务的负责人，必须做好党政事务的筹划、协调、推进与优化，必须保证先进性、执行力、创新力、问题解决能力等，由此才能发挥带头与引领作用。作为党政事务管理者角色时，高校党政领导干部必须认真谋划讲好思政课并且常态化讲好思政课的顶层设计，同时，要依据顶层设计监督、推进和优化常态化讲好思政课的实践。要把常态化讲好思政课作为指定相关政策、实施相关决策、改进相关制度与做法的总依据，切实发挥"管理者"身份的正向引领作用。与此同时，"管理者"身份也意味着党政领导干部同时具有"服务者"身份，要做好思政课建设的相关服务工作。要组织协调好部门之间、党政领导干部和教师之间、师生之间等方面的沟通问题，切实为高校党政领导干部上好思政课提供最优服务。

最后，高校党政领导干部如何在协同好"两个角色"身份的基础上，实现引领作用的发挥。实现管理者与思政课教师身份一体化，是高校党政领导干部发挥引领作用的难题。做好"管理家"和"教育家"，扮演好两种角色，必须搭建好桥梁，实现管理者与教育者身份协同发力，这是保证高校党政领导干部讲思政课常态化的领导机制建构的重要问题。一方面，高校党政领导干部讲好思政课的过程，是其成为一名"好老师"的过程，党政领导干部要练好教学本领，在讲好中国故事中传播好思想政治理论。另一方面，高校党政领导干部从事党政工作的过程，是其成为一名"好领导"的过程，党政领导干部要练好管理与服务本领，在做好党政工作中让每一位师生满意。管理者与教育者身份一体化，其实就是角色权衡的问题，科学地分配时间、协调工作任务是角色权衡的基本要领。一是完成规定的教学任务，要保证教学工作量，具体可根据课程计划来安排自己的教学；二是努力做好党政管理和服务工作，按需按时、保质保量完成相关工作，不断探索高效工作新模式；三是在行政事务、教学任务的时间冲突时，将时间进行科学、合理调整。

二、制度机制建构的具体方案

制度机制建设是高校党政领导干部讲思政课常态化的重要保障。中国特色社会主义制度的优势在于集中力量办大事，调动一切积极因素，提高国家治理水平和效能。就高校党政领导干部讲思政课常态化的制度机制建设而言，同样如此，长效的制度机制是推动党政领导干部讲好思政课的重要支撑。高校党政领导干部走上思政课讲台，是建好思政课的实践之所需，也是落实立德树人根本任务的战略所需，建立长效化的制度机制必不可少。

（一）宏观制度层的机制建构

宏观制度层的机制建构，主要由政府部门牵头推进和实施。关于高校党政领导干部讲思政课的相关实践，一些省份的高校已经在政府倡导下走在了前面、做出了表率。下文将以广东省和湖北省的相关案例为样板进行分析，探究宏观制度层的机制建构到底如何发挥作用。

广东省是较早对高校提出"书记、校长上第一节思政课"统一要求的省份之一。"书记、校长思政第一课"已经成为广东省高校党政领导干部上思政课的规定动作。在制度机制设计方面，广东省十分强调课堂"主渠道"作用，尤其注重"思政第一课"的制度化开展，并强调形式、内容、方法创新。在制度机制设计上，不断突出高校党委书记、校长的"一把手"职责，以不断激发"头雁"效应。在确定授课主题、设计授课内容、运用教学方法等方面都提出了一定要求发挥"思政第一课"示范作用。另外，强调遴选汇编优秀讲稿、案例、经验，供各高校学习借鉴。在政策指引方面，省教育厅专门印发相关文件和通知，动员、部署、保证党政领导干部讲思政课相关工作落实到位。[①] 广东省的"思政第一课"受到学生们的欢迎，效果良好。在"思政第一课"走向制度化

---

① 为大学生上大课、讲大势、传大道，思政工作真正成为"一把手工程"——广东：党委书记校长走上思政讲台，[EB/OL]. http://www.moe.gov.cn/jyb_ xwfb_ xw_ zt/moe_ 357/jyzt_ 2018n/2018_ zt01/zt1801_ gddx/201801/t20180129_ 325792.html，2018-01-29.

建设的过程中，二级党委、行政部门/学院党政领导干部讲思政课也提上日程并快速落地，党政领导干部讲思政课的制度机制建设日益成熟。近年来，广东省通过实施思政课名师工程、思政课名师工作室建设、思政课优质课程建设、思政课示范性教学单位建设、思政课青年教师教学基本功比赛等措施，推动党政领导干部讲思政课的制度机制建设走向科学化。

湖北省在高校党政领导干部讲思政课方面也推出具有探索性的实践，在宏观制度层的机制建构上具有一定示范性。例如，省级领导、教育部门主管领导到高校进行思政课调研、指导或开展思政课主题讲座、交流已成为思政课建设的重要方面；党政领导干部与大学生同上思政课在湖北高校中已成为一种日常性、制度化的活动；省、市等各级领导带头到高校宣讲党的重要会议精神也成为党政领导干部讲思政课的重要形式，有力带动了高校党政领导干部讲思政课的积极性，形成了校内外党政领导干部同讲思政课的联动化制度机制，促成了思政课高质量发展的良好局面。在教育主管部门和各级领导的指导、支持下，形成了一大批思政课改革成果，培育了一大批先进典型，建设了一大批优秀"慕课"，择优推广了系列党政领导干部讲思政课的成熟教学方法。通过党政领导干部讲思政课常态化的宏观制度机制建设以及具体落实，广大学生更加喜欢思政课，思想政治理论入脑入心效果显著增强。

基于上述两个省份相关做法的简要分析，政府在宏观制度层的机制建构上具有重要引导作用，益于高校党政领导干部讲思政课常态化的模式塑造。高校党政领导干部讲思政课在宏观制度层的机制建构上，要明确政府尤其是教育主管部门作为党政领导干部讲思政课常态化的政策制定者的关键作用，并在实际工作开展过程中凸显其关键地位。政府在宏观制度层的机制建构上所应具有的保障作用，主要体现在四个方面：一是制定全局性或地方性的党政领导干部讲思政课的宏观引导政策；二是制定党政领导干部讲思政课的具体操作要求和实施标准；三是建立健全政府部门尤其是教育主管部门主导的对党政领导干部讲思政课的效果评价制度；四是完善定期公布相关工作进展、总结经验和不足等公示制度。综前所述，宏观制度层的机制建构主要由政府部门牵头推进和实施，相关部门必须积极发挥引领作用，推动制度机制建设的科学化发展。

（二）微观制度层的机制建构

微观制度层的机制建构，主要由高校统筹推进和实施。高校党政领导干部讲思政课常态化须以推动思政课高质量发展、促进学生成长成才为目标。基于目标指引,高校应依据宏观制度层的机制建构,结合自身实际制定相关配套的管理规章和授课制度,落实好微观制度层的机制建构。这是高校完善和规范党政领导干部讲思政课的重要环节,也是推动党政领导干部讲思政课常态化机制有质、有效运行的必要环节。

微观制度层的机制建构,需在厘定核心要素的基础上推进。高校党政领导干部讲思政课常态化的落实重点在基层、制度机制建构的重点在基层。因此,必须围绕如何建立健全党政领导干部讲思政课常态化的制度机制来落实、落细高校职责。一是要明确"门槛条件",通过制度确立选拔和培训标准等,并通过健全"准入机制"把关党政领导干部讲思政课的条件。二是要紧扣"思政课教师"这个身份定位,通过健全全员育人机制,让校级党政领导干部、二级党委和行政部门/学院党政领导干部都有走上思政课讲台的机会。三是要围绕"怎么上"这一教学方式和教学方法的规定,完善党政领导干部讲思政课的具体形式、内容等,并且多措并举地推动教学方法创新,强化课程建设质量。四是要围绕"教学阶段"来科学制定课前、课中、课后的各类运行机制,让党政领导干部讲思政课有据可循、有规可依,强化上好思政课的执行力、创新力。此外,还可围绕诸如党政领导干部和学生等主体、教学环境、教学载体、课程资源等要素,形式多样、科学高效地建立健全微观制度层的机制建构。

微观制度层的机制建构,需围绕规范授课过程这个重点来推进。高校党政领导干部讲思政课常态化的制度机制建构,只有落实到高校,落实到规范授课过程这个重点上来,才能真正从全局上、根本上保证党政领导干部常态化讲好思政课。一是要通过教学制度等明确授课的时间、次数、内容等,比如,规定党政领导干部一年或一学期内的具体授课次数以及讲授哪些重点等。二是要健全激励制度,通过对高校各级党政领导干部的精神激励、物质奖励等,使之能够走上讲台并且讲好思政课。三是要多措并举地通过制度化设计来提高学生在思政课当中的参与度、获得感。例如,通过开展与大学生成长紧密关联的"热点研讨",让大学生做"主讲人"、发表"成长感言"、提出"金点子"等,提升课堂参与效果和互动性,让党政领导干部的思政课堂有趣、有料。四是要围绕教学反馈和教学改革的制度化来助推党政领导干部讲思政课的质量工程建设,健全相关改革机制。在此基础上，党政领导干部讲思政课将充分彰显制度机制的显著优势。

（三）宏观与微观制度层的机制协同

高校党政领导干部讲思政课常态化的制度机制建设，需推进宏观与微观制度层的机制协同。政府是宏观制度层，高校是微观执行层。想要实现制度机制落地，必须借力微观层和宏观层的动力主体，即参与高校党政领导干部讲思政课过程中的"人"。就政府而言，主要包括教育部、省级相关党政部门、教育厅以及其他教育主管部门和相关部门领导、工作人员等，要做好政策出台、考核评价、传达等工作，推动高校党政领导干部讲思政课常态化的制度机制建设。就高校而言，主要包括高校党政领导干部、高校内的教师群体、学生群体等，要充分激发干部、教师、学生的主体力量，推动高校党政领导干部讲思政课常态化的制度机制建设。宏观与微观制度层协同，就是要实现政府、高校各部门、人员、资源共同发力，最大程度上激发党政领导干部讲思政课的活力、动力。在此基础上，高校党政领导干部上思政课，不只要做好备课、授课、评课工作，更要做好制度制定、制度保障工作。一是强化组织领导。要把高校党政领导干部带头讲好思政课作为党的建设和意识形态工作的标志性工程，摆上重要议程，研究制定年度工作计划并抓好执行。要强化思政课授课教学工作总结，及时反思教学工作内容、方式并不断改进优化，切实提高党政领导干部思政课授课质量。二是加强工作考核。将高校党政领导干部带头讲好思政课工作纳入学校年度考核内容，纳入二级党政领导班子考核内容，强化对二级党政领导班子贯彻落实情况的督导，对工作重视不足、计划不够、执行不到位的单位和个人，要及时指出、限期整改。三是强化宣传引导。加大高校党政领导干部带头讲好思政课宣传力度，及时传达、反馈授课相关情况，深入挖掘典型内容和经验做法，广泛宣传推广，推动形成校领导示范带动、其他领导积极参与、学生用心学习的思政课教学氛围。

三、运行机制的多维构建形式

高校立德树人目标的实现需要多部门协同，因而高校党政领导干部讲思政课常态化机制的建设，需要构建多主体协同的工作机制。在多主体协同工作机制的建构中，要以大学生发展需求为出发点、以制度建设为根本保障，在领导干部上思政课的过程中，引导学生成长成才。

（一）建设全程教学组织协同模式

首先，建设多元协同的备课机制。一是以领导干部听思政课为契机提升其上思政课的能力。依据教育部相关规定，领导干部要带头听思政课、带头联系思想政治理论课教师，实现每学年到思想政治理论课教研部门开现场办公会至少1次；听取学生对思政课学习情况的总结，并提出了一些具体的问题。抓好领导干部听思政课、与教师和学生交流的落实工作，一方面提升其对思政课的认知、情感并提升其上思政课的专业能力；另一方面在与教师联系、与学生交流的过程中，精准画像学生对思政课的需要、思政课教学中的经验与不足，提升授课的针对性。二是选拔优秀思政课教师、机关工作人员与领导干部共同组成备课团队，打磨出一堂思政示范课。思政课老师把握"思政第一课"内容的专业性、价值引领的科学性、课堂的衔接性等；机关工作人员筛选提供与教学内容相关的校情资料；领导干部提出教学思路、明确教学风格、运用多种教学方法等。

其次，建构多层次约束机制。提高高校党政领导干部上思政课的实效性，需要构建中央、地方、高校三级协同的约束激励机制。目前教育部围绕人员、数量、时间、目标等完成了领导干部上思政课的顶层设计，教育厅（局）等相应提出地方性的高校党政领导干部上思政课的规范要求，各高校按实际情况制订相关文件并着手落实，高校党政领导干部上思政课全面铺开实施。同时，由于教育部并未制订相应的约束激励机制，各省、市、高校在落实过程中也鲜有提及，因而高校党政领导干部上思政课的数量、效果等参差不齐，影响到新时代思政课创新制度落地的实效性。建构多层次约束激励机制成为完善高校党政领导干部上思政课的必由之路。一方面规定上课量，对于不同层级的领导干部相应规定不同的课时量，同时对于上课的时间做出一定范围的限定。以此作为领导干部上思政课评定考核的最低标准。另一方面，把授课质量、效果等作为考核指标纳入到相应的学校评定考核中，对备课认真、讲授质量好、方法先进的党政领导干部和高校，要予以表彰和奖励。

第三，构建实现教育部、省市、校、社会协同的多元评价反馈机制。把党政领导干部讲思政纳入高校马院建设、思政课建设的标准体系中，作为思想政治工作质量的标准之一，接受教育部的监督检查；纳入到省市对高校党建、思政课建设的评价体系中，作为马院、学校党建评价的指标之一，推动党政领导干部上思政课的可持续发展；纳入到学校思政课评价体系中，让学生、督导、思政课教师等参与党政领导干部讲思政课的评价中，提升党政领导干部讲思政课质量的同时推动思政课整体建设。形成党政领导干部讲思政课成效的反馈渠道，及时把教育部、省市、师生的评价反馈给党政领导干部及备课团队。

（二）系统优化的教学管理运行体系

新时代高校党政领导干部讲思政课的常态化机制建设，需要系统优化教学和管理运行体系，以此强化领导干部和专职教师的教学协同机制。找准党政领导干部实践经验和专职教师专业理论优势的交互点，通过项目合作、集体备课、团队研究等的创新，实现优势互补、资源共享。

首先，高校教务部门和各个二级学院完善教学组织管理机制。强化对高校党政领导干部上讲台制度的精细化安排，加强优秀教师选拔、集体备课、教学检查等各项工作。要从政治素质、理论水平、授课能力等方面选拔备课团队成员，设立常态化集体备课机制，规范化教学检查体系。其次，通过调研培训，提升高校党政领导干部上思政课的专业性。就调研而言，一是备课团队调研党政领导干部，了解其个人专业背景、授课经历、主管领域等信息，确定其讲授思政课的方向、课程资源、讲课特色等；二是领导干部调研思政课堂，了解思政课的教学形式、教学方法、教学特色等，提升党政领导干部讲思政课的专业性。就培训而言，教育部、省市在现有思政课教师培训的基础上，增设高校领导干部上思政课专题培训班，提升该群体的授课水平与专业素养。再次，建立高校党政领导干部上思政课的激励机制。一是项目激励。对于授课效果好的高校党政领导干部，依据好评层级配套教研项目，鼓励其以教研推动教学，生成特色研究主题。二是党政业绩评定鼓励。对于授课效果好的高校党政领导干部，在年终学校、省市及教育部的思政课、党建等考核中给予加分，提升思政课对于党政领导干部发展的重要性。

（三）构建"政学贯通"的思政课生态体系

如果说教学组织和管理协同建基在高校党政领导干部讲思政课专项任务基

础之上，强调高校马院、相关机关为领导干部上好思政课服务，围绕党政领导干部上思政课形成主体、资源等各要素的协同。那么，构建"政学贯通"的深度交流机制则强调把高校党政领导干部上思政课融入到学校思政工作中去，形成生态化的思政课建设局面。上海的思政课"项链模式"是其实践样态①。

首先，以特色教师组成教师群。学校积极引入名师大家、党政领导、企业高管等各条战线精英人物，他们或以自身的学科背景，或凭借传奇的实践经历，或凭借耀人的工作业绩，基于每个人实践经历建立思政课教师团队，改变专业知识主导的思政课教师团队为实践经历与专业知识并举的思政课教师团队。其次，以创新课程为平台。立足学生实际，创新课程内容，形成课程品牌。上海大学升级品牌思政课"大国方略"，围绕"世界等待着什么""国家需要什么""上海承担什么""上大能做什么""上大学生可以学什么"等安排课程专题内容，是一个典型。再次，以课程目标为导向实现学生素养培养专业化。每个教学班由多位教师共同授课，从不同的视角对一门课程进行专题化解读，引导学生们从不同的视角去认知课程内容，特别是了解实践中课程内容的现实表现、课程的实践价值与个体意识。在这个过程中，让学生了解国情、感受时代、培育创新思维，激发报国之志。总体上看，"项链模式"教学始于思政课的主体多元化创新，并逐渐被其他学科借鉴使用。这一模式强调通过创新和实践教学模式来凝炼方向、构筑平台、锻造队伍，形成师资队伍建设和学科发展的良性互动。② 思政课"项链模式"推出后受到师生们的广泛好评。

把上海思政课的"项链模式"运用到高校党政领导干部上思政课实践中，形成党政领导干部上思政课的生态化发展模式。一是，对党政领导干部上思政课定位认知的创新。过去，党政领导干部上思政课是要求领导干部以思政课教师的职业标准规约自身，尽管他们的知识背景可能是理工农医各不相同，但都必须符合知识化的思政课教师标准。生态化的思政课建设，是充分发挥党政领导干部的角色优势，以课程目标为导向，把党政领导干部的实践经历转化为课

---

① 贺平海、罗诗钿：《"项链模式"中主体性范式的转变》，武汉：《学校党建与思想教育》，2010 第 16 期，第 25–27 页。

② 张丹华、顾晓英：《改革与创新："项链模式"教学研究》，上海：上海大学出版社，2009 年，第 4 页。

程实践资源与课程知识内容结合，实现党政领导干部自身特色与思政课教师标准的深度整合。二是，实现高校党政领导干部实践经验与课程知识的相互支撑。高校党政领导干部的平台高、经历广、实践多，在现实中认识问题、解决问题的能力强，能够用马克思主义的立场、观点、方法认识问题、解决问题，能够把握现实问题的根本和出路。党政领导干部的这些身份特质是学生需要而普通思政课教师缺乏的，对于提升思政课的价值、培养学生的能力和素养意义重大。另一方面，高校党政领导干部认识问题、解决问题的能力往往带有经验性和局限性，在备课、授课等环节中，通过阅读经典文献、与思政课教师交流、知识体系转化等方式可以提升自身理论水平，把经验性、局限性的工作方法转化为理性、全面的工作方法，同步提升自身的知识水平和业务能力。三是，以课程创新为载体走高校党政领导干部上思政课品牌化发展道路。高校党政领导干部、思政课教师、社会模范人物组成的思政课教学团队本身具有超越一般思政课团队的教学优势，特别是社会实践教学资源，整合这些教学资源，建成特色思政课程，既有利于党政领导干部发挥自身优势，也有利于满足不同地区高校的思政课个性化需要。同时，只有以创新课程为载体，党政领导干部的认知创新、实践与知识的整合才能真正落地。

（四）科学化的思政课教学理念

科学化的思政课教学理念，是高校党政领导干部讲思政课机制的持续性和常态化的方向引领。课程教学理念是引领和凝聚课程体系的价值观念。课程体系是课程建设的核心，它包含课程目标、结构、内容和过程等要素。课程体系因其教学理念的不同，其课程结构、目标、内容和过程也不相同。高校党政领导干部讲思政课的课程体系，要强化以下教学理念：

首先是以学生为中心的理念。高校党政领导干部上思政课时一定要秉持以学生为中心、以学生学习为中心的教育理念。把以学生为中心落实到思政课教学中，就是要以学生的需要为切入点，以学生的成长成才为目标。就学生的需要而言，学习、职业、交往等是其大学阶段关注的重心，党政领导干部讲思政课就是为学生关注的重心问题答疑解惑，根本上是引领学生在用所学知识认识问题和解决问题的过程中生成课程所要求的能力和素养。就学生成长成才而言，学生想成为有所作为的时代青年，党政领导干部讲思政课就是以自身发展诠释思政课讲授内容的价值和意义，让学生看到思政课的实践价值而喜欢上思政课。

其次是思政课与专业课有机融合的理念。高校党政领导干部大多是一定专业领域中的佼佼者，同时又因其党性觉悟高而走上领导干部岗位，是专业素养与思政能力融合的榜样人物，是大学生认同度较高的群体。走出大学生群体对思政课"空泛""高大"、专业课"专业""独立"的认知局限，需要党政领导干部走上思政课讲台，示范专业课的政治性与思政课的科学性的有机统一，彰显思政课对专业课的引领功能、专业课对思政课的支撑功能。

最后是高校党政领导干部上思政课的系统化理念。目前，全国各高校党政领导干部上思政课是点状开展的，每学期开学时领导干部上一次思政课以完成教育部下达的任务。但是，对于上课内容的持续性、上课效果的优化性等并没有科学评估与重视，违背了教育部让高校党政领导干部上思政课的初衷，不利于学生成长成才。遵循学生成长成才的规律，系统化设置高校党政领导干部上思政课的内容。纵向上看，每位领导干部每学期上思政课的内容应该具有衔接性、发展性，以学生的成长为逻辑，不断实现课程内容的优化更新。横向上看，每所高校党政领导干部的思政课内容要形成体系，相互整合支持，形成体系化的党政领导干部上思政课读本。总体上，以各高校的交流与培训为契机，形成系统化的高校党政领导干部上思政课理论成果与实践经验。

四、监督评价机制的有效实施

监督评价机制是保证高校党政领导干部上思政课常态化机制的质量监督和提升环节。监督评价机制的有效实施需要多主体协同，形成责任明确、规范长效、促进发展的思政课教学质量监督评价机制。

（一）以教学质量为目标的监督评价机制

教学质量是评价思政课实效性的核心因素，因而高校党政领导干部上思政课的监督评价机制要以教学质量为目标，从结果、过程、结构三个维度展开教学质量评价。

一是结果型质量监督评价。结果型质量监督评价机制，指以学生个体层面的学习状态和水平为核心，对高校党政领导干部上思政课的效果进行监督评价。主要是通过课后学生访谈、期末学生评教、单位考核评价等实现。二是过程型质量监督评价。主要依据课前、课中、课后教学活动的展开及所需要提供的教学资料评价课程的效果。具体看，通过教案、教学日历、教学设计等质性资料评价高校党政领导干部上思政课的效果。三是结构型质量监督评价。以生态思政课建设的标准看高校党政领导干部上思政课，它是高校思政工作的重要一环、是高校思政课建设的重要内容，因而高校思政课资源、结构规划、师资力量、团队工作状态等作为影响党政领导干部上思政课效果的介体，成为监督评价体系的重要内容。

同时，以教学质量为导向的高校党政领导干部上思政课的三维内容要实现各自独立前提下的协同运转。价值性、规范性、科学性是监督评价体系的属性要求。价值性强调高校党政领导干部上思政课和思政课教师上思政课一致，价值引导是其首要标准；规范性强调高校党政领导干部上思政课无论形式上如何创新，其本质仍应是思政课，仍应按照教学要求实现课堂教学任务；科学性强调高校党政领导干部上思政课要尊重青年成长规律、思政课发展规律等。

（二）"目标导向-过程管理-持续改进"的监督评价流程

高校党政领导干部讲思政课监督评价机制，首先需要明确质量目标。以目标为导向制定评价标准、流程并组织开展监督和评测活动。质量方针和质量目标是质量保证体系的出发点，应明确质量目标的关联过程和相应职责，包括执行职责和监控职责。高校党政领导干部讲思政课的监督评价，要创建以学生为中心的质量意识，制定质量方针和质量目标。其次要注重过程管理。这里所说的过程管理，是指高校党政领导干部讲思政课监督评价要明确质量管理的过程化要求，实现全过程环节化把控。由于任何的教学活动都是输入与输出的接连运动，一个过程的输出将成为下一个过程的输入，因此监督评价党政领导干部上思政课的效果，必须管理和调控各个过程，并对过程输出进行验证，测量和评价其输出结果是否达到标准和要求。质量管理的过程模式反映了党政领导干部上思政课各过程间的相互作用，思政课监督评价机制强调思政课运行过程的最终输出结果，即人才培养质量是否满足国家和社会以及学生个性化发展的期望。再次，要注意持续改进。任何改进都应该是持续的、没有止境的，改进过程需要测量和分析现状、提出改进目标和方案、实施改进方案，并验证结果。高校党政领导干部上思政课的持续改进，是为了改善思政课的课堂质量和提高人才培养过程的有效性所采取的必要措施。

可见，高校党政领导干部讲思政课监督评价机制的建设过程，是"目标导向—过程管理—持续改进"的螺旋式上升，是思政课教学质量和人才培养质量的螺旋式上升。

（三）建立"学校-学院-教学者"立体化监督评价管理体系

高校党政领导干部讲思政课监督评价机制建设，除了强化领导干部们作为教师身份的教学主体责任外，高校相关内设部门的监督评价对于课程质量提升也十分重要。对于与课程设计、教学过程和学生学习等有关的高校工作人员，都应规范其职责，具体化其工作内容。课程质量保证要求在学校、学院、教师和学生等内部利益相关者之间统一认识、明确责任。一方面，要求教师和学生树立质量意识，打造出一种校园质量文化氛围；另一方面，需要进一步明确学校、学院、教师、学生等内部利益相关者的职责。

首先是主管部门的规范职责。一是，高校党政领导干部讲思政课，上级主管部门应将基于教学过程的质量保证作为学校内部质量保证的有机组成部分，加以制度化和规范化，并且明确学校、学院、课程教师、学生各层级的相应职责。二是，学校应建立与高校党政领导干部讲思政课相对应的规章制度，将教学过程的质量保证作为对学校、学院、教师的要求，形成相应的激励和约束机制。三是，制订领导干部讲思政课的评价标准，生成其上思政课的长效机制。

其次是党政职能部门和二级学院的规范职责。高校党政领导干部上思政课建构起了包括校（党）办、宣传部、教务处、马克思主义学院、学生所在学院在内的主体协同机制，在各主体独立工作前提下协同完成高校党政领导干部上思政课的任务。为了保障党政领导干部上思政课的顺畅与高质，需要明确各主体的职责。现有的党政领导干部上思政课模式中，基本分为校办主导和马院主导两种类型，相应地由校办或马院承担主体责任，其他协同主体承担协同责任。具体而言，马克思主义学院的职责主要在讲稿素材提供及教案方向把握等专业职责；学生所在学院的职责主要是学生组织及课堂管理等；校办和宣传部主要提供相关校情资源及宣传报道等；教务处等则主要协调课室、校区、学生时间等。

再次是高校党政领导干部的教学主体责任。现有党政领导干部上思政课，基本采用独立主题教学模式，鲜有采用承担常规思政课的模式。因而和现有思政课同向同行、本质交融，党政领导干部上思政课确实是"思政课"的关键。为此，党政领导干部要完成课程内容、方向、重点等在内的思维转化。党政领导干部作为授课主体，要完成课前备课、课中授课、课后评价作业等环节和任务。

（四）"教学督导-学生评价-专项评价"三方联动的监督评价

高校党政领导干部上思政课常态化机制建设中的监督评价环节，要采用科学有效的监督评价联动机制，发挥教学督导、学生、第三方评价的共同作用。

一是教学督导监督评价。教学督导员是由高校教务处统一派出的，具有较强教学评估能力的专职评估人员。教学督导多从教学态度、教学内容、教学方法与技能、教学效果、学生反映等方面对课堂教学效果进行打分评定，整体上评估教学水平。引入督导监督评价，一方面实现思政课监督评估一体化；另一方面规范高校党政领导干部上思政课的效果。

二是学生评价。学生评价是由上课的学生在课后或学期末给出的评价，学生从包括教学目标、教学内容、作业批改及反馈、教学态度、教学效果等方面对教师进行打分评定，从个体角度评价教学授课水平及效果。引入学生评价，一方面彰显了学生为中心的教学理念；另一方面也指明了高校党政领导干部上思政课的持续提升方向。

三是第三方监督评价。第三方评价是专业评价机构的评价，它是以教育评价理论为支持，结合思政课特色开展的评价。它摆脱了学校内部评价的主观性和情感性，以评价量表对高校党政领导干部上思政课效果开展客观评价。同时，作为专业评价机构，它能够实现高校党政领导干部上思政课效果的纵向历史评价、党政领导干部上思政课个体交叉评价、各高校党政领导干部上思政课交叉评价等。并且，能够依据归因模型等分析出高校党政领导干部上思政课效果背后的原因及对策建议等。

五、培训机制的实施方案

培训是新时代高校党政领导干部上思政课常态化机制建设必不可少的一个环节，通过培训使高校党政领导干部转变为思政课教师角色。教育部、教育厅

（局）、高校要组织高校党政领导干部上思政课专题培训班。新时代高校党政领导干部上思政课常态化机制中的培训机制建设，要从培训效果协同、培训内容协同、培训评价机制协同等方面抓好落实。

（一）目标导向提升培训效果

立足高校党政领导干部上思政课培训的身份转换、内容收获、结果良好等维度评价培训效果。

目前，高校党政领导干部上思政课能力的培训缺乏专门、专题培训，往往是并入领导干部的理论学习、党性培训、骨干培训等其他专题培训中，通过整体理论水平、职业素养、党性修养的提升，带动上思政课能力的提升。通过访谈及对访谈结果的分析，发现高校党政领导干部对于培训的评价总体上持肯定态度，无论是对培训的管理、师资和内容的满意度，还是在培训过程中的知识、技能的获得感，以及返岗后对培训所学的运用方面均给出较高评价。这说明目前的思政课培训基本满足了高校党政领导干部思政课教学胜任能力发展需要，培训效果良好。访谈过程中，高校党政领导干部对培训管理略有意见，而对培训的知识和能力获得的评价越来越高。这说明，培训主办方在培训管理和安排上的纪律要求越来越严格，培训的内容安排和效果保障上越来越完善。

鉴于此，高校党政领导干部上思政课的培训要实现专门化、人性化、持续化。专门化强调教育部、教育厅（局）、高校要专门设置高校党政领导干部思政课培训班，针对性开展职业能力培训。人性化是指，培训安排和管理要实现硬指标与软指标相结合，立足个体实际决策相关培训事项。持续化是指，无论是在培训过程中，还是在领导干部回到学校后，都需要提供足够的教学共同体支持。主要包括培训过程中建设充分的研讨和交流机制，培训后建立跟踪机制等。

（二）培训课程的内容协同

高校党政领导干部有着多年从事党政工作的经验，有着一定的理论基础，但是要走上高校思政课的讲台，需要理论功底更加扎实、系统、规范。在培训中，要加强课程协同的针对性、精准性、专业性。

访谈结果显示，目前的高校党政领导干部培训内容主要包括马克思主义经典、习近平新时代中国特色社会主义思想、党的建设理论、廉政建设理论、高校建设经验等，领导干部也都表示这些内容是其上思政课的主要理论来源和支撑，且对培训效果表示肯定。访谈中，党政领导干部普遍认为，培训的理论知识足够支撑上好一堂思政课。但是，对于思政课的专业性、领导干部上思政课与专业思政的衔接、思政课教学要素的建设等并不关注且认为不那么重要。这表明，党政领导干部上思政课的专业性、协同性等认知与实践有待加强。

鉴于此，培训内容要实现党政领导干部上思政课与专业思政课的教学目标、课程逻辑和内容体系有机协同。一是，目标协同。"思政课是落实立德树人根本任务的关键课程。"① 各门思政课程立足自身课程特色，推动立德树人目标实现。马克思主义基本原理概论课，主要揭示自然界、人类社会、人类思维发展的普遍规律，说明人类社会发展的演进过程；中国近现代史纲要课主要向学生介绍中国近现代历史发展的脉络，说明中国社会近现代发展的历史必然性；毛泽东思想和中国特色社会主义理论体系概论课主要聚焦中国共产党带领全体人民进行革命、建设、改革的奋斗历史，中国实现"站起来""富起来""强起来"的飞跃；习近平新时代中国特色社会主义思想概论课主要聚焦"十个明确""十四个坚持""十三个方面的成就"，明确实现中华民族伟大复兴的自豪与价值；思想道德与法治课主要立足青年大学生成长成才强调把人生价值实现融入国家、民族、党的使命实现中。高校党政领导干部与思政课立德树人目标协同，要求其明确课程定位，理论、历史、实践、价值选择其一或综合实现；确定课程定位后，规划授课内容、强化教学方法等。二是，课程的基本逻辑协同。思政课要讲清道理，就必须坚持逻辑与历史相统一的思想方法。新时代高校思政课课程体系的大逻辑就是中国共产党带领全体人民实现民族复兴的历史如何发展，高校领导干部上思政课，也必须坚持思政课的大逻辑。三是，内容协同。党的二十大报告指出，要坚持不懈用新时代中国特色社会主义思想凝心铸魂，② 思政课内容建设以其为根本遵循，高校党政领导干部上思政课的内容设置也别无二致。

---

① 习近平：《思政课是落实立德树人根本任务的关键课程》，北京：《新华月报》，2020 年第 21 期，第 21 页。

② 习近平：《高举中国特色社会主义伟大旗帜 为全面建设社会主义现代化国家而团结奋斗——在中国共产党第二十次全国代表大会上的报告》，北京：《人民日报》，2022 年 10 月 26 日，第 2 版。

（三）培训课程的形式创新

高校党政领导干部上思政课的系统培训，不仅需要内容协同，也需要形式创新。培训课程形式创新不仅能够提升培训成效，也是党政领导干部上思政课形式创新的直接示范。

一是，理论授课形式创新，发挥领导干部学习优势。基于高校党政领导干部实践经验足、大思政课实践资源丰富等特征，理论讲授是培训课程的核心和支撑，但其形式可以采用线上线下混合式教学的形式展开。运用领导干部擅于学习的特点，课前线上发布网络资源，让党政领导干部自学完成课程基本知识点；课中导入理论相关社会热点问题，以小组为单位开展探究式研讨，得出结论并派代表讲解结论，最终授课教师总结理论基本内容及难点和重点；课后线上完成课程作业。线上线下混合式教学，既发挥了领导干部擅于学习、实践经验丰富的优势，也弥补了其专业理论薄弱等不足，可有效实现培训目标。

二是，强化培训课程中的实地调研比重，坚定领导干部课程认同。访谈过程中发现，大部分高校党政领导干部认为实地调研对于加强情感认同具有非常重要的价值。可依据思政课内容，设计培训中的实地调研地点及课时安排，配置优秀的实地讲解教师。在实地调研课程安排的过程中，因地制宜开设思政课，例如"红旗渠边的思政课""茅台渡口的思政课""八角楼下的思政课"等，在情感共鸣中实现对思政课程内容的认同。

三是，强化思政课虚拟仿真教学体验。缺乏实地调研条件或者实地调研无法达成培训目标的前提下，可以利用虚拟仿真教学资源提升思政课教学培训效果。通过前期充足的准备，让培训的高校党政领导干部，在 AR 等虚拟仿真体验中提升对思政课的认知，了解和掌握思政课教师的职业特征等。

第四章

新时代高校党政领导干部讲思政课常态化机制评价与问题防范

新时代高校党政领导干部讲思政课常态化机制建设是一个不断发展完善的实践过程，因而，常态化机制建设本身既有政策优势和现实优势，亦面临潜在的矛盾、问题和风险。优化新时代高校党政领导干部讲思政课常态化机制建设，一方面，要强化常态化机制的自身建设，推动其内涵式发展；另一方面，要注重常态化机制的科学评价、加强问题防范，由此实现新时代高校党政领导干部讲思政课常态化机制建设行稳致远。

第一节　新时代高校党政领导干部讲思政课常态化机制评价的目标与视角

对新时代高校党政领导干部讲思政课常态化机制进行评价，是一个审视过去、立足当下、面向未来的联动过程；是破旧立新之策、自我反思之策、改革共进之策；是将评价作为动力、以评带促的过程；是在动态评价中实现新时代高校党政领导干部讲思政课常态化机制与时俱进、永葆活力与生命力的考量。

一、常态化机制评价的目标

对新时代高校党政领导干部讲思政课常态化机制进行评价势在必行。只有在新时代语境中客观、全面、立体地审视党政领导干部讲思政课常态化机制的运行与实践，才能实现新时代与党政领导干部讲思政课常态化机制的和谐共进，彰显时代性、创新性、实践性。评价的实质在于形成行动自觉，以此优化新时代高校党政领导干部讲思政课常态化机制的理念、改革与供需。

（一）宏观目标：贯彻思政课建设理念

首先，坚持马克思主义根本指导思想。马克思主义既是高校党政领导干部常态化讲好思政课的根本内容、根本方法、根本原则等，亦是高校思政课建设的根本指导思想。对新时代高校党政领导干部讲思政课常态化机制进行综合性评价，不仅是实践层面上对高校党政领导干部讲思政课常态化机制的一种推动、一种改进、一种完善、一种优化，也是在理念层面上呼应其指导思想的根本体现。马克思主义指导思想是思政课的"思想性"之所在，蕴含着丰富、多样、深厚的思想理论意义与实践价值。思政课的定位不仅是一般学科认知上的知识性讲授，更重要的是，它是建立于知识性基础之上的能够凸显思想性的学科。从根本上看，马克思主义蕴含为人类解放而辩护的价值追求，其价值目标的转化性过程正是思政课的价值实现过程，从教师讲授到学生内化，价值传导始终是思政课的内在价值逻辑，它构成思政课思想性、价值性、实践性的内在支撑与外在引领。"对于马克思主义的理解……无论是无产阶级和全人类的解放还是每个人自由而全面的发展，最终都指向人的解放和发展。"① 因此，评价新时代高校党政领导干部讲思政课常态化机制，应紧紧围绕坚持马克思主义根本指导思想这一根本遵循，要在评价过程中时刻关注常态化机制运行是否常态化落实了指导思想的内在要求，是否将指导思想作为常态化机制完善的行动导向等。由此，形成高校党政领导干部讲思政课以常态化为特点，以马克思主义为鲜亮底色，以铸魂育人为目标的新时代样本。同时，评价活动本身也应以马克思主义立场、观点、方法审视高校党政领导干部讲思政课常态化机制，实现评价者、评价对象双向的真学、真懂、真信、真用。

其次，坚持党对思政课建设的领导。新时代高校党政领导干部讲思政课常态化机制评价是一个具有多维目标的评价过程，坚持党的领导，是常态化机制评价的又一重要目标。高校党政领导干部讲思政课的对象是"人"，重点在"思"，方向为"政"。加强党对高校思政课建设的全面领导，有其历史根基、

---

① 唐斌、黄蓉生：《理直气壮开好思想政治理论课的"四个着力"》，北京：《中国大学教学》，2019年第6期，第60-63页。

理论土壤、实践境遇三维要求,办好思政课,关键就是要坚持党对思政课的领导。① 马克思主义作为根本指导思想,党的领导作为建设好思政课尤其是实现高校党政领导干部讲思政课常态化的关键,二者的联动、互通与互促成为高校党政领导干部讲思政课常态化机制落实的根本力量。为党育人、为国育才的初心、立场是高校党政领导干部讲思政课的根本育人要求。加强党对高校党政领导干部讲思政课的领导,"一定能培养好担当民族复兴大任的时代新人,为实现亿万人民的伟大梦想筑牢坚实基础"②。对新时代高校党政领导干部讲思政课常态化机制进行评价,是一个全面性、系统性、层次性过程。在此过程中,主要涉及师生教育主体要素、常态化机制评价要素、思政课建设要素等多维要素体系。面对如此复杂的评价对象与评价内容,能否坚持党的领导成为评价目标的核心之一,它不仅是实现高校党政领导干部讲思政课常态化、实现高质量的常态化的重要保证,亦是实现高质量评价的题中之义。在具体评价过程中,围绕以下重点议题,坚持党对思政课建设的领导这一思政课建设理念得以重视和落实。具体来看,这些议题主要包括:高校党政领导干部讲思政课常态化机制运行是否深化了"党的领导是关键"这一思想认识、是否始终坚持党对思政课建设的领导、是否确保思政课建设的正确政治方向,以及培养好德智体美劳全面发展的社会主义建设者和接班人的育人目标是否实现等。

最后,坚持以学生为本的理念。坚持和贯彻以学生为本的理念,作为新时代高校党政领导干部讲思政课常态化机制评价的目标,意指高校党政领导干部讲思政课这一实践活动在始终坚持马克思主义指导思想、坚持党的领导的前提下,以高校党政领导干部的马克思主义信仰带动培养学生的马克思主义信仰,以党的领导在高校党政领导干部讲思政课常态化机制中的落实来带动学生对党的拥护、支持,最终实现立德树人根本任务的稳步推进,并在立德树人根本任务的推进中彰显以学生为本的育人理念,提升高校党政领导干部讲思政课的育人实效性。与此对应,高校党政领导干部讲思政课常态化机制评价,旨在重点

---

① 谢璐妍、李锦唯:《论新时代加强党对高校思政课建设的全面领导》,哈尔滨:《思想政治教育研究》,2021年第5期,第99—103页。

② 《党的领导是思政课建设根本保证——论学习贯彻习近平总书记在学校思政课教师座谈会上重要讲话》,北京:《人民日报》,2019年3月22日,第1版。

关注思政课"以学生为本"的理念是否得以有效落实,即思政课教育教学实践体系能否使得高校党政领导干部、学生、思政课教学方法、思政课教学内容等要素充分协同,并生成协同育人效应,由此提升思政课的教学实效性。一方面,新时代背景下,高校党政领导干部讲思政课面临矛盾性,一是国家意识形态教育、个人需要的矛盾;二是理论教学、经验支持的矛盾;三是教与学的矛盾。[①]另一方面,大学生正处于成长、发展的"黄金期",在这一关键时期中,引导教育必不可少。思政课作为立德树人"关键课程",培养学生正确"三观"是其课程目标,也是包括高校党政领导干部在内的广大思政课教师的时代使命。高校党政领导干部讲思政课常态化机制评价,以思想政治理论知识的传授、学生家国情怀的养成、学生健全人格的塑造为核心内容。同时,始终坚持以思想感染思想,以人格影响人格,以行动引领行动为依据,在常态化机制运行全过程压实以学生为本育人理念,利于在评价过程中激发培养时代新人的内在动力。

(二)中观目标:深化常态化机制改革

首先,激发高校党政领导干部讲思政课常态化机制的改革动力。新时代,高校思政课在立德树人根本任务上面向崭新历史机遇。制度保障方面,2015 年,中宣部、教育部联合颁发《关于普通高校思想政治理论课建设体系创新计划》。标准建设方面,2015 年,教育部出台落实性文件《高等学校思想政治理论课建设标准》。机构设置方面,2017 年,教育部出台《高等学校马克思主义学院建设标准(2017 年)》。教学规范方面,2018 年,教育部出台《新时代高校思想政治理论课教学工作基本要求》等系列文件。[②] 此后,相关文件陆续出台,为高校党政领导干部讲思政课常态化机制提供政策支持。2019 年,《关于深化新时代学校思想政治理论课改革创新的若干意见》《普通高等学校思想政治理论课教师队伍培养规划(2019-2023 年)》印发;2020 年,《新时代学校思想政治理论课改革创新实施方案》《新时代高等学校思想政治理论课教师队伍建设规定》印发;2021 年,《高等学校思想政治理论课建设标准(2021 年本)》印发……

---

① 邓亦武、邓厚平:《思政课"以学生为本"的协同教学模式的构建》,武汉:《学校党建与思想教育》,2016 年第 7 期,第 60-63 页。

② 曾骊、王懂礼:《高校思想政治理论课 70 年发展理路论析》,哈尔滨:《黑龙江高教研究》,2020 年第 2 期,第 139-144 页。

随着国家层面的文件、政策、精神、指示的颁发与提出，高校党政领导干部讲思政课的常态化发展有据可循，有方向可找，在具体实践中更加行稳致远。高校党政领导干部讲思政课常态化机制的发展渗透在国家层面的政策精神、省区市层面的政策细化、高校层面的政策落实与具体实践。对常态化机制运行进行针对性评价，不仅是贯彻高校党政领导干部讲思政课常态化机制的必然环节，也是促使高校党政领导干部讲思政课常态化机制进行"二次构建""再次实践"的内在要求。因此，推进常态化机制的评价从根本上讲有利于激发新时代高校党政领导干部讲思政课常态化机制改革的内外动力。从内在动力看，评价本身对常态化机制改革造成隐性压力，这种压力体现为高校党政领导干部讲思政课常态化机制改革内在发展诉求与外在发展差距之间的不平衡感。这种不平衡感的矛盾性构成新时代高校党政领导干部讲思政课常态化机制改革的潜在性动能，从根本上诱发其内涵式发展的精神力量，并在外力作用下逐渐向外溢出，形成改革的外在动力。从外在动力看，评价的导向性最终要走向对常态化机制的实际引领上来。因而与内在动力相对，外在动力的激发建立在内在动力的基础之上，并具有强实践性特征。而评价本身对常态化机制改革的激发在由内至外的转换中，表征为一种动力主体由分散向聚合的过程，最终形成常态化机制改革的外在"合力"。这些"合力"，离不开党政领导干部、思政课专任教师、同行专家的主体作用，他们分属领导者、一线工作者、关键评价者三隅，构成常态化机制建立、运行、反馈的全过程，因而是推动常态化机制改革的核心力量。此外，思政课的受众即广大学生作为受教育者、"课程思政"的主体即兼具思政课、专业课双重角色定位的相关教师等主体也构成常态化机制改革的重要外力，从不同阶段、角度、层次助力常态化机制改革。当然，从顶层设计的政策性指导方面来看，国家层面、省区市层面的政策制定者及政策本身、高校的细化政策与具体规范也是深化新时代高校党政领导干部讲思政课常态化机制改革的重要动力源。

其次，助推高校党政领导干部讲思政课常态化机制的纵向改革。我国思政课体系大体历经4次调整，从新中国成立后的初步探索到"85方案"提出、"95方案"形成、"05方案"实施，而后，党的十八大为起点的思政课建设中，高校思想政治理论课建设进入高水平、高质量、高标准发展阶段。纵观高校思政课建设历程，每一次重大调整都意味着思政课面临新的时代使命和育人使命，而每一次涉及思政课的重大调整，都会聚焦教师队伍建设问题。进入新时代，教师队伍建设任重道远，如何培育能够担当民族复兴大任的时代新人成为锤炼思政课教师队伍的根本之问。高校党政领导干部有两重身份，一是代表党和国家声音的领导干部，是广大教育工作者的排头兵；二是作为高等教育的普通教师当中的一员，等同于传统意义上的"教书匠"。推进高校党政领导干部讲思政课常态化机制落地实施，高校党政领导干部既是领导者，亦是亲历者与实践者。党政领导干部赋有领导角色和教师角色双定位，因而具备管理经验和教学经验双优势。推动高校党政领导干部讲思政课常态化，是集中高校党政领导的集体智慧与磅礴力量，充实、优化、完善思政课师资队伍与教师结构的重要动作，益于思政课以及高校思想政治工作的改革创新。回望高校思政课的历史发展脉络，高校党政领导干部发挥着引领思政课建设、改进思政课运行、提升思政课质量的关键作用。那么，在推进高校党政领导干部讲思政课常态化机制及其落地实施的过程中，评价与反馈就成为思政课"在改进中加强"的重要举措，起着承上启下、继往开来的重要作用。评价高校党政领导干部讲思政课常态化机制是一个一以贯之的纵向性过程，正如思政课的历史发展是一个纵向发展的过程一样，评价本身也是以过程化、动态化、持续化视角进行观测、反馈的。因此，一贯性原则是评价本身的内在逻辑基础，它避免了片面性评价的风险。一贯性既是高校思想政治教育效果是否稳定持久的表现，亦是检验高校思想政治教育质量的重要标准。[①] 从常态化机制改革实效来看，评价这一中立性行为体现了"以学生为中心"的教育理念。对常态化机制进行评价，根本目的在于使得常态化机制改革真正落实到立德树人根本任务上来。所以，评价本身就是一种"前改革"阶段的改革，评价涉及的对象涵盖课程的改革、教师队伍的改革、教育制度的改革等，但是，其最终落脚点在于学生是否有所收获，这是深化新时代高校党政领导干部讲思政课常态化机制改革的"深度"之体现。

最后，健全高校党政领导干部讲思政课常态化机制的横向改革。与常态化机制改革纵深发展对应，对新时代高校党政领导干部讲思政课常态化机制进行

---

① 徐菲：《高校思想政治教育效果评价指标及其赋值研究：基于效果阶梯理论和结构层次系数》，南京：《江苏高教》，2021年第7期，第80-84页。

评价，同样益于常态化机制改革的横向发展，主要体现为对常态化机制的完善与健全，是深化新时代高校党政领导干部讲思政课常态化机制改革的"广度"之体现。常态化机制的提出是应对党政领导干部讲思政课"走过场""作秀""此一时，彼一时"等风险的制度化安排，是着眼党政领导干部讲思政课的质量、持续性的长远考量。高校党政领导干部讲思政课常态化机制评价与思想政治教育评价一样，贯穿于教育全过程、包含教育各环节。二者都涉及教育目标、教育内容、教育方法、教育制度、管理体制、保障机制、运行状态、教育生态、政治认同、道德素养、教育效果等方面。① 因此，评价本身是一个系统化、结构化、全局化的设计。在党政领导干部讲思政课的过程中，常态化机制的运行是否顺畅、是否得以切实贯彻、是否能够实现全过程育人的初衷、是否能实现师生良性对话、是否能满足学生的知识性与价值性诉求⋯⋯以上问题，是党政领导干部讲思政课常态化机制从提出到落地，从具体实施到"回头看"的动态过程中不容忽视的一系列问题链。那么，针对高校党政领导干部讲思政课常态化机制及其落实，我们何以评价、评价什么、如何评价？这需要紧紧围绕常态化机制的过程化、动态化实施来进行科学审视，对标对表、靶向问题，进而契合因果、提质增效。显然，在常态化机制的实现过程中，我们将不得不面对常态化机制的衍生机制如领导机制、政策机制、培训机制、运行机制、监督机制、反馈机制等结构性、过程性的"横向性问题"。那么，在面对这些"横向性问题"时，如何介入？如何看待？如何改进？这就自然涉及评价问题。只有通过全面、客观、科学地对党政领导干部讲思政课常态化机制及其衍生机制的评价，我们才能得出具有针对性、说服性、彻底性的结论式归总，由此，从正反两方面对评价结果进行归纳，抽象出具有反馈性、参考性、指导性的改进意见与建议。最终，回归党政领导干部讲思政课常态化机制的育人初衷，评价本身及其得出的系统化结论将为健全新时代高校党政领导干部讲思政课常态化机制提供直接性指导。

（三）微观目标：推进思政课供需匹配

从供给侧来看，益于党政领导干部"讲好"思政课，通力打造思政"金

---

① 张旭日：《高校思想政治理论教育评估体系阐析》，哈尔滨：《高教学刊》，2021 年第 17 期，第 185-188，192 页。

课"。新时代高校党政领导干部讲思政课常态化机制评价的实践目标之一是以党政领导干部为对象，对接思政课"供给侧"。从党政领导干部作为特殊思政课教师的角色定位看，"讲好"思政课不仅是作为思政课教师应当担负的重要使命，也是党政领导干部在实现角色转换中落实讲思政课常态化机制的题中之义。有学者指出，党政领导干部讲思政课要实现"五味"育人，即讲出"信仰之淳味""信念之党味""内容之趣味""严教之辣味""不绝之回味"。① 由此观之，党政领导干部想要讲好思政课，必须从理论功底、实践经验、教学风格、价值底蕴等多维角度涵养自身能力，提升自我教育教学技能。如果党政领导干部讲思政课的高度不够、力度不深、温度不高，那么，不仅会导致学生听课效果的下降，还将影响党政领导干部讲思政课的常态化推进，继而影响常态化机制的持续运行。所以，对高校党政领导干部讲思政课进行综合评价与系统反馈，既是理论层面上对常态化机制改革的一种督促与驱动，也是实践层面上对常态化机制实施与思政课质量互洽的一种联结与优化。一方面，评价本身意味着高校党政领导干部讲思政课常态化机制并非无懈可击，它必然存在正负两个方面的影响，因此评价的意义就在于抓住这些积极之处和消极之处，客观还原常态化机制本身在实施过程中的客观状态。另一方面，评价本身意味着高校党政领导干部讲思政课常态化机制的实施结果会有一个程度上的好坏之分、优差之分，这个区别一定是通过评价这一行为及其过程得出的，因而评价本身的重要作用之一在于为常态化机制进行赋分，通过可量化的评价标准让评价对象形成自我认知与自我判断。综合来看，评价的介入使得高校党政领导干部讲思政课常态化机制具有了相对意义上"第三方"主体的出现，中介了评价高校党政领导干部讲思政课常态化机制的评价者与评价对象。此外，评价本身在客观准确的基础上，可转化为一种内在的推动力和外在的驱动力，共同作用于高校党政领导干部讲思政课常态化机制的优化与改良上。党政领导干部讲思政课作为一道思政课"特色菜"，不仅要"色香味俱全"，更要实现"日常化供应"，确保思政课供给侧能够以需求侧为导向，不断推陈出新，抓住学生品味思政课的"胃"，凭借常态化机制的反馈性改革与实践性改善，牢牢抓住学生的心，慢慢走进学

---

① 霍庆生：党政领导干部讲思政课的"五味"育人 [EB/OL]. https：//www. gmw. cn/xueshu/2021-05/10/content_ 34833426. htm，2021-05-10.

生的心。

从需求侧来看，益于广大学生"学好"思政课，满足学生成长成才之诉求。新时代高校党政领导干部讲思政课常态化机制评价的另一实践目标是以学生为对象，对接思政课"需求侧"。从学生角度看，学生是思政课的学习者、感受者、获益者。立足于学生成长成才的内在诉求，从知识性收获到价值性收获，再到其"三观"的形成与稳定，思政课发挥着不可或缺的"关键课程"之作用。高校党政领导干部参与思政课教学，是满足学生多样化、个性化思政课需求的重要措施，符合新时代党和国家鼓励党政领导干部走上思政课讲台的有关要求。学生作为思政课的教育对象，对思政课的效果具有发言权。因而，对党政领导干部讲思政课常态化机制的评价离不开学生这一教育对象的声音。学生对党政领导干部讲思政课常态化机制的发声既是内含于常态化机制评价体系中的必要环节，也是实现学生真正参与思政课课堂与思政课改革、推进思政课成为"金课"和受欢迎的课的重要举措。传统思政课评价体系对评价对象的设定将学生置于一般性地位，较少从学生角度看待思政课质量与实效。从某种程度上讲，学生获得感相当于某一产品或成果，人们通过考察教育产品的优劣去判别教育生产过程科学与否；反过来，再去检验教育理念科学与否、教育方法得当与否、教育内容合理与否，同时考察学生自身主体性、分析学校与社会环境的影响。以评价带动的常态化机制，可聚焦、透视学生对思政课的需要图景，适时激活学生在思政课堂上的主体性力量，有效揭示面向学生的思政课建设问题症结。① 通过改变评价模式、畅通评价过程、科学设定评价对象与主体、合理设置评价指标等，对党政领导干部讲思政课常态化机制的评价不同以往，它建立一套面向学生这一根本主体、聚焦学生成长成才需求这一根本目的，推动党政领导干部讲思政课持续开展与高质量开展，形成了具有新时代特色的具有指向性的常态化评价机制。总之，对党政领导干部讲思政课常态化机制评价的出发点与落脚点都在于党政领导干部能够"讲好"思政课，而"讲好"思政课的目的又在于学生能够"学好"思政课。所谓"学好"，就是学生的获得感得以攀升，思政课的内容与价值聚焦于学生发展所需。因此，评价新时代高校党政

---

① 程仕波：《获得感在大学生思想政治教育评价中的优势及限度》，北京：《思想教育研究》，2021 年第 5 期，第 18–22 页。

领导干部讲思政课常态化机制实现了供给侧与需求侧的统一与科学对接，因而利于实现新时代高校党政领导干部讲思政课的精准供给。

二、常态化机制评价的视角

评价视角关乎评价结果的客观性与科学性。以何种视角切入高校党政领导干部讲思政课常态化机制评价，是一个尚无定论的议题。立足新时代基点和探索性理念，我们从宏观上提出两种相异又相依的评价视角，分别是单向性维度评价视角、全过程维度评价视角。基于两种评价视角，对高校党政领导干部讲思政课常态化机制进行评价，可以避免陷入形式主义评价、唯结果论评价等误区，确保评价结果的准确性、客观性。

（一）从时空视角评价

从时效性维度评价。时效性是贯通一切评价活动的核心要义之一，失去时效性的评价将丧失评价意义。对新时代高校党政领导干部讲思政课常态化机制进行评价尤其要凸显时效性，要把时效性内植于新时代语境，提升常态化机制评价时效性与新时代之"新"的契合度，发挥时效性反映时代性的重要作用。高校党政领导干部讲思政课常态化机制评价的时效性是指：在推进高校党政领导干部讲思政课常态化机制评价的过程前、过程中、过程后，都紧扣及时性和即时性原则，将分属三个阶段的常态化机制运作状态最快、最优、最准地系统反馈。其中，"最快"是基础，代表评价时间上的效率与速度，直接反映常态化机制评价的时间性效度；"最优""最准"是要求，代表常态化机制评价空间上的质量与效果，是间接反映常态化机制评价时间性效度的空间化指标。所以，不失时机的常态化机制评价不仅是评价自身意义最大化的体现，也是评价之于常态化机制而产生现实值的根本规定。高校党政领导干部讲思政课常态化机制评价的时效性作为重要评价视角，可以突破传统的对包括思政课态度评价、内容评价、方法评价、效果评价等在内的评价活动的局限性——评价滞后于现实。时效性展现着高校思政课教学与时俱进的教育教学理念与实践自觉，是思政课与新时代产生"共境"的重要条件。自 2005 年高校思政课新课程设置后的 10 多年，高校思政课的课程名称、行课内容、授课方式、考核体系、反馈标准等发生翻天覆地之变。不过，这也从侧面反映出高校思政课建设的时代性与创新性是一个持续过程，在持续性中体现理论性和实践性的耦合。尤其是随着互联网信息技术的发展，社会传播环境易变导致高校思政课授课方式与"第二课堂"等延伸课堂发生网络化转变。借助网络让党的理论传播得更快、更广、更深，成为网络时代高校思政课变革的重要路向。进入新时代，高校思政课建设如何应时应景、因时而新，这成为高校思想政治工作的核心议题之一。党政领导干部讲思政课成为新时代思政课建设的一大亮点，而党政领导干部讲思政课常态化则成为思政课机制建设的一大特色。如何以特色显优势，以优势促创新？这不但要靠党政领导干部的内力发挥，还要靠以评带促、激发外力。党政领导干部讲思政课常态化机制评价的实际效果就自然成为衡量标尺，评价常态化机制的时效性则成为彰显新时代之"新"和党政领导干部讲思政课举措之"新"的重要依据。

从实效性维度评价。与时效性的时间性依据相对，实效性是从空间维度对特定对象实施评价的一种评价视角。对新时代高校党政领导干部讲思政课常态化机制进行评价，实效性与时效性同等重要、缺一不可，二者同构常态化机制评价的横、纵向完整体系。高校党政领导干部讲思政课常态化机制评价的实效性是以高校党政领导干部讲思政课常态化机制的实际效果及其量化呈现为评价活动的依据和内容。"实效性"本身就是一个带有程度性的量词，而不是一个准确的数值点的表达。所以，才会有"提升"实效性一说。实效性反映的是空间状态上，党政领导干部讲思政课常态化机制的现实效果与作用效果，这一效果的具体衡量指标主要分为党政领导干部和学生两个层面。从学生层面分析，主要体现为学生在高校党政领导干部讲思政课常态化机制影响下，常态化机制的正向作用达到一个什么程度，具体表现为学生获得感的提升如何，即学生学好思政课的"好"的程度。党政领导干部层面，主要体现为在高校党政领导干部讲思政课常态化机制影响下，党政领导干部对常态化机制的适应性如何、积极性如何以及达到什么程度，具体表现为党政领导干部上好思政课的"好"的程度，同时包含党政领导干部在常态化机制背景下的自我评价尤其是正向评价程度如何。综合来看，实效性是一个客观的但又主观的，可以被量化但量化起来存在一定难度的分层次的评价视角。值得注意的是，实效性更多地与实际效果的结果性评价相关，但又区别于只看重结果的单一化思维和片面化认知。实效性是一种客观地从"全结果"角度看待结果的理性评价视角，正负影响分属其内容，因而它在根本上不同于"唯结果论"评价。另外，还可从学生与党政领导干部的互动交流方面理解实效性评价视角，以"教学相长"衡量实效性问题，即党政领导干部与学生是否在常态化机制作用下实现了"教学相长"及其常态化，与前期相比是否有"质"的飞跃。因此，党政领导干部和学生作为常态化机制的主体和参与者，实效性视角下的评价活动不能只从其中一方来看，而应当在二者各自评价主体的基础上实现结合性评价，结合看待评价行为及其实际效果，以保证实效性是实施常态化机制的实效性。高校党政领导干部讲思政课常态化机制评价的实效性视角，对准常态化机制实施的各个层面的实际效果，而思政课的实效性则是某一时期、某一课堂、某一教师、某一教学内容等方面的实际效果。显然，这两种实效性有所不同，但又紧密相关，不能在实际操作过程中混淆二者，造成评价偏差。此外，时效性与实效性的差别也比较明显，时效性是针对时间维度的评价视角，实效性是针对空间状态的评价视角。实效性评价的意义之一在于强化评价本身的作用发挥和评价目标的达标，由此客观反映常态化机制的实施状态，一方面弥补时效性评价的缺陷，另一方面实现评价活动的全面与科学。

（二）从全过程视角评价

对新时代高校党政领导干部讲思政课常态化机制进行评价，是新时代高校思想政治教育评价的一个重要构成，也是高校思想政治工作的一大特色。全过程评价参与高校党政领导干部讲思政课常态化机制评价是重要的评价视角，具有显著的时代性和创新性。

第一，从全过程评价的功能作用与价值定位来看。毋庸置疑，"评价活动"是思想政治教育活动的必要手段与实施内容之一。具体来说，思想政治教育评价是思想政治教育的一个关键环节；正确进行思想政治教育评价可以给领导部门和教育者提供一个改善和加强思想政治教育的客观依据；正确进行思想政治教育评价不仅是历史的经验教训给我们留下的深刻启示，也是开创思想政治教育工作新局面的迫切需要；最后，正确进行思想政治教育评价也是思想政治教育科学研究的需要。① 可见，思想政治教育作为高等教育的一个重要领域，对其进行正确的评价意义重大、不可忽视与小觑。思想政治教育评价涉及思想政治教育作为一门学科、作为一种教育教学实践、作为一种科学研究的完善发展等基本定位。所以，对高校党政领导干部讲思政课常态化机制进行评价，同样具有这些功能和价值意涵，而且从某种程度上体现出高校思想政治教育在新时代的独特范本与实践逻辑。从高校思想政治教育及其评价来看高校党政领导干部讲思政课常态化机制及其评价，全过程评价本身具有多维价值意蕴。开展全过程高校党政领导干部讲思政课常态化机制评价，益于思政课在新时代更加凸显其时代性、学科性、实践性和吸引力。基于此，思政课可在全过程评价中科学融入高校思想政治教育的整体视野当中，利于提升思政课改革与创新的针对性。反过来，这又有利于强化对新时代高校党政领导干部讲思政课常态化机制的推力激发，持续释放思政课程建设与常态化机制的协调配合、相互促进。具体来看，一方面，可体现思政课课程本身的发展动力；另一方面，可体现高校党政领导干部讲思政课常态化机制发挥作用的内在动力，最终转化为高校思想政治教育高质量发展的动力，加快推进立德树人根本任务的方法论创新与动力源挖掘。

第二，从全过程评价的过程性与整体性来看。对新时代高校党政领导干部讲思政课常态化机制进行评价是一个动态的关联性、前后相继式的全程评价。高校党政领导干部讲思政课与思政课专任教师讲思政课一样，都是按照既定教育教学流程开展思政课教学的系统化过程。高校思政课教学是过程化开展与动态化实施的，那么，对高校党政领导干部讲思政课常态化机制进行评价自然也应以过程性思维、整体性视野来推进，逐步实现高校党政领导干部讲思政课的教学过程与评价过程协调配合，共荣共进。反观思想政治教育尤其是高校思想政治教育的既往评价，无论是方法、内容、课程体系、师资还是教学的评价，都在一定程度上存在单一化评价的局限性。单一性评价虽然容易开展，但是也导致了评价活动及其行为本身缺乏长期性、持续性和高度的关联性，因而失去了评价内在的科学性与真实性。所以，全过程评价的过程性与整体性思维的缺

---

① 本书编写组：《思想政治教育学原理》，北京：高等教育出版社，2018 年，第 316-317 页。

失和忽视，导致评价本身是局部性的、阶段性的、彼此分离的，因而评价的整体性、客观性、准确性就难以达成。对新时代高校党政领导干部讲思政课常态化机制进行评价，过程性评价尤其是全过程评价的实施，利于打破传统评价模式与思路的既有形式，建立一种"以过程来说话"的评价思维，打破了局部评价和结果评价的弊端，比如评价的部分适用、评价的以偏概全、评价的匹配性不足等问题。尤其是只注重结果的评价思维与评价方式，使得高校党政领导干部讲思政课常态化机制实施过程中的系统性问题被忽视，易造成只注重结果而丧失整体化考量的科学性思维，最终影响评价的准确度与客观性，继而影响高校党政领导干部讲思政课常态化机制的深化改革，影响高校思政课教学质量，影响学生的成长成才。本质上讲，忽视全过程评价将导致评价过程的恶性循环。因此，全过程评价参与高校党政领导干部讲思政课常态化机制评价确有必要。

　　总之，从思想政治教育及其评价来看，从思政课及其评价来看，从党政领导干部讲思政课常态化机制及其评价来看，全过程评价都是一个科学的评价模式，它提供了一种不同于惯常评价思维的新的评价理念与评价模式，并在评价开始、实施、结尾阶段，将整个教育过程、授课过程、评价过程相互关联。全过程评价是一个动态性的系统评价模式，它不仅有利于评价活动实现自身应有的强大功能与价值诉求，还可为高校党政领导干部讲思政课常态化机制改革与实施提供源源不断的创新动力与实践动力。

　　那么，全过程评价如何实现呢？通过前文分析可知，推进全过程评价对高校党政领导干部讲思政课常态化机制评价十分必要且重要，它是改进传统评价模式既定理念、创新评价方式的变革性举措，对于新时代高校党政领导干部讲思政课常态化机制改革与实践变革具有关键的创新性意蕴。回归现实的常态化评价理路，如何推进和落细全过程评价，如何实现全过程评价与高校党政领导干部讲思政课常态化机制相匹配，这是一个需要不断深化的实践性任务和前瞻性课题。高校思想政治工作本身就是一个过程，思想政治工作对象的基础状况（政治觉悟、思想素质、认识能力等）、思想政治工作的环境因素（大环境如政治形势、社会思潮、舆论等；小环境如决策、领导、人际等）、思想政治工作过程本身的因素（指导思想、目标设置、任务要求、组织管理、方法手段、党政干部素质等）相互制约、相互作用的过程就是思想政治工作开展的过程，而对思想政治工作进行评价也是基于这些过程和环节及其具体要素的现实状况，进而实施具体化的评价与考量。因而，全过程评价并非空穴来风、无所依据，而是基于思想政治教育尤其是高校思想政治教育的过程性特点与动态化实施而采取的评价思路与模式。

第一，从全过程评价目标来看，为了达到对影响高校思政课教学效果的诸多环节进行有效监控、纠错、反馈、修正，将考察重点由传统的"结果型"评估转化为"过程型"评价，旨在基于严格的过程化考评，对每一个教学环节的质量进行从严把关。① 显然，评价视角的转变促成了评价过程与全过程评价本身的科学化，而且益于在理论上构建出全过程评价的优化模式与模型，在时间上细化、深化全过程评价的实施与改进。从评价目标着眼，在目标上，由于评价视角的转变，对党政领导干部讲思政课常态化机制的评价要求由一般水平提升为高水平，评价过程与标准更为严格、精密，对教学主体即党政领导干部的教学要求有了明确规定。所以，目标导向决定行动导向，全过程评价的目标导向意在从评价的开端就将评价自身置于"高精尖"的理想化状态与水准，并试图通过健全制度化规约和教学过程参与者的力量来实现质量把关与行为监督，推进高校党政领导干部讲思政课常态化机制评价从理想化构思转化为现实性行动。

第二，从全过程评价实施来看，实施不仅是指在评价目标的指引下评价行为的具体实现，同时指党政领导干部讲思政课常态化机制的具体实现与实施，二者是近乎同步的状态。在推进高校党政领导干部讲思政课成为一种常态化的教学活动中，机制建设相伴始终并化为内在的运行逻辑与外在的行动张力。如何实现高校党政领导干部讲思政课常态化，如何将常态化机制实现于日常化思政课教学，这不仅是制度建设的一般化构思，也是制度完善与贯彻的过程。同时，在党政领导干部讲思政课常态化机制贯彻的过程中，更能体现常态化机制本身是否行之有效，是否存在落实难、难落实的情况。而党政领导干部作为教学主体，从其教学行为中更能直观到常态化机制实施的现实效果。由此，结合其他思政课教学的过程性要素与条件，对标对表进行有的放矢的评价，实现全过程评价的科学化、体系化、持续化。

---

① 肖昆、王丽敏：《应用型本科高校教师教学全过程质量评价研究》，太原：《山西财经大学学报》，2014 年第 S1 期，第 131-132 页。

第三，从全过程评价效果来看，评价效果是整个评价过程的末端，标志着评价的"全过程"行走至终点，从终点处至少可看到两条评价脉络：一是党政领导干部讲思政课常态化机制背景下，思政课的最终教学效果如何，如学生的获得感、分数分布、课程满意度等，从最终效果来看待过程效果，实现评价效果的前后关联；二是从评价效果反推评价的前序过程，反观全过程评价目标的实现情况如何、评价过程中对常态化机制的实施过程反映状况如何，以及评价过程的始终的整体性"图画"如何？所以，评价效果不仅是全过程评价本身的效果，也指常态化机制实施全过程的效果，后者是作为前者的评价内容而赋有一种反馈性特质，但是反馈本身又是借助反馈评价这一现实行动来达成的。

第二节　新时代高校党政领导干部讲思政课常态化机制评价导向

评价本身是一种社会实践活动，评价需依据一定指标进行。但是，当对一个对象的评价指标体系尚未完全建立时，可从宏观的评价导向上对评价活动进行导引与限定。新时代高校党政领导干部讲思政课常态化机制评价导向是其评价指标的内在遵循，是其评价活动的行动指引。领导机制评价导向、政策机制评价导向、培训机制评价导向、运行机制评价导向、监督机制评价导向、反馈机制评价导向构成新时代高校党政领导干部讲思政课常态化机制评价导向体系。通过评价导向这一客观行为与引领，新时代高校党政领导干部讲思政课常态化机制得以常态化，机制的内在创新力与推动力得以释放；同时，高校党政领导干部讲思政课具有了方向上、动力上、改革上、实践上的多种潜能与动能，高校党政领导干部讲好思政课真正落实；最后，在此基础上，为党育人、为国育才的初心和使命才能不断实现，立德树人的根本任务方可逐步落地，培养堪当民族复兴大任时代新人的目标方能逐渐达成。

一、领导机制评价导向

高校党政领导干部讲思政课常态化机制评价是一个系统评价过程，首先是对领导机制的评价。对领导机制的评价主要围绕三个方面展开，即党委领导核心作用在常态化机制上的实现，党委书记、校长第一责任人的角色担当，校、院两级党政领导干部的合力生成。

（一）党委领导核心作用在常态化机制上的实现

党委领导核心作用在常态化机制上的实现是新时代高校党政领导干部讲思政课常态化机制评价的重要内容之一，这种实现及其程度内在决定了常态化机制的贯彻程度，因而成为常态化机制评价本身的重要导向。办好中国的事情，关键在党。高校党委是高校思政课建设的领导者，发挥着把好政治方向、守好课程阵地、育好时代新人的重要作用，承担着主体责任与兜底责任。全面贯彻党的教育方针是办好高校思政课的根本之策，由此才能解决好培养什么人、怎样培养人、为谁培养人这一根本性问题。高校党委必须认清、抓牢、面向这个根本问题，理直气壮地开好思政课，以习近平新时代中国特色社会主义思想铸魂育人，落实好立德树人根本任务。① 高校党委发挥着统领全局的领导核心作用，是高校思政课建设的引路人。因此，在评价导向上，高校党委的领导核心作用能否在高校党政领导干部讲思政课常态化机制评价中有效释放，这决定着高校党政领导干部讲思政课常态化机制评价自身的方向性、政治性与客观性的直接展现，更关乎常态化机制评价对象的全面性、过程性评价的实现。高校党委作为高校发展的"领头羊"和党政领导干部讲思政课常态化机制的直接"动力源"，其作用发挥既是高校党政领导干部讲思政课常态化机制评价的"全面"评价中的"一面"，也是高校党政领导干部讲思政课常态化机制评价的"过程"评价中的"一环"。高校党委的领导核心作用在高校党政领导干部讲思政课常态化机制中的作用发挥得"好"，才能确证高校党政领导干部讲思政课常态化机制评价结果的"好"，二者相辅相成。高校党委领导核心作用的发挥主要表现为其主体责任、主体意识、主体行动的协调配合上，以及由此实现高校党政领导干部讲思政课常态化机制的落实。高校党委能否压实党政领导干部讲思政课常态化机制的主体责任，提升党政领导干部讲思政课常态化机制的主体意识，强化党政领导干部讲思政课常态化机制的主体行动，这是领导机制评价导向的第一

---

① 杨振斌：《加强高校党委对思政课建设的领导》，北京：《人民日报》，2019 年 8 月 29 日，第 8 版。

要义。

（二）党委书记、校长第一责任人的角色担当

《关于深化新时代学校思想政治理论课改革创新的若干意见》指出，高校党委书记、校长是高校思政课建设第一责任人，要推动高校党委书记、校长带头，抓好高校思政课机制建设。① 党委书记、校长作为党政领导干部讲思政课常态化机制评价的核心对象，表征领导机制在常态化机制中的特殊作用，因此，对领导机制的评价是为必要。而对领导机制的评价离不开对高校党委主体责任的审视，抓"一把手"工程成为领导机制评价的重要内容。高校党委书记、校长第一责任人的角色担当如何，是否切实有益于党政领导干部讲思政课常态化机制的实施与生效，这在根本上规定着领导机制评价的方向与意涵。高校党委书记、校长在党政领导干部讲思政课常态化机制的作用发挥上也起着"第一推动力"的作用，这与其"第一责任人"的角色定位相匹配。高校党委书记、校长应统筹组织、协调指导党政领导干部讲思政课的整体谋划与具体实践，应考量自身身份特点、职业特点等，凸显他们在政治、思想、阅历等方面的特色、优势、长处，有机将这些"资源"融进思政课全过程；要型塑党政领导干部"师者"形象，与青年学生真诚对话，让学生借助别样的思政课增强"四个意识"、坚定"四个自信"。总之，领导机制的评价应围绕高校党委书记、校长的责任转化与角色定位的统一。在评价的具体依据与内容上，首先，要以高校党委书记、校长深入基层、联系学生实际的教学理念为基点，推动评价初衷的"以学生为本""以质量为标"。高校党委书记、校长要步入一线，联合有关职能部门，考察了解大学生思想动态、服务学生发展的制度性举措是否提上日程、落实行程。要将高校党委书记、校长带头走进思政课堂听课、讲课、评课，以及带头联系思政课一线教师作为重要评价方向。其次，要将党政领导干部讲思政课常态化机制建设专题会议、专题研讨、专题学习的常态化开展和高校党委书记、校长每讲思政课的课时、课程门类等工作量作为评价参考。最后，将开学典礼、毕业典礼、创新创业教育实践等活动载体的开展，尤其是高校党委书记、校长的讲

---

① 中共中央办公厅 国务院办公厅印发《关于深化新时代学校思想政治理论课改革创新的若干意见》［EB/OL］. http：//www.gov.cn/zhengce/2019-08/14/content_ 5421252. htm，2019-08-14.

话作为重要评价内容，将马克思主义理论、社会主义核心价值观、中华传统美德等思政内容的合理植入作为评价依据，推动多维度育人与评价活动的结合。以党政领导干部讲思政课常态化机制实施情况为判准，纳入党建工作、学科建设、办学质量等综合评估体系，推动以评带促。

（三）校、院两级党政领导干部的合力生成

高校党政领导干部不仅包括校级的党政领导干部，也包括二级学院的党政领导干部。领导机制作为高校党政领导干部讲思政课常态化机制的重要构成，影响着常态化机制的实施与实效，而校、院两级党政领导干部的协调配合又构成领导机制不可或缺的核心要义。所以，校、院两级党政领导干部的协调配合及其现实作用的激发成为领导机制评价的一个侧面，它间接反馈着党政领导干部讲思政课常态化机制在开端时的现实状态与实际效果。校、院两级党政领导干部在高校党政领导干部讲思政课常态化机制实施中的分工不同，但本质相通，二者都起着方向性与引领性作用，都以落实好党政领导十部讲思政课常态化机制为目标。所以，评价领导机制的根本导向之一在于校、院两级党政领导干部的合力生成，只有生成这种领导性合力，常态化机制的牵引才有动力保障。综合来看，校、院两级党政领导干部的合力主要体现在以下几个方面：通过校、院两级党政领导干部的配合，真正实现党对常态化机制建设和实施的全面领导；通过校、院两级党政领导干部的配合，真正实现常态化机制建设、实施与党的创新理论武装同步推进，全面推动习近平新时代中国特色社会主义思想进教材、进课堂、进头脑，把社会主义核心价值观融入到常态化机制建设与实施全过程；通过校、院两级党政领导干部的配合，真正实现守正与创新相统一，不断增强党政领导干部讲思政课的思想性、理论性、亲和力、针对性；通过校、院两级党政领导干部的配合，真正实现思政课在高校课程体系中的政治引领、价值引领作用，推动各类课程与思政课建设形成协同效应；通过校、院两级党政领导干部的配合，真正实现思政课教师队伍的补足、补齐，实现思政课教师队伍的高质量诉求；通过校、院两级党政领导干部的配合，真正实现问题导向、目标导向相结合，推动思政课建设内涵式发展，全面提升学生思想政治理论素养,[①]落实好立德树人根本任务。从校级党政领导干部到院系党政领导干部，党政领导起着把方向、管大局、作决策、保落实的关键作用。对领导机制进行评价必须以机制自身的科学性原则为依据，以高校党政领导干部讲思政课的"质量"为根本，以校、院两级党政领导干部的分工协作、合力凝聚为参考，不断促成评价活动自身的科学性、高质量。

二、政策机制评价导向

顶层设计负有"牵一发而动全身"功能，内隐着理论构想转向现实应用的实践逻辑。政策机制是新时代高校党政领导干部讲思政课常态化机制的重要支撑，是顶层设计层面对高校党政领导干部讲思政课常态化实践的制度谋划，发挥着制度性、战略性、全局性作用。政策机制的建设与运行是否适应于高校党政领导干部讲思政课常态化机制及其实践，这需要通过外在评价的介入来实现对这一目标的考察。在对政策机制的评价问题上主要涉及两个维度的内容，一是政策设计的时代性，二是政策设计的目的性，前者以思政课建设的新时代标识为评价导向，后者以思政课建设对立德树人根本任务的实现为评价导向。

（一）应时：政策设计符合思政课建设的新时代境遇

中国特色社会主义进入新时代，这是中国发展新的历史方位。"新时代"曾入选为年度中国媒体十大流行语，这也从侧面说明新时代已成为体现时代性、社会性、认同性的社会发展新语境。习近平总书记在全国高校思想政治工作会议上提出，做好高校思想政治工作，要因事而化、因时而进、因势而新。要遵循思想政治工作规律，遵循教书育人规律，遵循学生成长规律，不断提高工作能力和水平。[②] 对高校思想政治工作而言，这不仅是其规律的整体性概说，也是对其方法论的深入总结，为新时代的思政课建设指明前路。时代性，归根结底

---

① 中共中央办公厅 国务院办公厅印发《关于深化新时代学校思想政治理论课改革创新的若干意见》[EB/OL]. http://www.gov.cn/zhengce/2019-08/14/content_5421252.htm, 2019-08-14.

② 《习近平在全国高校思想政治工作会议上强调：把思想政治工作贯穿教育教学全过程 开创我国高等教育事业发展新局面》，北京：《人民日报》，2016年12月9日，第1版。

是要体现事物变化发展的"应时性"，万事万物只有应时，才可顺势而为、实现突破。推进高校党政领导干部讲思政课常态化机制的建设与实施就是体现新时代特征与时代精神的一大动作，它关系着新时代高校思政课与时俱进的发展诉求与实践进路，与新时代紧密呼应是其内在的价值寓意。所以，高校党政领导干部讲思政课常态化机制的政策设计的时代性是常态化机制评价的重点导向之一，体现时代性彰显着政策设计的生命力，也彰显着常态化机制的生命力。具体来看，各地出台的政策性文件等都不同程度地体现了新时代背景下党政领导干部讲思政课常态化机制政策设计的特色与优势。如广东省印发《广东省学校思想政治理论课建设行动计划（2019—2021年）》，明确了党政领导干部为包括学生在内的授课对象讲思政课等16项措施，推动思想政治理论课改革创新，提高思想政治理论课质量。河北省印发《关于深化新时代学校思想政治理论课改革创新的若干措施》，从落实思政课建设主体责任与工作机制、深化教学改革创新、推进思政课教师队伍建设、提高教科研水平、加强思政课建设经费保障等方面，提出15条具体措施，全面提高思政课建设质量，落实政策保障机制。陕西省出台《关于全面深化新时代教师队伍建设改革的实施意见》等4个文件，实行主管部门负责人对各高校的包片负责，坚持以"两不"原则（不打招呼、不定期）到各个高校随堂听课；高校党政领导听课常态化，每学期听课至少2次，每人至少联系一个思政课教研室或一名思政课教师；院系领导要坚持"双听"原则（听思政课、听专业课）；定期向上报送高校思政课听课情况，高校领导班子考核指标以此为依据之一。通过这些政策性的制度建设与机制建设，思政课的实效性与时代性实现"双开花"。政策设计的时代性评估内含着"改革创新什么""怎样改革创新"的基本问题，目的在于顺应时代发展趋势、优化育人育才规格、保证高等教育改革方向、服务党和国家工作大局。① 所以，立足新时代境遇对高校党政领导干部讲思政课的政策设计进行评估，是为了验证政策本身的时代性是否具备，解决的是传统政策设计与现时政策设计的统合问题，进而推动政策设计与新时代发展同向同行。

---

① 黄蓉生：《习近平关于高校思想政治工作重要论述的价值意蕴》，北京：《马克思主义理论学科研究》，2020年第5期，第37—46页。

（二）应景：政策设计益于立德树人根本任务的开展

高校思政课作为"关键课程"蕴含新时代特质，同时内植立德树人根本任务之价值内核。因此，高校党政领导干部讲思政课政策设计不仅要将新时代这一时代性语境作为政策构建的依托，还要将立德树人这一根本任务的实践性旨归熔铸于政策设计的理念和架构，实现新时代与立德树人在高校党政领导干部讲思政课政策设计中的双重效应。毋庸置疑，立德树人这一根本任务的政策性设计和政策性诉求是否得以内化和体现，将是高校党政领导干部讲思政课政策机制评价的又一重要导向。细化高校党政领导干部讲思政课常态化机制，要站在政策设计的高度把握其全貌，以政策机制的现实性谋划作为重要维度。在高校党政领导干部讲思政课的政策设计上，立德树人根本任务的体现是多维的，应将思政课的特殊地位与重大意义放置于"百年未有之大变局"的国际环境中，从党和国家事业发展全局审视，从实现中华民族伟大复兴的高度来看待，以习近平新时代中国特色社会主义思想引领铸魂育人的教育工程。要用中国共产党带领中国人民在革命、建设、改革中创造的中华优秀传统文化、革命文化、社会主义先进文化凝心聚力，引导青年学生厚植爱国主义情怀，促使其将爱国情、强国志、报国行自觉融于坚持和发展中国特色社会主义、建设社会主义现代化强国、实现中华民族伟大复兴的新时代征程之中。[①] 政策设计围绕这些目标和内容展开，政策机制的形成、完善与评价也以此为凭。政策机制评价以政策设计为评价基础，以思政课建设对立德树人根本任务的实现为评价导向。高校思政课作为马克思主义大众化的主阵地之一，在青年学生思想理念教育、爱国主义教育、民主法治教育、全面发展教育等方面具有不可替代的功用。高校党政领导干部讲思政课何以通过政策设计的顶层谋划完成常态化运行，实现长效化育人，这本身就是一个有待完善和持续推进的新课题，而评价活动将作为"关键一招"参与政策设计和政策机制的构建、实施与改进。在高校党政领导干部讲思政课政策机制评价导向下，应重点围绕以下几个方面落实立德树人根本任务的政策性设计。其一，要将立德树人根本任务与中华民族伟大复兴相联结，从根本上解决政策设计"培养什么人、怎么培养人、为谁培养人"的问题。其二，

---

① 邱水平：《把党史作为立德树人的最好教科书》，北京：《学习时报》，2021 年 8 月 27日，第 1 版。

要将"树什么人""立什么德""如何立德树人"的问题链理顺、拉直、绷紧，突出政策设计以学生全面发展为目标的实践之本、教育之本、评价之本。其三，时刻坚持全员、全程、全方位育人的"三全育人"机制，将立德树人成效作为思政课政策设计与政策机制评价的根本标准，逐步扭转唯分数、唯升学的"唯结果论"思维，切实激发思政课立德树人主阵地、主渠道作用。① 总之，政策设计必须将立德树人根本任务的落实作为顶层设计之核心，政策机制的评价必须落实至政策设计的评价，政策设计的评价必须兼顾新时代的时代性意涵和立德树人根本任务的实践性意涵。

（三）应情：政策设计利于高校思政课亲和力的提升

无论是时代召唤，还是社会呼吁，任何政策的设计和出台都应体现一个重要向度即情感向度，由此实现政策本身的"属人"特性，实现"有温度""有情义"的政策设计。高校党政领导干部讲思政课常态化不仅是这一政策本身的常态化，也不单是政策落地的常态化，还应是政策自身与政策指向的内在情感熏染与浸润的常态化，将思政课建设尤其是党政领导干部讲思政课这一实践的推进置于育人的情感维度这一要求上来，以此实现思政课的"有情有义"，具有重要的理论与现实意义。习近平总书记指出，推动思想政治理论课改革创新，要不断增强思政课的思想性、理论性、亲和力、针对性。所以，常态化自身的政策设计同样应考虑这些要素，而且在政策设计的科学性基础上还应着重考虑亲和力要素，由此实现政策设计的情感向度。高校党政领导干部讲思政课应"坚持增强获得感，促进思政课教学有虚有实、有棱有角、有情有义、有滋有味""结合教学实际、针对学生思想和认知特点，积极探索行之有效的教学方法，自觉强化党的理论创新成果的学理阐释"②，实现"配方"先进、"工艺"精湛、"包装"时尚。政策设计的"应情"是在"应时""应景"基础之上的对高校党政领导干部讲思政课育人目标的更高层次的实现。因此，在政策设计上，要内植对身边人、身边事的教育资源的挖掘，如时代楷模、感动中国年度人物、

---

① 王鉴、姜纪垒：《中国共产党立德树人教育思想的百年历程与基本经验》，北京：《教育研究》，2021年第7期，第16-26页。

② 教育部关于印发《新时代高校思想政治理论课教学工作基本要求》的通知［EB/OL］. https：//www.gov.cn/xinwen/2018-04-26/content_ 5286036.htm，2018-04-26.

劳动模范、法制人物、最美教师等先进人物，中国共产党成立 100 周年庆祝大会、奥运会等典型事件和场景，把学生身边的情感要素与资源融入政策设计的理念与体系之中，推进政策设计彰显先进性、时代性、典型性与情感性。政策设计的"应情"不仅要在政策设计内部植入激活情感世界的要素和动力，还应注重情感力量的现实转换。高校党政领导干部讲思政课的"应情"是一个过程化的反应，从政策导向到实践完成，这个过程类似一个"化学反应"，最终目的在于把"干巴巴的讲解"转换为"热乎乎的教学"，把教育者的"我要告诉你"转变为学生的"我想学什么"，是推动高校党政领导干部讲思政课这一活动本身成为有情有义、有温度、有爱的常态化过程。由此，实现学生有感悟、有收获、有提高，促成"校校有精品、门门有思政、课课有特色、人人重育人"的良好格局。① 概言之，通过政策设计的情感向度凸显思政课的亲和力，不仅是常态化机制运行本身的实践诉求，也是政策设计与常态化机制实现统一的内在要求。

三、培训机制评价导向

培训机制是新时代高校党政领导干部讲思政课常态化机制的中枢机制之一，它承载着将高校党政领导干部锻造成"优秀思政课教师"的关键作用，有机连通高校党政领导干部讲思政课的课前、课中、课后等环节。课前培训、课中应用、课后再培训构成整个培训机制的动态过程。对新时代高校党政领导干部讲思政课常态化机制的培训机制进行评价，需依据高校党政领导干部讲思政课的特殊性、针对性、常态化等评价导向展开。

（一）培训前抓好党政领导干部主体特殊性

高校党政领导干部讲思政课常态化机制的落实有其"四梁八柱"，培训机制是重点之一，对培训机制进行评价成为评价常态化机制的重点任务之一。高校党政领导干部作为高校的领导主体与责任主体，担负着思政课改革发展的重要职责与光荣使命。一方面，高校党政领导干部有其"领导干部"的角色定义；另一方面，高校党政领导干部讲思政课又有其"思政课教师"定义。因此，高校党政领导干部讲思政课不同于一般的专职思政课教师讲思政课的教育教学定

---

① 吴岩：让课程思政成为有情有义、有温度、有爱的教育过程［EB/OL］. http：//fj. people. com. cn/n2/2020/0611/c181466-34079674. html，2020-06-11.

位，有其自身特殊性。因之，培训高校党政领导干部讲思政课的机制与活动也有其特殊性，对培训机制进行评价，应紧紧围绕培训机制的特殊性是否体现和作用于培训过程这一评价导向。所谓教育，就是以师者言行影响学生言行。高校党政领导干部要成为一名合格、称职、优秀的思政课教师，离不开"备好课"，① 而培训活动作为"备好课"的有机构成不可或缺。培训活动的机制化既要体现灵活性，又要把握特殊性。

从培训机制的评价导向来看，对高校党政领导干部讲思政课进行培训应做好以下几个方面的工作。其一，要凸显党政领导干部这一领导角色与思政课教师这一教师角色的双重性内涵，以此落实培训机制的"以人为本"理念。要避免培训机制"一刀切"，片面地将高校党政领导干部讲思政课培训与专职思政课教师讲思政课培训混为一谈、不加区分。此外，在培训机制上要不断推动高校党政领导干部由"官员"向"教员"的角色转换，要以讲好社会重大理论与实践问题、当前形势与政策为培训中心议题，规避官话、套话、仝话，消除简单的政策宣讲与解读的培训思维②，强化"教师"角色的内在逻辑。其二，要根据党政领导干部这一主体的职业特色、阅历经验、工作优势等安排具体的培训内容，化思政课授课内容、讲课技巧为党政领导干部的主体认知、外在能力。要逐步提升高校党政领导干部讲思政课培训机制的"特色"，实现培训阶段的培训"特色"与授课阶段的授课"优势"相统一，彰显培训有方、授课有效的常态化机制优势与实践优势。其三，培训过程应注重分众化思维的应用，以培训的差异性目标代替培训的齐一化目标。由于高校党政领导干部的个人特点、学科背景、授课风格有别，因此不能用一种培训模式囊括一切，培训模式应体现分别性。此外，校、院两级党政领导干部讲思政课亦有不同，他们授课的目标、范围、对象、侧重点、频次、课时等都不尽相同，因此是一种分工协作式的授课模式。那么，培训机制自然也应以此为鉴，完善自身运行逻辑，实现培训目标上的差异性，提升培训实效。所以，依据以上的培训机制大方向，对高校党

---

① 杨成慧：《为什么要让领导干部去讲思政课》，长沙：《湖南日报》，2019 年 3 月 20 日，第 4 版。

② 江俊文：《领导干部上台讲课"点亮"思政课实践教学》，北京：《思想理论教育导刊》，2016 年第 5 期，第 117-119 页。

政领导干部讲思政课的培训机制进行评价，也应围绕以上几个方面作进一步细化，在细化基础上不断优化培训机制的评价导向。

（二）培训中抓好党政领导干部教师角色重塑

由于高校党政领导干部这一授课主体的特殊性，在开展高校党政领导干部讲思政课的培训过程中应注重培训内容的针对性、区分性，着力塑造高校党政领导干部教书育人的教师角色。一方面，培训内容指思政课教育教学的课程内容的培训，指的是知识层面的内容培训，这与专职思政课教师的授课内容具有一致性。但是，在这种一致性的前提下，党政领导干部与专职思政课教师的授课内容又存在分工，二者的授课内容各有侧重，而不是完全重叠。另一方面，培训内容指思政课授课技巧、授课方法、授课方式、授课模式等内容的培训，指的是技术层面的培训和能力方面的培训内容。同样，在这一前提下，党政领导干部与专职思政课教师也有分别，主要表现为二者的授课风格与授课形式的差别，比如开学典礼、毕业典礼上校长的具有"思政"意涵的讲话与教师代表的讲话是有所不同的。因此，在推进高校党政领导干部讲思政课常态化机制评价的过程中，对培训机制的评价不仅要以党政领导干部的主体特殊性为依据，还要以党政领导干部培训内容的针对性与区分性为依据。在某种程度上讲，党政领导干部培训内容的针对性与区分性就是对其主题特殊性的一种表征，二者是"内外"关系和"表里"关系，只有体现培训内容的差别性，才能确证培训对象的特殊性。总的来说，对培训机制的评价，尤其要重视党政领导干部培训内容的针对性与区分性这一评价导向，以此为牵引深化评价活动的科学性。对培训机制的评价导向要将目光聚焦在党政领导干部的学术研究、自我阅历、思政课授课技能三者的统一上，以三者的契合度为评判点，下沉评价指标、压实评价行动。高校党政领导干部大多具有良好学术背景，在培训中，要引导其将个人的学术研究与人生阅历结合，以思政课教学内容为载体打造党政领导干部讲思政课的特色化范本，树立标杆式思政课教学培训标兵，推广具有复制性价值的特色案例。此外，对培训机制的评价要关注党政领导干部参加专题培训研修、社会考察、高层次培训班等培训活动情况，要关注培训过程对高校人文社科重点基地等平台的利用情况等，① 以此作为评价培训机制的重要参考。

（三）培训后抓好党政领导干部讲思政课育人效能

高校党政领导干部讲思政课培训机制的评价不仅涉及主体和内容层面的评价，也涉及培训机制指向的对"常态化"诉求及其实践的客观评价。高校党政领导干部讲思政课的制度化建立与常态化实施，是一项体现"以学生为中心"育人理念的工作，是以青年学生为对象，以知识普及、思想观念、精神风貌、价值取向等教育工作为内容的高端思政课建设活动。高校党政领导干部讲思政课及其常态化具有更高远的立意与价值，它以青年学生、思政课教师关注的重点、难点、热点问题为出发点，高校党政领导干部需带头垂范、以身作则，培训机制及其运行要以习近平新时代中国特色社会主义思想为指引，牢牢把握"政治要强、情怀要深、思维要新、视野要广、自律要严、人格要正"的基本工作要求，持续推动思政课教学主客体正确发声、随时发声、大胆发声，努力培优、建强一支政治素质过硬、业务能力精湛、育人水平高超的高素质、专业化思政课教师队伍，齐心协力以用高尚人格感染学生，用真理力量感召学生，用深厚理论赢得学生，为青年大学生扣好"人生第一粒扣子"。② 党政领导干部讲思政课的常态化培训与党政领导干部讲思政课的常态化目标一致，培训活动的常态化是为了讲好思政课，而讲好思政课则是高校党政领导干部讲思政课常态化机制的内在要求。高校党政领导干部作为教育者，必须先接受教育与培训，而后才能更好地对受教育者开展思想政治教育。因此，常态化培训是衡量培训机制的一个根本导向，要以狠抓高校党政领导干部的思想理论学习为重点，在高校党政领导干部中深入开展社会主义核心价值观教育、中国特色社会主义和中国梦宣传教育，努力提升党政领导干部政治理论素养，培养运用马克思主义立场、观点、方法观察、思考、解决问题的自觉性，增强"四个自信"，强化其教书育人的"思政技能"，增强其影响青年大学生、引领青年大学生成长成才的

① 刘经纬、李军刚：《高校研究生思想政治理论课教学问题及对策——以黑龙江省高校为例》，哈尔滨：《黑龙江高教研究》，2015 年第 1 期，第 158-161 页。

② 麦均洪：推进高校党政领导干部上好思政课常态机制建设［EB/OL］. https：//theory. gmw. cn/2020-06/29/content_ 33949753. htm, 2020-06-29.

内外能力。① 最终，以培训的常态化推进党政领导干部讲思政课的常态化，以对培训常态化及其机制的评价牢固对党政领导干部讲思政课常态化及其机制的评价。

四、运行机制评价导向

运行机制是高校党政领导干部讲思政课常态化机制的实践性机制。运行机制建立在领导机制、政策机制、培训机制的基础之上，是针对高校党政领导干部讲思政课常态化机制实施环节的对应性评价，这一评价导向主要体现在党政领导干部讲思政课的出勤率与抬头率、党政领导干部讲思政课的亲和力与吸引力、党政领导干部讲思政课教学过程的动态性与灵活性三个方面。

（一）从学生角度看，表现为听课出勤率与抬头率的"高"

高校党政领导干部讲思政课常态化机制的运行机制是直接体现"常态化"的理念、状态、效果的实践层面的内容，而对运行机制的评价即是对"常态化"最直接的评价。高校党政领导干部讲思政课的出勤率与抬头率是评价导向的首要因素。出勤率作为最直观的评价依据，有着天然的评价说服力，当然，对高校党政领导干部讲思政课而言，绝不能将出勤率评价绝对化。抬头率作为另一直观的评价依据，也有着较为强烈的信服力，是比较公认的思政课评价依据与导向。出勤率是抬头率的基础，没有一定的出勤率，抬头率的信度将大大降低；抬头率是出勤率的延续，没有良好的抬头率，出勤率的效度将大大降低。当然，无论是出勤率还是抬头率，都不能以强制性的手段来达成，比如通过严苛的考勤、纪律来约束学生。否则，这两个体现高校党政领导干部讲思政课常态化实效性的要素将失去参考性意义。总之，对运行机制的评价必须立足高校党政领导干部讲思政课的课堂阵地，以学生出勤率、抬头率作为重要评价导向。同时，基于出勤率、抬头率等评价导向，还应将影响高校党政领导干部讲思政课出勤率、抬头率的客观条件及其合理化转化、利用作为评价导向，实现从入脑率、走心率来反观运行机制。只有让高校党政领导干部讲思政课的选课机会像"春

---

① 姚植兴：《高校教师思想政治教育困境及对策的研究》，福州：《教育评论》，2015 年第 4 期，第 74-76 页。

运火车票一样一票难求"，才能建立高度的教育忠诚度，显示教育对象对思政课的认可与认同，形成"依附性"偏好，① 而这种偏好将成为出勤率、抬头率的内在动力。高校党政领导干部讲思政课的出勤率是基础，而抬头率的高低则影响思政课的输出和实践效度。学生自身因素是影响抬头率的决定性因素、教师是影响抬头率的关键性因素、同辈群体是影响抬头率的重要因素。"知识·情感·德性·信仰"四位一体思政课教学进路是提升抬头率的关键，② 与此相关的工作的开展情况则是评价运行机制的必要导向。

（二）从党政领导干部角度看，表现为授课亲和力与吸引力的"强"

高校党政领导干部讲思政课的出勤率与抬头率是比较直观的对运行机制的评价导向与评价参照，基于出勤率、抬头率的评价导向，反映出另一个问题即出勤率、抬头率靠什么来实现，最根本的影响因素是什么。循着这一问题的致思路径，对高校党政领导干部讲思政课常态化机制的运行机制的评价就不得不思考提升"二率"的最根本条件——党政领导干部讲思政课的亲和力与吸引力。思政课的亲和力是体现思政课"有情有义""有血有肉"的内在规定；同时，思政课的亲和力也是体现思政课作为铸魂育人主阵地而被称为"有温度的课程"的重要条件；最后，思政课的亲和力还是提升课程吸引力的关键性影响要素。因此，对高校党政领导干部讲思政课常态化的运行机制进行评价，尤其是基于高校党政领导干部讲思政课的亲和力与吸引力的评价，需围绕以下几个评价导向展开。其一，考察思政课"理论—实践"的有机结合。高校党政领导干部讲思政课，不仅要引导大学生学习党的基本理论知识、思想道德知识、法律知识等；还要引导学生将这些知识内化为自我的理论武装，灌注自我学习的意识、修养实践锻炼的理论自觉，让青年大学生实现思政课学习的"知行合一"，将"理论—实践"的有机结合置于当代中国实践，努力构筑思政课教学"同心圆"。其二，考察"育德—育心"的有机结合。高校党政领导干部讲思政课，要以社会主义核心价值观为统领，强化道德教育与法治教育，着重引导大学生学

---

① 张伟莉：《供给侧结构性改革对新时代高校思想政治教育内涵式发展的借鉴和启示》，北京：《中国高等教育》，2019 年第 6 期，第 31-33 页。

② 庞睿：《从知识供给到信仰重构——关于高校思想政治理论课抬头率的批判性审思及其提升路径》，开封：《河南大学学报（社会科学版）》，2020 年第 4 期，第 120-126 页。

习中华优秀传统文化、革命文化、社会主义先进文化，使得学生"健康成长""修身养性"双推进，实现全面发展，目的在于通过思政课"育德—育心"有机结合，让大学生提升承重能力，能够经得起多种考验。其三，考察"课内-课外"的有机结合。高校党政领导干部讲思政课，课内要持续深化思政课授课内容、方式、方法改革，强化内容的针对性、方式的适应性、方法的创新性，实现学生"爱听"。课外要推进校园文化建设，凭借丰富、多彩、新颖的文化活动实现以文化人、以文育人，提升学生文化品位，建好学生思想交互的"中转场"，落实"爱学"这一教书育人之要。其四，考察"线上—线下"的协同并进。线上就是运用好信息化手段，输送正确的营养、健康的营养；线下就是通过各种制度安排和活动载体，激发学生主动性积极性、创造性，① 让"爱用"成为学生习惯。总之，对高校党政领导干部讲思政课常态化的运行机制进行评价，"二力"导向不可或缺。

（三）从师生互动看，表现为教学过程动态性与灵活性的"强"

高校党政领导干部讲思政课常态化机制的运行机制除了要关注"二率""二力"外，还需关注"二性"，即思政课教学过程的动态性与灵活性。高校党政领导干部讲思政课教学过程的动态性与灵活性是常态化机制的运行机制得以顺畅、实现的积极性可变要素，直接影响思政课教学实效。因而，对高校党政领导干部讲思政课常态化运行机制的评价须立足党政领导干部讲思政课教学全过程，坚持以教学过程的动态性与灵活性为评价导引。习近平总书记在学校思想政治理论课教师座谈会上提出思政课改革创新的"八个相统一"：坚持政治性和学理性相统一；坚持价值性和知识性相统一；坚持建设性和批判性相统一；坚持理论性和实践性相统一；坚持统一性和多样性相统一；坚持主导性和主体性相统一；坚持灌输性和启发性相统一；坚持显性教育和隐性教育相统一。② "八个相统一"为高校党政领导干部讲思政课教学过程的动态性与灵活性的激发提供了方法论指引，成为新时代高校思政课高质量建设的"目标导向"，推进高校党政

---

① 教育部长：从四方面解决"高校思政课抬头率不高亲和力差" ［EB/OL］. https：// www. jiemian. com/article/1166284. html，2017-03-12.

② 《用新时代中国特色社会主义思想铸魂育人 贯彻党的教育方针落实立德树人根本任务》，北京：《人民日报》，2019年3月19日，第1版。

领导干部讲思政课常态化必须科学坚持、适时转化"八个相统一"思想。基于高校党政领导干部讲思政课教学过程的动态性与灵活性，对高校党政领导干部讲思政课常态化机制的运行机制进行评价，要以党政领导干部落实"八个相统一"的具体情况与实际状态为客观依据，通过对标对表来反观"二性"的实现，凸显运行机制评价的针对性、科学性、准确性。之所以要坚持高校党政领导干部讲思政课教学过程的动态性与灵活性，是为了实现思政课教学的价值追求与大学生对思政课的现实需求有效对接，继而破解"抬头率不高""人到心没到""入座不入脑"困局。① 总之，运行机制的评价具有过渡性作用，它不仅回溯前序机制评价，而且引出后续机制评价，因而评价导向聚焦"二性"是为必要。

五、监督机制评价导向

监督机制是贯穿高校党政领导干部讲思政课常态化始终的约束性机制，它起着对高校党政领导干部讲思政课常态化过程保驾护航的重要作用。及时、高效的监督机制对常态化机制的实施至关重要，对监督机制进行评价则是确保监督机制公平公正、适时改革的必要动作。监督机制评价导向主要有三个：教育部、省（区市）、院校三级结合的分层监督，监督对象、监督主体、监督活动的相互贯通，党政领导干部讲思政课的监督与考核挂钩。

（一）教育部、省（区市）、院校三级结合的分层监督

高校党政领导干部讲思政课常态化机制的实施离不开监督的介入，而监督机制的形成则成为监督活动的"定海神针"。高校党政领导干部讲思政课常态化机制的监督机制同样不是一劳永逸的，它需要适时调整、完善、升级，以便在思政课"在改进中加强"的背景下实现监督机制创新。那么，对高校党政领导干部讲思政课的监督机制进行评价十分必要，这是以评价活动推动监督机制创新的有力之策。从监督机制的评价导向上来看，形成上下协同、层次分明的监督体系是实现高校党政领导干部讲思政课常态化机制层层把关、上下联动的重要依托。因此，对高校党政领导干部讲思政课常态化机制的监督机制进行评价，必须以教育部、省（区市）、院校三级结合的分层监督为导向，实现评价体系与

---

① 付桂军、金炳镐：《同频共振：高校思想政治理论课坚持"主导性和主体性相统一"研究》，北京：《民族教育研究》，2020年第5期，第5-12页。

监督机制体系的对应、对照，实现"对标性评价"。将教育部、省（区市）、院校三级结合的分层监督作为监督机制的评价导向，需注意三个问题。一是，强化三级分层监督的契合性。在评价监督机制时，不能只关注三级监督是否"有痕"，还要关注三级监督之间的分工、协调、联系的科学性，要关注是否存在重复监督、无效监督、越界监督、过度监督等问题。二是，强化三级监督的执行力度。在评价监督机制时，要力戒形式主义、"走过场"、"变调"、失效等问题，聚焦监督本身是否具有强"执行监控力度"，是否实现"制度自律与监督他律统一"，是否"时时生威、处处有效"。① 三是，强化三级监督的问责与追责。在评价监督机制时，要以发现问题为重心，关注问题的后续解决以及问题溯源是否落实，还要聚焦问题的责任主体是否被及时问责、追责，逐步根除"无关痛痒"的监督行为，提升对监督机制进行评价的权威性。

（二）监督对象、监督主体、监督活动的相互贯通

高校党政领导干部讲思政课常态化机制的监督机制分属常态化机制实施各环节，起着"检修""审查""督促"的作用。在监督机制的评价导向上，除了教育部、省（区市）、院校三级结合的分层监督，党政领导干部讲思政课的监督与考核挂钩这两种导向外，还需辅之以结果性评价即以高校党政领导干部讲思政课的监督成效作为评价依据。根据监督对象、监督主体、监督活动三个基本要素，可将党政领导干部讲思政课的监督成效这一评价导向细化为三个更具体的部分。其一，党政领导干部讲思政课的水平、质量攀升，生成党政领导干部讲思政课常态化机制供给侧的积极教学效应。监督机制评价导向之一在于监督对象即高校党政领导干部的教育教学实力、实效如何，党政领导干部在监督机制下讲思政课的积极教学效应将成为评价导向的关键参考。其二，广大青年学生听思政课的动力、热情攀升，生成党政领导干部讲思政课常态化机制需求侧的积极学习效应。监督机制评价除了对监督对象进行考察外，还可从监督主体进行。学生作为受教育者和"隐性"监督主体，其听课状态、获得感、课程反馈等都是影响评价效果的重要导向，因而也成为间接反映监督机制实效和评价监督机制的方式。其三，党政领导干部讲思政课的监督"成本"降低，生成党

---

① 房广顺、杨溢：《以制度建设推动思政课守正创新》，北京：《人民论坛》，2020 年第 36 期，第 140-141 页。

政领导干部讲思政课常态化机制"虽有监督但无监督"的积极效应。从监督"成本"看，监督机制及其实施对人力、物力、财力的耗费将成为重要评价导向，虽有监督机制但监督机制的运行对成本投入极少且监督效果良好，可认定其生成了积极监督效应。

（三）监督、考核相挂钩

对高校党政领导干部讲思政课常态化机制的监督机制进行评价，还要抓住监督行为对党政领导干部讲思政课的"自我革命"的现实作用，最核心的评价导向就是高校党政领导干部讲思政课的监督与考核挂钩情况。通过"监督—考核"的交互作用对高校党政领导干部讲思政课常态化机制进行评价，本身就是一种兼具规约性和评估性的行为，监督机制评价的目标在于完善监督机制及其实施，进而推动监督效能转化为高校党政领导干部讲思政课常态化的质量提升。其一，监督机制评价应考察监督与考核挂钩的制度完善性。评价监督机制，应将目光锁定在政治考核的严格性上，要考察监督机制是否扎紧制约失职、渎职、"不为"、"慢为"的制度栅栏。① 要关注全过程监督与分领域监督相结合的程度、把"软指标"变为"硬约束"的力度、全方位推进监督与考核挂钩的制度化安排的效度。其二，监督机制评价应考察监督与考核挂钩是否"动真格"。高校党政领导干部讲思政课常态化机制的实施离不开监督的政治性、纪律性约束，但是监督体系建立后能否严落实、是否"动真格"就成为监督力行、生效之难题。所以，评价监督机制不能做表面文章，要有计划、有组织、有安排地狠抓落实，要重点关注监督活动对失职、失当、失范等行为是否及时采取矫正措施，情节严重者是否追究主体责任，并将其作为考核依据。其三，监督机制评价应考察监督与考核挂钩的实践认可度。在评价过程中，一方面要关注高校党政领导干部讲思政课常态化机制的监督机制的运行效果，另一方面要关注学生、思政课教师等教学主体对监督机制的态度与反馈，由此来确证监督机制的满意度、认可度，为后续提出中肯的评价意见、建议等提供可靠支撑。

---

① 段妍：《新时代构建思政课育人新格局的重要着力点》，哈尔滨：《思想政治教育研究》，2020年第2期，第13-17页。

六、反馈机制评价导向

反馈机制作为高校党政领导干部讲思政课常态化机制的终端机制，对整个常态化机制的实施具有"回头看"意义。反馈机制是高校党政领导干部讲思政课常态化机制实施全过程的"终点"，亦是常态化机制"新的起点"。因此，对反馈机制进行评价并非易事，需在高校党政领导干部讲思政课常态化的实践中不断深化评价导向，推进评价导向与时俱进。

（一）督导、专家、思政课专任教师听课与评课常态化

从高校党政领导干部讲思政课常态化的反馈机制来看，思政课授课是最为核心的反馈对象，所以对反馈机制进行评价也应以授课本身的开展为核心评价导向。听课、评课是针对课堂教学而开展的倾听、交流、反馈式的教学研讨形式，是检验教学工作、交流教学经验、强化教学质量的有效手段，是将提升课堂教学质量和教师自我成长相结合的长效化实践做法。[1] 2017 年 5 月，教育部组织并实施了普通高校全覆盖的思政课听课指导工作。专家们共分赴 2500 多所高校，听课 3001 节次，其中，高职高专院校 1305 所，听课 1356 节次。针对思政课授课"工艺"是否精湛、"配方"是否新颖、"包装"是否时尚等听课重点进行评估、反馈，[2] 对提升思政课教学质量有指导性意义。高校党政领导干部讲思政课常态化的反馈机制的实施同样离不开听课、评课，督导、专家、思政课专任教师听课、评课常态化是重要的针对反馈机制的评价导向。首先，听课主体应当多元化。与学生听思政课不同，反馈机制指涉的听课主体是指从专业角度进行听课的主体。二者听课目的不同，学生是以成长成才为目标，督导、专家、思政课专任教师是为了提升立德树人的能力。其次，评课主体应当多元化。评课建立在听课基础上，目的在于以评带促，通过查漏补缺实现包括党政领导干部在内的思政课教师间的"传帮带"，形成教学成长"共同体"。最后，听课、评课相结合。不能割裂听课与评课的动态关联，否则将阻断二者相互作用

---

[1] 付瑛、宋东清：《听课评课的认知偏差分析及应对策略》，济南：《当代教育科学》，2006 年第 23 期，第 58，60 页。

[2] 储水江：《抓住关键 打赢提高思政课质量的攻坚战》，北京：《思想理论教育导刊》，2017 年第 9 期，第 91-93 页。

的通道，妨害常态化机制运作，影响反馈机制实效，制约党政领导干部讲思政课质量的提升。

（二）自我反馈、学生反馈、第三方反馈的协调配合

对高校党政领导干部讲思政课常态化机制的反馈机制的评价，不仅要以听课和评课的"内容性反馈"为基础，还要以党政领导干部的自我反馈、他者反馈以及二者的"结合性反馈"为评价导向。高校党政领导干部作为党政领导干部讲思政课常态化的授课主体，直接影响常态化机制的贯彻与实施效果，作为"一线思政课工作者"，党政领导干部对其讲授思政课的整体情况会形成自我的感性认识，这是其最真实的授课体验，构成党政领导干部自我反馈的基本内容。他者反馈是指除了党政领导干部以外的反馈主体，比如督导、专家、思政课专任教师，比如学生、校内党政工作人员、其他非思政课教师、社会人员等，这些人作为反馈主体参与反馈过程同样具有现实性意义，可以更加客观地提出意见、建议等。同时，还应适时、合理地引入师生、专家外的第三方参与评价与反馈，这一点至关重要，它能使反馈的过程与结果更有针对性，更具客观性，更有说服力。这是因为，第三方评价并不直接参与思政课教学设计、实施、改进等环节，而是在党政领导干部讲思政课的课后进行评价反馈，是一种间接参与，由此避免了反馈活动的主观性与随意性，反馈主体更能"以事实说话"，实现对反馈结果的"去噪"，这无疑是一种具有客观性、科学性的评价反馈方式。此外，还应从反馈机制的结合性维度看待反馈机制的运行情况，对反馈机制的评价导向要关注党政领导干部的自我反馈与他者反馈的有机结合，以二者的力量融合考察评价对象的有效性。有学者提出"自评机制—竞争机制""他评机制—制度保障机制""评价内部机制—自评他评互促机制"的评价理念，[①] 这对于高校党政领导干部讲思政课常态化机制评价具有参考性，对反馈机制的评价可以此为鉴，推动评价衍生价值的生成。

（三）反馈过程、反馈结果的科学、客观

反馈机制是高校党政领导干部讲思政课常态化机制中最有益于思政课"在改进中加强"的机制之一，它关乎思政课的"二次改革"与"再创新"。那么，

---

① 刘卫平、徐嘉敏：《高校思政课教师职业道德评价机制论析》，武汉：《学校党建与思想教育》，2018年第10期，第20-21页。

高校党政领导干部讲思政课常态化机制的反馈机制指向的反馈过程与反馈结果的及时性、准确性就显得格外重要，这两个要素构成反馈过程的科学性与反馈结果的科学性之基础。及时、准确地对高校党政领导干部讲思政课常态化机制实施情况进行反馈，对思政课改革创新有着锦上添花的作用。故而，对高校党政领导干部讲思政课常态化机制的反馈机制进行评价，也应紧紧围绕反馈过程与反馈结果的及时性、准确性来展开，牢牢把握这两个基础要素在反馈机制评价导向中的特殊地位与关键作用。从及时性来看，高校党政领导干部讲思政课常态化机制的反馈机制涉及的具体维度包括：思政课教学主客体即党政领导干部和广大学生、党政领导干部讲思政课的授课内容、思政课的教育环境、思政课的教学方式与方法等，这些维度不仅涉及人的因素，也涉及物的因素、环境的因素等，因而反馈机制指向的内容十分复杂而多样。如果反馈机制自身的"反馈能力"不足，那么其所反馈的各维度内容也将在常态化机制的历时性展开中失去时效性，最终显得似是而非，反馈机制将不攻自破且难以为继。从准确性来看，反馈机制的运行是为了实现高校党政领导干部讲思政课常态化机制的改善、创新与持续运转。因此，如果反馈机制实施过程中得出的反馈结果不具有客观性、真实性、精准性，那么不仅反馈过程沦为徒劳和无效做功，而且反馈结果也变得"一文不值"，这将叠加对思政课质量的消极影响。

（四）反馈活动促进常态化机制的优化完善

凭借高校党政领导干部讲思政课常态化机制实施终端的反馈机制及其评价，党政领导干部讲思政课的高度、深度、力度、温度、效度都将实现极大飞跃，进而推动高校思政课的质量提升，助力立德树人。反馈机制作为常态化机制的"回头看"机制，不仅负有"客观还原"的职能，而且与党政领导干部讲思政课常态化机制须臾不可分离，反馈机制还具有"互促"职能即与常态化机制之间的良性互动。对高校党政领导干部讲思政课常态化机制的反馈机制进行评价，要聚焦反馈机制的"客观还原"职能与"互促"职能，从而实现以反馈机制推动常态化机制落实、生效、长效，使得反馈机制的评价紧紧围绕反馈内容与常态化机制改进的关联度来展开。在现今的诸多教育评价中，带有行政化色彩、管理主义思维模式的评估依旧存在，影响着评价结果。无论是评价主体还是评价客体，都是具有复杂性的社会存在，① 因而，评价主体与客体何以融洽，二者间的反馈与被反馈就极为关键，反馈内容构成二者间交互、沟通、成长的基本，反馈内容与常态化机制改进的关联度的大小直接影响评价结果，进而对高校党政领导干部讲思政课常态化机制实施、改进、增效产生积极或是消极影响。所以，在对高校党政领导干部讲思政课常态化机制的反馈机制进行评价时，必须坚持反馈内容与常态化机制改进的关联度这一评价导向，用关联度的可量化数据、可视化效果、可操作行为等夯实反馈机制的实践基础，进而夯实反馈机制的评价基础。

第三节　新时代高校党政领导干部讲思政课
常态化机制问题防范

新时代高校党政领导干部讲思政课常态化机制的实施是具有重大战略意义的思政课高质量建设举措，是贯彻落实习近平新时代中国特色社会主义思想尤其是关于高校思想政治工作重要论述的一大创举，对于立德树人根本任务的实现意义重大，是解决"怎样培养人"的思政课方法论创新。不过，在推进高校党政领导干部讲思政课常态化机制运行的开端、过程、终端都存有各种分阶段的类型化问题，在不同程度上制约着常态化机制的运行，致使常态化机制积极效应的发挥受限。针对这些阶段式问题及其分布特点，应立足高校党政领导干部讲思政课常态化机制的新时代背景与思政课改革创新的发展环境，紧扣立德树人育人主旨，坚持问题导向，及时化解制约常态化机制运行的消极因素。

一、常态化机制运行开端的问题与防范

新时代高校党政领导干部讲思政课常态化机制运行开端意指常态化机制起始阶段，主要涉及常态化机制的顶层设计、底层实践两个层面以及由顶层设计走向底层实践的"转换"过程。所谓万事开头难，高校党政领导干部讲思政课

---

① 靳玉乐、孟宪云：《"双一流"建设与教学革新》，镇江：《高校教育管理》，2018年第3期，第1-6页。

常态化机制作为新理念和新机制，不仅在理论构想的政策性设计上存有潜在矛盾，同时在实践道路的铺展中存有潜在矛盾。两类矛盾的交织一方面凸显了高校党政领导干部讲思政课常态化机制运行之"新"与思政课传统方法论的互动，另一方面揭示了高校思政课建设新旧机制之间的融合性"阵痛"。基于两类矛盾的问题表征，应协调好"两条腿走路"的内在逻辑与实践逻辑，推动高校党政领导干部讲思政课常态化机制顺利开篇。

（一）常态化机制运行开端的两种潜在矛盾

1. 顶层设计存在急功近利与高瞻远瞩的潜在矛盾

新时代高校党政领导干部讲思政课常态化机制的顶层设计是自上而下的全局性谋划，它内在地对常态化机制的"理想蓝图"进行构思与设计，并经由制度化、政策性的介入实现自我确立。顶层设计关乎高校党政领导干部讲思政课常态化机制的引领性、基础性、价值性发挥，因而对顶层设计的谋划意义重大。由于对高校党政领导干部讲思政课常态化机制的推进尚处在探索性阶段，所以常态化机制的顶层设计是一个逐渐完善的机制，并非毫无瑕疵。由于党和国家的重视，高校的高质量思政课建设诉求以及立德树人根本任务的内在价值牵引，对高校党政领导干部讲思政课常态化机制建设的重视度与日俱增，各个省区市，尤其是高校对于常态化机制建设尤为重视，常态化机制建设具有强劲的现实语境。但是由于重视常态化机制建设和推进常态化机制顶层设计的转换之间存在适配性问题，所以部分高校、省区市在建设常态化机制过程中存在急功近利的现象，即脱离了党政领导干部讲思政课常态化机制建设的探索性语境和师生对思政课建设真是诉求的观照，同时对党和国家教育政策、方针、精神理解的偏差，导致对常态化机制建设存在顶层设计的失衡、失重，从而出现完成任务、做做样子、形式大于内容等急功近利的具体化现象问题，导致常态化机制建设与最初的立德树人初衷偏离，影响常态化机制建设和思政课高质量发展。而从现实需要和现实意义来看，高校党政领导干部讲思政课常态化机制建设要立足需求实际和实践之基，以思政课建设的国家战略、社会需求、高校诉求、师生诉求为出发点，以思政课"在改进中加强"和"因事而化、因时而进、因势而新"为实践基础，立足长远，把握思政课建设的新时代规律与条件，在理念和实践上统合高校党政领导干部讲思政课常态化机制建设的发展逻辑，以满足育人之所需，实现教育之所求，完成强国之所是。总之，在推进高校党政领导干部讲思政课常态化机制建设的过程中，要及时发现并牢牢抓住顶层设计上存在的急功近利与高瞻远瞩的矛盾，以矛盾论的方法分析常态化机制建设的顶层设计之殇，通过问题溯源复现这一现实矛盾的多重面相，从认识矛盾、理解矛盾、剖析矛盾、把握矛盾等方面直面这一矛盾的复杂性、多样性，为推进矛盾的化解创造认识论前提。

2. 底层实践存在眼高手低与量力而行的潜在矛盾

新时代高校党政领导干部讲思政课常态化机制的底层实践是依据顶层设计而开展的具有自觉性的实践活动，它外在地对常态化机制的"理想蓝图"进行现实性应用，并以制度化和政策性的设定为边界。高校党政领导干部讲思政课常态化机制的运行终究要落实到底层实践，即将构想的理论化机制转换为实践性应用，让机制本身运作起来和产生实践效果。高校党政领导干部讲思政课常态化机制的落地是一个由理论到现实的动态化过程。由于领悟中央精神不到位、省区市细化中央政策的力度不够、高校具体化和特色化利用常态化机制的效能不足，则容易产生教条主义式的实践、形而上学的实践、流于形式的实践、不够深入的实践等问题，进而造成实践的阵仗、投入、重视度较高，但着力点、合力性、推动力不足，进而导致对高校党政领导干部讲思政课常态化机制的落实存在较大差距，影响思政课建设质量与水平。具体来看，高校党政领导干部讲思政课的具体实践将与顶层设计理念相悖或产生互斥，与学生诉求和开展立德树人根本任务的匹配存在困难，进而影响高校党政领导干部自我教学能力与常态化机制内在动力的发挥，呈现出常态化机制"不常态"的危险。学生作为思政课受众，由于常态化机制实践的偏差和错位，学生的听课积极性以及内化思想理论知识的动力不足，自主学习的主动性受阻。综合来看，师生互动、常态化机制的顶层设计与底层实践的互动、校内外互动、理论与现实互动、内容与形式互动等存有差距。最终，将导致高校党政领导干部讲思政课常态化机制的运行阻滞，常态化机制与常态化机制的具体化产生裂隙，由此制约立德树人效果的发挥。显然，在实践逻辑上，高校党政领导干部讲思政课常态化机制的实践意识和目标之间难以契合，致使常态化机制实践的热度、热情很高，但实践效果难以达到目标设定的高度。换言之，在高校党政领导干部讲思政课常态化机制的运行过程中，存在眼高手低与量力而行的矛盾，常态化机制的机制效应与现实效应是分离的，二者的契合性不够，互动性不佳，互促性不足，也就是说常态化机制的积极效应难以显现。认清这一矛盾的客观存在，才能从根本上把握常态化机制运行"开局不顺"的内在应因，进而从问题的根本性、内在性上归因，整体、科学把握问题全貌，以实践视角审视、归纳、剖析、化解实践中的现实难题。

（二）常态化机制运行开端两种潜在矛盾的防范

1. 注重制度谋划的务实性，让常态化机制构建脚踏实地

消解高校党政领导干部讲思政课常态化机制顶层设计层面存在的急功近利与高瞻远瞩自迩的潜在矛盾，需以制度谋划的务实性为根本，推进常态化机制的构建脚踏实地，避免"空中楼阁"式的顶层设计。高校党政领导干部讲思政课常态化机制建设以培育时代新人的长远目标为自身旨归，常态化与长效化对应，二者的互促共同推动着立德树人根本任务的达成，继而为培育时代新人这一新时代育人目标助力。高校党政领导干部讲思政课常态化机制建设是一个系统工程，涉及育人主客体、育人目标、育人方式、育人环境等各个维度的内容。因此，推进常态化机制建设必须始终坚持系统性思维，打破育人环节的单打独干局面，坚持分层分类管理与服务，统筹好育人目标的一致性和育人内容的对接，以"干实事"的态度推进常态化机制建设的稳、准、快，"坚持强基固本加强教师队伍建设，坚持改革创新打造思政'金课'"①。要协调好高校党政领导干部讲思政课常态化机制建设的利与弊，不以得失论英雄，但要以真抓实干为评价之本，以"做什么""如何做""做得如何"为问题导向反观顶层设计的务实性理念是否内植其中，为形成党、政、校齐抓共管，师、生、民共同学习的良好思政课建设氛围提供制度化前提。② 高校党政领导干部讲思政课常态化机制建设的顶层设计要规避急功近利的错误理念、树立高瞻远瞩的务实理念，就必须廓清顶层设计的政治性与方向性的关系、目标与方法的关系。首先，要将高

---

① 江鸿波、林秋琴：《试论以"六个一体"推进大中小学思政课建设》，北京：《中国高等教育》，2019 年第 19 期，第 46-48 页。

② 陈驰：《坚持党对思政课建设的全面领导》，成都：《四川日报》，2019 年 9 月 23 日，第 7 版．

度的政治性和方向性作为顶层设计的内在自觉，以马克思主义理论为指导，突出高校党政领导干部讲思政课"在马言马"的政治底色、理论底蕴，"要坚持不懈传播马克思主义科学理论，抓好马克思主义理论教育，为学生一生成长奠定科学的思想基础"①。再者，要以目标和方法论的"靶向"为实践逻辑推进高校党政领导干部讲思政课常态化机制建设的落地，要以育人目标引导顶层设计目标，尊重思政课建设规律、注重教育教学手段、方法、艺术、技术的合理性设计，顶层设计要实现"讲理论要接地气，让马克思讲中国话，让大专家讲家常话，让基本原理变成生动道理，让根本方法变成管用办法"②，实现顶层设计的求实、求是风格。当前，高校思想政治工作包括党政领导干部讲思政课常态化机制建设尚未形成统一工作格局，思想政治工作的融合性发展与协同育人机制的长效化发展在国家层面的宏观政策上已有诸多体现，但是落地的中观和细化政策较为欠缺，③ 主要体现为顶层设计存在的功利性心理与育人实践的非功利诉求难以自洽。凸显制度谋划的务实性，消解急功近利的冒失性，必须推倒高校党政领导干部讲思政课育人的政策、文件、精神要求与思政课育人现状之间存在的观念藩篱，避免管理制度条块分割，以系统性思维统筹顶层设计的全要素。

2. 注重实践方略的适应性，让常态化机制落地循序渐进

消解高校党政领导干部讲思政课常态化机制建设底层实践存在的眼高手低与量力而行的潜在矛盾，需立足常态化机制运行的实践基础，处理好理论的实践化问题与实践的适应性问题，循序渐进地推进常态化机制落地，避免操之过急。推进高校党政领导干部讲思政课常态化机制落地，构筑思政课建设"同心圆"，需遵循青年学生成长成才规律、高校思想政治教育规律。应针对学生的差异化特点和不同学年、学期、学段的育人目标的差别，在各个育人环节实现常态化机制实践的侧重性，提升常态化机制运行的现实针对性。在课堂上下、校内校外、网上网下，应强化高校党政领导干部讲思政课教育教学方式的配套性政策，把思政小课堂与社会大课堂相融合，加大对学生认知规律、接受特点的

---

① 《习近平谈治国理政》（第二卷），北京：外文出版社，2017年，第377页。

② 《习近平关于社会主义文化建设论述摘编》，北京：中央文献出版社，2017年，第100页。

③ 丁云、钱伟量：《思想政治理论课教师兼任政治辅导员的探索》，北京：《北京教育（德育）》，2014年第10期，第56-58页。

研究、转化、利用，创新常态化机制实现方式、拓展应用渠道，推进全员、全程、全方位育人。① 习近平总书记强调：要"在大中小学循序渐进、螺旋上升地开设思想政治理论课非常必要，是培养一代又一代社会主义建设者和接班人的重要保障。""青少年阶段是人生的'拔节孕穗期'，最需要精心引导和栽培。"② 青年大学生的成长分为多个阶段，如庄稼成长一样，有播种、出苗、拔节、孕穗、灌浆等阶段。③ 高校党政领导干部讲思政课常态化机制运行是一个持续性过程，应规避眼高手低的风险与误区，立足大学生精神成人的渐进性特点和思政课日常化开展的课程设置特点，联结学生成长规律、思想政治教育规律，推动高校党政领导干部讲思政课育人实践、常态化机制实践相融相促。高校党政领导干部是综合素质过硬、作风过硬、实践经验丰富的先锋群体，因而是"天然"的思政课教师，党政领导干部自觉、自愿、自信地讲好思政课是常态化机制实践的内在动因与动力。推进高校党政领导干部讲思政课常态化机制实践，应激发党政领导干部的积极性与主动性，以内在动力的发挥与外在机制的作用结合为依托，克服部分党政领导干部中存在的不愿讲、不会讲、不敢讲、不真讲、不去讲等现象，实现党政领导干部想讲、会讲、敢讲、真去讲的常态化目标，实现学校、专职思政课教师、学生都欢迎，学生想听、爱听、真听、听懂的"团结、紧张、严肃、活泼"氛围。④ 总而言之，注重高校党政领导干部讲思政课常态化机制实践方略的适应性与常态化机制落地的循序渐进，是同一问题的两个方面，二者的终极目标都指向常态化机制实践的实效生成，推进立德树人根本任务的开展。一方面，适应性问题和循序渐进的实践思路要以新时代为语境。进入新时代，高校思政课的教学环境、条件、影响因素等发生诸多变化，因此常态化机制实践与思政课改革创新的时代脉搏相适应尤为重要。另一方面，适应性问题和循序渐进的实践思路要以破解思政课建设困境为靶向。高

---

① 唐景莉、李石纯：《怎样加强新时代思政课建设？——对话高校六位思政课教师》，北京：《中国高等教育》，2019 年第 9 期，第 21-26 页。

② 《用新时代中国特色社会主义思想铸魂育人 贯彻党的教育方针落实立德树人根本任务》，北京：《人民日报》，2019 年 3 月 19 日，第 1 版。

③ 刘建军：《思政课：观照青少年精神成长的三个时期》，北京：《红旗文稿》，2019 年第 9 期，第 1，20-23 页。

④ 于政泉、李福岩：《不断深化认识 探索新机制 形成新常态——关于领导干部带头讲好思政课的再思考》，沈阳：《辽宁教育行政学院学报》，2020 年第 4 期，第 65-68 页。

校思政课改革创新是一个探索性过程，传统的思政课建设模式已有经验无法解决新时代语境下的新问题、新情况，思政课改革亟须寻求新的突破点、找到新的支撑点、获得新的动力源，使之适应新问题、新情况、新环境。因此，高校党政领导干部讲思政课常态化机制实践的推进要避免眼高手低，应量力而行、久久为功，以常态化机制实践的推进为契机，不断摸索思政课建设的新方法、新内容、新形式、新经验等，丰富发展高校思政课的内容、方法、形式、载体，推动高校思政课在改革创新中获得新发展。① 最终，实现高校党政领导干部讲思政课常态化机制实践"遍地开花"，累积思政课高质量发展的新时代经验。

二、常态化机制运行过程的问题与防范

新时代高校党政领导干部讲思政课常态化机制运行过程是机制效应得以凸显的核心阶段，也是常态化机制实现"常态"的关键环节。在高校党政领导干部讲思政课常态化机制运行过程中，由于对常态化机制的认知与实践存在误区和短板，致使常态化机制运行过程出现一定程度的形式化、官僚化、碎片化、孤岛化等"四化"倾向。防范"四化"应着眼高校党政领导干部讲思政课常态化机制的运行过程，以全局性视野反思"四化"倾向，实现对"四化"倾向的精准"把脉问诊"，推动常态化机制顺畅运作。

（一）常态化机制运行过程的"四化"倾向

1. 认知"关键课程"思想错位易滋生形式化倾向

思政课意义重大，但是，认知上的思想错位，致使部分高校党政领导干部讲思政课常态化机制运行过程出现形式化倾向。习近平总书记在全国高校思想政治工作会议上强调，"要坚持把立德树人作为中心环节，把思想政治工作贯穿教育教学全过程"②。可见，立德树人必须立足思政课主渠道、主阵地，要将思想政治工作这一"生命线"与立德树人育人初心、育人实践相结合。在党政领导干部讲思政课教学实践中，由于认知错位和思想轻视，常态化机制运行过程

---

① 黄宁花：《守正创新：新时代高校思想政治理论课发展的必然要求》，苏州：《苏州科技大学学报（社会科学版）》，2021年第4期，第38-42页。

② 《习近平在全国高校思想政治工作会议上强调：把思想政治工作贯穿教育教学全过程 开创我国高等教育事业发展新局面》，北京：《人民日报》，2016年12月9日，第1版。

中出现形式化倾向。首先，割裂素质教育与高校党政领导干部讲思政课建设的内在关联，导致常态化机制运行过程出现形式化倾向。"立德树人"体现了高校开展素质教育之本质，反映了教育自身的内在规律，它为我国实现从教育大国迈向教育强国，办好人民满意的教育指明航向、提供了科学的指导思想。基于"立德树人"形成的教育观是"立德树人"和"素质教育"融合的现代化教育理念，是教育目的（培养什么人）、教育手段（怎样培养人）的有机结合、辩证统一。① 在常态化机制运行过程中，由于未认识到"立德树人"和"素质教育"的协同性与对接性关联，人为割裂了"培养什么人"与"怎样培养人"的互通逻辑与实践关系，致使党政领导干部讲思政课有时会沦为一种过场式、表演式、作秀式的课程任务，育人的初心被消磨在形式化开设思政课的误区中。其次，对高校党政领导干部讲思政课守正创新理念的内化程度不够，导致常态化机制运行过程出现形式化倾向。面对复杂多变的国内外形势，高校办好思政课必要且重要，而办好思政课必须坚持守正与创新。守正，关乎方向问题、初心问题；创新，关乎方法问题、时效问题。在常态化机制运行过程中，由于未正确处理好守正与创新的辩证关系，对思政课立德树人的重要性的肯定、培养时代新人的变与不变的育人理念难以真正内化。由此，思政课就失去了改革创新的动力，继而在常态化机制运行中难以体现新时代特质和思政课"关键课程"的内驱力，这致使处于世界百年未有之大变局、中华民族伟大复兴战略全局历史交汇期的思政课之特殊性难以契合内外大局，有效发挥与高校党政领导干部讲思政课常态化机制的互动作用，内在作用的式微与外在教育实践的体现上表现出形式化倾向，典型之一就是思政课的方式方法创新停留于理论层面，不能有效落地。最后，多元社会思潮侵袭高校党政领导干部讲思政课的信念之基，导致常态化机制运行过程出现形式化倾向。近年来，世界范围内思想文化交融、交锋时常裹挟意识形态的多面性斗争，国际敌对势力纷纷对我国施行"西化""分化"图谋与意识形态渗透，"反马""非马"思潮、言论也有发生，冲击着高校师生的马克思主义、共产主义信念。消费主义、历史虚无主义、新自由主

---

① 刘颖洁：《习近平"立德树人"教育观对大学素质教育的引领》，长沙：《湖南社会科学》，2021 年第 4 期，第 154-159 页。

义等思潮沉渣泛滥，① 侵蚀高校党政领导干部讲思政课的主客体、实践基础和理想信念基础，使得部分教育主体、客体以及环体出现应付化心理与形式化表现，如教育主客体的积极性、参与性、互动性不强，教育环体的活跃程度、育人指向、内在动力欠缺等，影响了党政领导干部讲思政课常态化机制的运行。

2. 将"领导"错解为"管理"易滋生官僚化倾向

党对思政课建设的领导是办好高校思政课、推进党政领导干部讲思政课常态化机制的根本保证，由于对思政课建设的"领导"和"管理"的误读，导致高校党政领导干部讲思政课常态化机制运行过程有时出现官僚化倾向。不言而喻，党对思政课建设的领导至关重要。《关于深化新时代学校思想政治理论课改革创新的若干意见》指出，深化新时代学校思想政治理论课改革创新，必须坚持党对思政课建设的全面领导，把加强和改进思政课建设摆在突出位置。② 作为高校思想政治工作之重心，思政课既是党的伟大事业的重要构成之一，亦是推动党的事业发展尤其是高等教育发展的重要动力之一。同时，高校思政课建设离不开一定的管理，比如教育教学的管理与统筹对于思政课建设十分必要，适度地管理益于其高质量发展。高校党政领导干部讲思政课常态化机制的运行既需要"领导"，又需要"管理"，一个是从党的事业发展全局来讲的，另一个是从高校思政课建设来讲的，二者相辅相成。但是，在高校党政领导干部讲思政课常态化机制运行过程中，存在将党对思政课建设的"领导"错解为"管理"的问题，由此造成了官僚化倾向。具体来看，其一，官僚化倾向表现为"脱离群众"即脱离思政课建设的师生主体。"官僚"在辞海中释义为脱离实际与群众、做官当老爷的领导作风，命令主义、文牍主义、事务主义等是其表现形式。高校党政领导干部讲思政课如果脱离群众就会导致思政课建设失去"课程"属性，从而变得不伦不类。脱离群众意味着思政课建设附属于行政权力运作，本应受到引领和重视的思政课的地位下降，本应服务于师生主体的思政课变得难以激

---

① 佘远富、许思宇：《新时代高校思想政治理论课的"守正"与"创新"》，沈阳：《现代教育管理》，2021 年第 7 期，第 32-38 页。

② 中共中央办公厅 国务院办公厅印发《关于深化新时代学校思想政治理论课改革创新的若干意见》［EB/OL］. http：//www. gov. cn/zhengce/2019-08/14/content_ 5421252. htm，2019-08-14.

发内在活力，本应服务于师生主体教学相长和思政课高质量发展的制度性设计失去权威性，最终导致行政权威上升、思政课教师的师生主体性受限，党政领导干部讲思政课常态化机制运行难以为继。其二，官僚化倾向表现为忽视思政课建设规律，主观主义流行。当官僚化成为并表现为一种"普遍的管理心态"，思政课建设将面临主观主义流行的潜在危险，这不仅影响党政领导干部讲思政课这一活动本身的常态化开展，更影响立德树人根本任务与时代新人育人目标的推进与实现。高校思政课建设关乎党的事业后继有人、关乎国家的前途命运，无论何时，为党育人之初心不可忘、为国育才之立场不可改。① 因此，尊重思政课自身建设规律、运行规律实为必要。主观主义渗透至党政领导干部讲思政课常态化机制运行过程中，将扭曲思政课立德树人的育人理念，影响师生主体讲课、听课、互动、互进的信心与动力，进而在实践中制约党政领导干部讲思政课常态化机制的顺畅运行。其三，官僚化倾向表现为对权责认识不清，容易滋生"伪权威"。高校党政领导干部讲思政课常态化机制运行本是让党政领导干部走进课堂、走向学生的近距离参与思政课教学的实践，但由于官僚化倾向的存在，致使党政领导干部的"领导"对师生造成一定行动压力，主要表现为其他思政课教师的课堂创新性与自主性受限，不敢违背"领导"意志；学生的活跃性与能动性受限，不敢违反"管理"理念下的纪律规定。总之，官僚化倾向违背思政课建设本意，不利于常态化机制高效运转。

3. 教与学的"时空矛盾"易滋生碎片化倾向

高校党政领导干部讲思政课及其常态化是高校思政课改革创新的重要举措，由于党政领导干部的工作时空与思政课程的固定时空难以匹配，导致高校党政领导干部讲思政课常态化机制运行过程出现碎片化倾向。顾名思义，碎片化是相较于系统性、整体性的一种现象或认知。碎片化现象是脱离整体性的一种对象的片面化把握、局部性筹划，是一种零散的对客观世界的把握。碎片化认知指人们在认识、感知、理解世界时，只抓住某一事物的某个要素、特征、方面而失去对事物整体的把握，在阶段性的、零碎的时间接收、接受各种多元零

---

① 《党的领导是思政课建设根本保证——论学习贯彻习近平总书记在学校思政课教师座谈会上重要讲话》，北京：《人民日报》，2019 年 3 月 22 日，第 1 版。

散、局部片面、随性跳跃的信息过程中，形成的一种简单的认知方式。① 基于高校思政课教育制度环境、高校行政体制、教学管理惯性等结构性要素的内外影响，② 党政领导干部作为思政课建设主体，有时会与思政课的固定时空处于互斥状态，致使高校党政领导干部讲思政课常态化机制运行过程受阻。在党政领导干部的工作时空与思政课的固定时空难以匹配的前提下，高校党政领导干部讲思政课常态化机制运行过程中的碎片化倾向主要有以下几个表现。第一，授课时间的碎片化。高校党政领导干部讲思政课改变了思政课专任教师讲思政课的传统，授课模式的时空感不同以往。在此背景下，高校党政领导干部具有"公职人员""思政课教师"双重角色。因此，在公务、授课双重工作内容的主体角色转换间，时空的分配和调节就会由于工作内容的不同而出现矛盾性和冲突性，比如思政课的固定时空必然会与公务内容的固定时空相重叠，这种情况如何解决是一个棘手难题。所以，协调二者的矛盾，将会"厚此薄彼"，思政课的授课时间的碎片化可能难以避免。第二，授课内容的碎片化。思政课本身的知识系统、结构、逻辑构成了立体的理论化图景与内容体系，思政课教师的讲授应是整体性、体系化讲授。不过，在党政领导干部和思政课的"时空矛盾"之下，二者的和谐状态遭遇一定的互斥阻力，党政领导干部讲思政课的内容体系容易沦为碎片化的知识讲授，思政课的理论体系和知识体系被解构，思想政治理论知识的整体被部分地切割，知识的系统性被打破、整体性被打破，这不利于学生对思想政治理论知识的摄取与内化。第三，理论内化的碎片化。维果茨基的社会文化学习理论强调人类的智能源于人们所处的社会、面向的文化，个体认知发展最先借助人际间（人、社会环境之间）的互动达成，而非借助内在/内化过程达成。高校党政领导干部讲思政课同样是一个由外而内的交互影响过程，继而生成思想政治理论的知识认知、理论认同。在授课时间碎片化、授课内容碎片化的前提下，高校党政领导干部讲思政课指向的对大学生的"理论内化"面临困境，直观表现是理论内化的生成与稳定存在间歇性、阶段性、停滞性现

---

① 卢秀峰：《大学生碎片化认知与思想政治教育的矛盾及化解》，武汉：《学校党建与思想教育》，2017 年第 14 期，第 22-24 页。

② 李波、于水：《从"碎片化"到"整体性"：课程思政建设的有效路径》，哈尔滨：《黑龙江高教研究》，2021 年第 8 期，第 140-144 页。

象，这直接影响学生的知识层面、价值层面、情感层面、行动层面的统一与联结，进一步导致学生理论的内化与外化间存在鸿沟。

4. "三全育人"着力点分散易滋生孤岛化倾向

高校党政领导干部讲思政课是落实"三全育人"理念，打通学生成才"最后一公里"的新时代举措，由于党政领导干部讲思政课协同育人的着力点的分散性，导致高校党政领导干部讲思政课常态化机制运行过程出现孤岛化倾向。新时代，高校思想政治工作呈现融合发展趋势，高校上下"一盘棋"和"一体化"思想政治工作体系日趋完善。在此背景下，减少、抑制高校思想政治工作各因素间的内耗，推动各要素同向同行至关重要。如此，才能构建高校思想政治工作长效机制、强化育人实践、提升整体工作水平。[1] 思政课是高校思想政治工作的重要活动与载体，是落实"三全育人"理念，实现"全员育人、全过程育人、全方位育"方法论落地的重要依托。这当中，高校党政领导干部作为"三全育人"中"全员育人"的重要主体，对思政课质量、育人效果具有关键意义，是推进高校党政领导干部讲思政课常态化机制运行的主体力量与中坚力量。但是，在推进高校党政领导干部讲思政课常态化机制运行过程中，思政课与"三全育人"的着力点呈现分散性特征，其系统配合、综合发力尚存阻力，由此造成常态化机制运行过程中出现孤岛化倾向。首先，在高校党政领导干部讲思政课常态化机制运行过程中，党政领导干部之间存在彼此孤立的孤岛化倾向。"全员""全程""全方位"分别对应着思政课育人主体的广泛性、时间维度的连续性、空间维度的延展性。[2] 高校党政领导干部由于各自分工不同，在党政角色和教师角色的转换中存在"各自为营"的情况，彼此间在思政课教学上可能存在沟通缺失，因而造成党政领导干部间的互促作用难以生成，进而造成党政领导干部讲思政课的动力呈现零散分布特征，难以聚合到具体的着力点上。其次，在高校党政领导干部讲思政课常态化机制运行过程中，党政领导干部与思政课专职教师之间存在彼此孤立的孤岛化倾向。党政领导干部讲思政课与思

---

① 房广顺、李鸿凯：《推进以立德树人为中心的思想政治教育融合发展——学习习近平总书记在全国高校思想政治工作会议上的重要讲话》，北京：《思想教育研究》，2017年第2期，第12–16页。

② 宁先圣：《高校思想政治教育工作融合发展的系统分析》，哈尔滨：《思想政治教育研究》，2021年第3期，第114–119页。

政课专职教师讲思政课既相互联系又有所区别，在教学实践中，二者可能存在"上下沟通"不多的情况，继而造成教学活动的差异化，党政领导干部与专职思政课教师的教学呈现分离状态，影响了育人合力的生成。再次，在高校党政领导干部讲思政课常态化机制运行过程中，党政领导干部与课程思政的教师主体间存在彼此孤立的孤岛化倾向。随着课程思政的建设，课程思政的相关教师充实了思政课教师队伍，他们与党政领导干部一样，具有主题角色的双重性设定，因而是殊途同归。但是，由于课程思政建设与思政课程建设的协同性存在主客观因素的影响，导致党政领导干部与课程思政教师的主体协同存在阻力，二者的交流互动也出现孤岛化倾向。最后，在高校党政领导干部讲思政课常态化机制运行过程中，党政领导干部与青年大学生之间存在彼此孤立的孤岛化倾向。在高校党政领导干部讲思政课常态化机制运行过程中推进"三全育人"的落地，终极目标在于构建一体化工作体系，将立德树人融入思想道德、文化知识、社会实践教育各环节，推动各方资源回归育人本位，汇聚育人合力。① 但是，党政领导干部作为育人主体，在推进"三全育人"过程中容易一门心思地钻研教学方法，而忽视了与学生的互动和及时听取学生心声，忽视了通过学生主体优化教师主体的育人能力。从而，造成教育者与受教育者之间的信息孤立、沟通失衡，教学相长的目标难以达成。

（二）常态化机制运行过程"四化"倾向的防范

1. 强化理想信念教育以根除思想应付心理

消除新时代高校党政领导干部讲思政课常态化机制运行过程中的形式化倾向，必须从理想信念教育的常态化入手，摆正对立德树人关键课程的积极认知心态，从思想认识上彻底根除应付心理。首先，将理想信念教育作为引领高校党政领导干部讲思政课常态化机制运行过程的"常规动作"，以信念之基的夯实筑牢立德树人关键课程及其评价的稳固地位。习近平总书记在全国教育大会上指出，健全立德树人落实机制，关键是要扭转教育评价导向的非科学化势头。因此，保证社会主义办学导向与高校党政领导干部讲思政课建设的认知、评估相同频至关重要，理想信念教育的常态化利于师生主体时刻保持互动、互信、

---

① 武耀廷、林琛等：《构建一体化高校"三全育人"工作体系》，北京：《中国高等教育》，2021 年第 8 期，第 31-33 页。

互助，利于形成党政领导干部讲思政课常态化机制建设过程的"同心圆"。要坚定不移地将立德树人之效果作为审视高校一切工作的根本标准，努力培养优秀的社会主义建设者与接班人，培养社会发展、知识积累、文化传承、国家存续、制度运行所需的"有用之材"。同时，素质教育之道亦是将立德树人作为现代教育之根本和最终目的。① 因而，以理想信念教育的手段中介素质教育与党政领导干部讲思政课的衔接，利于实现育人目标与常态化机制的有机融合。其次，以理想信念教育的常态化开展引领高校党政领导干部讲思政课守正创新，实现立德树人教育视野、教育内容、教育方法的融通。落实立德树人的根本任务任重道远，它承载着我党教育理念的新时代变革与教育实践的贯通式发展。立德树人是基于国内外"两个大局"，对"培养人"这一根本问题的"总思考""总要求"。中国特色社会主义进入新时代，高校党政领导干部讲思政课的改革创新离不开理想信念教育提供的精神动力，在化理想信念教育为改革创新思政课建设动力的过程中，在推进常态化机制运行与理想信念教育常态化开展的过程中，需把握五对"守正"与"创新"的逻辑关系：一是，守立德树人之正，创教学机制之新；二是，守马克思主义指导地位之正，创教学内容之新；三是，守教学规律之正，创教学方法之新；四是，守思想性、理论性教学要求之正，创教育理念之新；五是，守亲和力、针对性教学目标之正，创教学模式之新。② 只有通过"守正"与"创新"，高校党政领导干部讲思政课才能常态化，这其中，理想信念教育发挥着重要的内外动力源作用。最后，以理想信念教育活动的开展彰显马克思主义在高校意识形态领域的指导地位，营造"信马""言马""用马"氛围，凸显立德树人关键课程的"关键性"。理想信念教育活动的开展根本在于坚持马克思主义在高校意识形态领域的指导地位，而高校党政领导干部讲思政课肩负重要的马克思主义理论教育使命。无论是理想信念教育活动的常态化开展，还是高校党政领导干部讲思政课常态化机制的运行，都是以马克思主义为指导思想，最终以培养具有共产主义信仰的青年大学生为目标。凭借理想

① 刘剑虹：《习近平素质教育论述之探究：溯源、体系和教育学意义》，杭州：《浙江社会科学》，2021 年第 9 期，第 13-23，155 页。
② 佘远富、许思宇：《新时代高校思想政治理论课的"守正"与"创新"》，沈阳：《现代教育管理》，2021 年第 7 期，第 32-38 页。

信念教育活动载体，"信马""言马""用马"的教育环境逐步生成，立德树人的任务、目标、内容、价值不断凸显，并在高校党政领导干部讲思政课的实践中实现统一，消解常态化机制运行过程中的形式化倾向指日可待。

2. 压实群众路线教育实践活动以避免官僚式权威

规避新时代高校党政领导干部讲思政课常态化机制运行过程中的官僚化倾向，需以群众路线的贯彻落实为旨归，严防严控严管官僚式权威。实现中华民族伟大复兴，必须走好新时代党的群众路线，发挥其强大作用。既要注重开展党性教育，激发、增强走好新时代群众路线的内在自觉；又要加强能力建设，提高、强化走好新时代群众路线的综合效应。走好新时代的群众路线，应同时协调好"软实力"与"硬实力"两个问题，不仅有全心全意为人民服务的意识、意愿、态度，还要有为人民服务的精力、能力、条件。① 避免官僚式权威，不是直接祛除"领导"和"管理"对思政课建设与常态化机制运行的参与，而是要不断清除其中的官僚化成分，变"领导""管理"为"服务"。对党政领导干部应建立有效的监督制度，避免权力异化，让党政领导干部远离传统的官本位思想，② 及时规避党政领导干部讲思政课常态化机制运行过程中的官僚化倾向。一方面，要以开展群众路线教育实践活动为载体，提升为人民服务意识，在思想认识上强化以学生为本的思政课育人理念，避免官僚式权威的错误思想。在"为了谁"这一问题上，党的本质属性内在决定了思政课与群众路线一致，其目标都以群众为出发点和落脚点。要更好地将党的群众路线融入高校党政领导干部讲思政课的各层次、各方面的全过程，用全面、发展的观点看待党的群众路线在新时代的意涵，深挖、探索党的群众路线在党政领导干部讲思政课常态化机制运行过程中的独特价值，推进党的群众路线与党政领导干部讲思政课的协调、全面、可持续发展。③ 权威概念本身就隐含一种理性批判精神，即任何具体的认识都是有限的。所以，党政领导干部亦是如此，不能以权力的高度来

---

① 曹鹏飞：《群众路线是党的根本领导方法和工作方法》，北京：《人民论坛》，2021 年第 16 期，第 36-39 页。

② 龙定江：《高校去"行政化"还是去"官僚化"的思考》，石家庄：《产业与科技论坛》，2015 年第 15 期，第 8-9 页。

③ 杨婷婷、马超：《党的群众路线在思想政治教育中的价值》，北京：《思想教育研究》，2017 年第 2 期，第 52-55 页。

衡量真理的高度，而应虚心学习、躬身实践，把为人民服务的意识贯彻到底。高校党政领导干部讲思政课的权威属性的确立，绝不可仅凭师道尊严体系来维系，或者以强制和服从为前提，而必须以党政领导干部的渊博知识、高超教学技巧、现代性视野、超凡人格来确立。① 另一方面，要以贯彻落实群众路线为根本，提升为人民服务能力，在具体行动上锻造教书育人的思政课教学硬实力，避免官僚式权威的错误行动。"教育的行政本身不是目的，而只是一种手段，教育行政是服务于教与学的，是支援教与学的，是导引教与学的。"② 因此，不能将高校党政领导干部讲思政课的权威领导错解为直接性管理，直接性参与，要以学生的成长成才为根本，把群众路线贯彻到党政领导干部讲思政课的常态化实践中，以行动之力引领思政课改革创新与质量提升的方向，以行动之力强化思政课建设的信心。高校党政领导干部应以权威的思想政治理论与真情实感、人格魅力打造思政课育人范本，把上好每一堂课作为贯彻群众路线的常态化行动。思政课教学内容在对社会实践理性认识的基础上，高校党政领导干部以思政课教师作为角色定位时，应淡化领导、干部的身份，在深入生活实践、教育实践基础上，精研社会问题、学生思想观念问题，把握社会发展规律、学生身心成长规律、思想政治教育规律，不断丰富和提升自身学术水平、教学艺术、生活经验、人格魅力、政治修养、道德品质等，③ 继而建立党政领导干部作为特殊思政课教师的"真权威"。

3. 完善思政课教学体系以优化教与学的时空场域

突破新时代高校党政领导干部讲思政课常态化机制运行过程中的碎片化倾向，应立足思政课教学体系的完善与优化，从教学制度改革与教学过程调控发力，解决党政领导干部讲思政课与公务之间的时空匹配不足问题，提升时间效率、拓展空间价值。高校党政领导干部讲思政课常态化机制运行过程是一个动态调整的过程，本身就蕴含着常态化机制的自我完善与自我修复，因而指向一种纠错与提升同时推进的实践逻辑。当然，从规避高校党政领导干部的工作时

① 李优坤：《高校思政课"问题教学"的两难及"诊所"式对策探索》，哈尔滨：《思想政治教育研究》，2018 年第 2 期，第 69-72 页。
② 吴志宏：《教育行政学》，北京：人民教育出版社，2000 年，第 40 页。
③ 陈海飞、张丽：《论思政课教师权威的重构》，扬州：《扬州大学学报（高教研究版）》，2020 年第 3 期，第 42-46 页。

空与思政课固定时空的矛盾性来看，解决问题的关键在于让党政领导干部在常态化机制的运行过程中掌握主动性、提升适应性、实现交互性，进而有效化解"时空不匹配"带来的冲突性问题，建立健全高校党政领导干部讲思政课常态化机制良性发展的动态调整制度。一方面，从思政课教学制度改革来看，通过制度化的改革来推进党政领导干部讲思政课的"时空矛盾"的解决是先行之策，目标靶向问题疏解有据可循、有凭可依。冲破碎片化倾向，必须坚持"螺旋渐进式"理念在高校党政领导干部讲思政课常态化机制改革中的贯彻，尊重制度改革的程度、力度与人的认识逻辑、认识发展过程的规律，坚持由简单到复杂的发展规律，① 逐步优化教与学的时空场域。美国社会心理学家米德最先把"角色"这一概念引入社会学研究领域，主要用于分析个体在各种情境下的行为方式。"角色"指的是处于一定地位，且能够按其相应行动规范行动的人。高校党政领导干部作为领导干部和思政课教师，其角色定位是复合的，因而在不同场合和时间语境下其角色指称有所不同。因此，通过制度化的改革与调整，主要聚焦党政领导干部双重角色的转换与统一，科学谋划党政领导干部讲思政课的时间流程、空间格局，实现时空和谐，从而避免角色冲突，以便更好地践行角色内涵，发挥高校党政领导干部在立德树人、为国育才中扮演主流意识形态的传播者、专业知识的讲授者、理想信念的铸魂者的重要作用。② 另一方面，从思政课教学过程的调控来看，通过实践应用的调适和优化来推进党政领导干部讲思政课的"时空矛盾"的解决是落实之道，目标靶向问题疏解的行之有用、行之有效。在理论与政策设计上解决了角色冲突带来的时空矛盾之后，高校党政领导干部讲思政课常态化机制运行过程中的碎片化倾向的彻底清除，需要从实践中逐步完成。在制度安排日趋完善的前提下，循规办事显得必要。高校党政领导干部讲思政课应在贯彻常态化机制理念中，逐步确立固定的授课时间，避免"找补时间""挤时间"上课的窘境，与其他思政课专职教师协同上好思政课，实现时间安排上的连贯性、规律性，实现"时间效应"。同时，高校党政

① 陈静、赵晨璇：《治理现代化视域下高校思政课改革创新研究》，武汉：《学校党建与思想教育》，2021年第13期，第71-74页。

② 曹胜亮：《新时代高校思政课教师角色定位再思考》，武汉：《湖北社会科学》，2021年第5期，第156-161页。

领导干部应专注于耕耘思政课教学内容，立足体系化讲授、科学化讲授、深入化讲授的"金课"标准与要求，实现思政课教学内容的整体化推进，让知识、理论、情感、价值融为一体，实现由知识内化到理论内化、由感性的情感认知到理性的价值认同，推进高校党政领导干部讲思政课"走心""动情"，提升思政课课堂讲授的生动性与理论性相统一，实现"空间效应"。

4. 基于协同育人机制打造思政课教师"共同体"

超越新时代高校党政领导干部讲思政课常态化机制运行过程中的孤岛化倾向，应立足协同育人体制机制创新实践，推动思政课育人主体由"分离"到"统合"，构建包括党政领导干部在内的全员参与的、积极活跃的合力育人体系，努力打造思政课教师"共同体"。首先，以党政领导干部的带头作用为推动力，逐步打造高精尖水平的思政课教师"共同体"。在推进高校党政领导干部讲思政课常态化机制运行过程中，要发挥党政领导干部的带头作用与示范作用，推进党政领导干部、思政课专任教师、课程思政教师等思政课育人主体力量的协同，逐步生成协同育人的强大合力。要以育人理念的协同为起始，激发全员育人的能动性，集聚全过程育人和全方位育人的强劲合力，实现思政课教师"共同体"的情感、信念、理念、价值、归属有所依托、有所彰显、有所实现，强化思政课教师的"知行"逻辑，推动思政课教师"共同体"的组织力的生成、凝聚力的生成、动员力的生成。同时，思政课教师"共同体"还要以"三全育人"的方针、理念为指引，推动实现思政课教育教学诸要素中的主体要素、时间要素、空间要素相互统一、协同推进。[①] 要以思政课教师"共同体"中每个个体的教育教学能力、水平为抓手，激发思政课教学技能与方法的创新动力，推进思政课教师"共同体"高精尖水平的实现。其次，贯彻"大思政课"育人方针与理念，推动以思政课教师"共同体"建设为核心的思政课资源的有效整合。在推进"大思政课"育人方针落地过程中，要以高校党政领导干部讲思政课常态化机制为依据，把思政课课程育人、管理育人、文化育人、服务育人等平台、资源的育人主体力量有效整合，同构资源力量充裕、内生动力充盈、功能作用充分的高校思政课全员育人新图景。要以党政领导干部讲思政课的"资源开发"

---

① 王辉、陈文东：《基于"育人共同体"的全员育人探究》，北京：《思想教育研究》，2021 年第 4 期，第 155-159 页。

为基点，以激发"资源开发"的积极性为重点，努力开发、汇集、调配、优化思政课教育教学资源，服务于思政课的高质量建设、服务于立德树人根本任务的开展。在此过程中，高校各部门、各二级学院，都应将思政课教育教学资源的开发、集聚、利用放在重要位置，牢固树立协同育人思维，善于通过各类优质思政课教育教学资源提升育人实效，① 实现育人初心。最后，基于"三全育人"的教育理念，以问题为导向推动协同育人机制与时俱进。"三全育人"理念下的协同机制包含"多位—互动—协同"三个层面，表征"三全育人"的系统特征。"三全育人"多位互动协同机制体现一般复杂系统的整体性、开放性、动态性特征，"三全育人"强调共建共治，"人人有责、人人尽责、人人参与"的育人共同体是其动力。② 推进高校党政领导干部讲思政课常态化机制顺畅运行，要坚持问题导向，以问题为突破口，在顶层设计层面整体布局高校思政课一体化建设的设想、设计、运行、调整，明确包括党政领导干部在内的思政课教师主体的角色、责任与担当。要基于"三全育人"的协同育人理念，以立德树人根本任务为思政课教学实践之牵引，依据不同角色定位的思政课教师的职能职责，利用各种思政课教育教学资源，发挥思政课教师"共同体"主体的组织优势、人才优势，实现思政课教师"共同体"分工合作基础上的有机融合与力量加成，③ 努力实现思政课协同育人的新时代力量。

三、常态化机制运行终端的问题与防范

新时代高校党政领导干部讲思政课常态化机制运行终端是常态化机制运行的收尾阶段，亦是常态化机制再运行的前序阶段，它关乎党政领导干部讲思政课的效果、评价、反馈、改进等，具有重要实践意义。在高校党政领导干部讲思政课常态化机制运行终端主要存在两重风险，即"后劲乏力"导致的"善始不善终"风险，"唯结果论"评价导致的"质—量"失衡风险。化解常态化机

---

① 苏玉波、王洁：《着力构建"大思政课"的生态体系》，哈尔滨：《思想政治教育研究》，2021 年第 3 期，第 33-35 页。

② 侯波：《高校"三全育人"多位互动协同机制构建探讨》，南宁：《广西社会科学》，2021 年第 5 期，第 176-181 页。

③ 宁先圣：《高校思想政治教育工作融合发展的系统分析》，哈尔滨：《思想政治教育研究》，2021 年第 3 期，第 114-119 页。

制运行终端的风险，要强化机制落地的把关制度，将善始善终工作作风一以贯之；还要打破结果评估的单一制度，实现"质—量"结合的科学评价。

（一）常态化机制运行终端的两重风险

1. "后劲乏力"导致"善始不善终"风险

高校党政领导干部讲思政课常态化机制运行是一个前后相继的连贯过程，既要注重开端的平稳性，又要注重末端的稳健性，应贯通首尾，实现常态化机制运行的动态化、科学化、高效化。但是，在推进高校党政领导干部讲思政课常态化机制运行的终端，由于主观上存在对常态化机制运行的轻视、放松以及客观上对常态化机制运行的监督、反馈缺乏等动力不足问题，导致常态化机制运行终端出现疏离常态化、削弱机制性、忽视实践性等"非技术性问题"，由此造成高校党政领导干部讲思政课常态化机制运行终端出现"落地不稳""掷地无声"等消极现象，降低了常态化机制的实践性作用，影响了党政领导干部讲思政课"金课"的效果，影响了学生成长成才的效果。

可见，一方面，高校党政领导干部讲思政课常态化机制运行终端的种种消极现象的出现并非意外，这表现出常态化机制运行本身存在一定的风险性，这种风险性可潜在地存在于常态化机制运行的内部，也可以显著地表现为党政领导干部讲思政课的实效性受阻等现象化内容，二者的交互影响与相继出现成为常态化机制运行不得不面对的现实难题，是高校党政领导干部讲思政课常态化机制运行终端的"问题常态"，因而不容小觑。另一方面，从高校党政领导干部讲思政课常态化机制运行的"开端"与"终端"两个阶段来看，推进常态化机制落地是自上而下的具有改革性质、创新性质的思政课建设方略，因而，从国家到高校，人人重视思政课建设已成现实。"整体育人"的思政课建设思路贯通高校党政领导干部讲思政课全过程，成为落实高校党政领导干部讲思政课常态化机制的内在理念之一。"整体育人"以整体性为原则，基于立德树人根本任务与育人目标，进行整体谋划、系统设计、统筹安排、协同推进，汇集融合各类教育资源，系统集聚各方力量，将系统育人之理念嵌入党政领导干部讲思政课教育教学各阶段、各环节、各方面。以"整体育人理念"为导向，整体谋划、系统设计、统筹协调、一体运作的思政课建设的顶层设计日渐完备,[①] 并且在实际的思政课改革创新中凸显出顶层设计的指导性、引领性、创新性,体现顶层设计的"高精尖"。显然,高校党政领导干部讲思政课常态化机制运行的开端呈现出"繁荣景象",突出表现是顶层设计的前瞻性、创新性、全局性得到重视与认可。不过,在高校党政领导干部讲思政课常态化机制运行终端,经历了顶层设计到底层实践的转换,常态化机制运行在终端阶段可能会出现动力不足、创新性遮蔽、实效性不显等问题。究其原因,不仅有常态化机制运行开端的"目标远大"带来的现实冲击与达标不足的缘由;还有常态化机制运行终端"士气不足"、精神放松、监督不力、反馈滞后等主客观原因。因此,高校党政领导干部讲思政课常态化机制运行可能在某些地区、某些高校、部分二级学院等出现"后劲乏力"的客观问题,进而导致常态化机制运行出现"善始不善终"风险。

2. "唯结果论"评价导致"质—量"失衡风险

在高校党政领导干部讲思政课常态化机制运行终端,评价与反馈构成常态化机制运行的重要环节与常态化机制创新的重要推动力。科学、客观的评价有利于高校党政领导干部讲思政课常态化机制运行的顺利收尾,也有利于常态化机制的下一步改进以及进一步开展。当前,对高校党政领导干部讲思政课常态化机制进行评价的指标体系构建还处于探索阶段,尚无完善化的指标体系。因此,对高校党政领导干部讲思政课常态化机制进行评价主要依据可量化的现实指标,如论文、课题、课程、参与等,这些指标都有一个共性即能够以量化的方式进行考察和呈现,具有形式上的直观性。在现实的评价过程中,人们也更倾向于以这些可量化的论文数量、课题数量、课程的门数与课时、学生的覆盖面等作为评价依据。当然,以这些可量化的评价指标作为依据与遵循无可厚非,它们可以为常态化机制的评价提供一定的科学性依据和参考,而且,这些评价指标本身也构成对常态化机制进行评价的一部分,因此不可或缺。

但是,在部分高校内部,存在以量化指标决定一切的生硬做法。在对高校党政领导干部讲思政课常态化机制的评价过程中,只看数量,忽视质量,没有合理实现"数—量"结合式的评价。从根本上来讲,这是一种"唯结果论"评

---

① 朱健源、李永胜:《思政课建设应坚持的四种思维方法》,武汉:《中南民族大学学报(人文社会科学版)》,2021 年第 9 期,第 154-160 页。

价理念和行为，本质上体现出形式主义和主观主义的评价思维，对高校党政领导干部讲思政课常态化机制运行终端而言，它是一种现实的具有挑战性的潜在风险。在"唯结果论"评价理念下，对高校党政领导干部讲思政课常态化机制的评价变得单一化、去科学化，难以体现出评价活动自身的科学性、公平性、准确性。因而，对高校党政领导干部讲思政课常态化机制的评价结果难以服人，同时，评价作为一种有效的反馈活动也难以把党政领导干部讲思政课常态化机制运行中的实实在在的"得失"问题真实展现。所以，在高校党政领导干部讲思政课常态化机制的评价问题上，"唯结果论"评价将导致"质—量"失衡风险，评价主客体难以在评价活动中相洽，评价的具体内容、指标与常态化机制的现实运行难以实现有效对接、真实映射，对高校党政领导干部讲思政课常态化机制及其运行的评价结果面临失真。因此，"唯结果论"的评价活动是一种割裂党政领导干部讲思政课常态化机制与运行、割裂评价主客体的关联、割裂评价结果与评价过程的具有形而上学方法论缺陷的评价，它对常态化机制及其运行而言是一种潜在风险。在"质—量"失衡风险的影响下，其种种消极后果将进一步影响和制约高校党政领导干部讲思政课这一实践活动的高效、顺利开展，也将影响高校思政课高质量建设的整体效果，最终将影响立德树人根本任务的推进和时代新人育人目标的达成。因此，抓住"唯结果论"评价导致的"质—量"失衡风险，对高校党政领导干部讲思政课常态化机制运行的终端而言至关重要。

（二）常态化机制运行终端两重风险的防范

1. 从严把关制度，将善始善终工作作风一以贯之

防范高校党政领导干部讲思政课常态化机制运行终端"后劲乏力"问题导致的"善始不善终"的风险，应以制度把关的严格性为重点，将善始善终工作作风一以贯之，推进常态化机制运行"开好局""收好尾"。高校党政领导干部讲思政课常态化机制的顶层设计是确立方向、规划蓝图、定位内容的重要环节，主要在常态化机制运行开端起到开局作用，是高校党政领导干部讲思政课常态化机制运行的"准备阶段"。与此对应，高校党政领导干部讲思政课常态化机制的底层实践包括常态化机制的具体运行过程和评价反馈过程等环节，后者构成高校党政领导干部讲思政课常态化机制运行终端的主要内容，它涉及常态化机

制的"把脉问诊"和优化提升，主要在常态化机制运行的终端起到收官作用，是高校党政领导干部讲思政课常态化机制运行的"完成阶段"，某种意义上讲，又是下一轮常态化机制运行的起始阶段。如何认清、协调、解决高校党政领导干部讲思政课常态化机制运行终端可能出现的"后劲乏力"问题，进而化解"善始不善终"风险，成为重要的实践性课题。

在面对这一客观风险时，首先应从制度把关上严格常态化机制运行的全过程监督与反馈，及时梳理、回应、化解常态化机制运行终端的风险类别、风险源、风险后果，从制度的硬性规约上避免"后劲乏力"问题在高校党政领导干部讲思政课常态化机制运行终端的出现，从而消解常态化机制运行"善始不善终"风险，实现高校党政领导干部讲思政课常态化机制运行全过程的平稳、健康、可持续。从制度把关角度看，对高校党政领导干部讲思政课常态化机制运行终端的"把脉问诊"既是对制度建设的反思，也是对制度执行的审视。从严把关制度，需对高校党政领导干部讲思政课的课程建设进行整体性规范，科学划定常态化机制改革创新的手段、方式、范围，为常态化机制改革和创新正本清源，使其改革和创新既坚守源头活水，又避免故步自封，坚持"守正"与"创新"有机融合，从制度把关回溯制度建设的突出问题，通过解剖问题的内部结构，找准问题症结所在，实现常态化机制运行终端久久为功、持续发力。同时，还要强化制度执行力，严格相关文件精神和制度规定的执行，把制度建设与制度落实结合起来。高校党委书记、校长应不断发挥第一责任人作用，勇担常态化机制运行的重任，综合利用多元措施，推动制度把关、制度改革、制度创新、制度执行。此外，还可成立全国性的思政课建设督导机构，各地可设立相应机构加大对制度执行的督导力度，定期对制度执行情况进行监督、调研、反馈等。[①] 从严把关制度并非以强制性动作去规定具体的常态化机制运行，而是在制度规约、监督、调节下，将高校党政领导干部讲思政课常态化机制运行的善始善终工作作风一以贯之，避免"开局好""收官差"的不平衡性。

2. 打破单一结果评价，实现"质—量"结合的科学评价

防范高校党政领导干部讲思政课常态化机制运行终端"唯结果论"评价导

---

① 肖贵清：《论新时代思想政治理论课的制度化建设》，北京：《思想理论教育导刊》，2021年第4期，第98-104页。

致的"质—量"失衡风险，要从根本上打破结果评价的单一化思路，避免顾此失彼，实现"质—量"结合的多元评价模式，推动常态化机制整体评价的科学化。目前，部分高校对党政领导干部讲思政课常态化机制的评价仍处于失衡状态，主要表现为评价体系的客观性、灵活性、科学性欠缺，因而难以激发常态化机制运行的积极效应。以论文、课题、课程量等"数量优先"为主导的评价方式成为阻碍常态化机制得到科学评价的一大桎梏，评价导向及其支撑体系的这种失衡状态极大削弱了高校党政领导干部讲思政课常态化机制运行的顺畅性、创新性。综合来看，要突破这种"唯结果论""唯数量论"的评价理念与行为，根本上是要向传统的单一性评价模式开刀，继而建立一种系统性、全面性、灵活性的评价模式，避免评价活动的自我封闭与自我失衡导致常态化机制运行的阻滞。

常态化机制的整体性评价是一个系统工作，要综合考量各种因素及联系，评价指标项也应系统化、体系化地进行建构。同时，要把过程评价与结果评价、定性评价与定量评价有机结合，保证评价结果的客观、公正。[1] 在高校党政领导干部讲思政课常态化机制运行终端的评价中，量化评价、质性评价各有所长，也有自身不可避免的局限性。在选择评价模式时，不应当只依据一种评价方式或方法，要综合考虑评价模式的复合性，将量化评价、质性评价方法融合起来，实现评价方法与模式的科学化。[2] 那么，除了一般意义上的数量评价思维外，如何从质量上考察评价对象呢？这就需要从质量评价的内容与要素上进行梳理。从教师主体来看，高校党政领导干部作为思政课教师，对常态化机制的整体评价必然不能脱离对这一主体进行评价，主要涉及教学内容、教学态度、教学方法、教学效果等维度的评价，这些内容都是质量层面的评价。但是，要实现对党政领导干部作为思政课教师的有效评价，就必须以立德树人根本任务的推进为评价的"质量关"，主要考察教师的主导性作用、学生的主体性作用发挥的协调性。从思政课教学来看，高校党政领导干部作为思政课教师主体、学生作为

---

① 白双翎：《高校思政课教学评价指标体系构建研究》，沈阳：《现代教育管理》，2021 年第 9 期，第 49-55 页。

② 佘双好、张琪如：《高校思想政治理论课课程评价的特点及改革路径》，上海：《思想理论教育》，2021 年第 3 期，第 18-24 页。

教学对象，只有二者共同参与到常态化机制评价中来，既观照党政领导干部讲思政课教学实践的客观情况，又映射学生参与思政课互动的现实需要，才能将现实性、实践性、真实性理念融入常态化机制整体评价的过程中去。此外，在高校党政领导干部讲思政课常态化机制运行终端，还要克服"快餐化"评价，应坚持科学、公正的评价态度、评价方法，鼓励将质量而非数量作为常态化机制运行及其评价的目标与参考，在有效评价中及时发现问题、解决问题。最后，还需凭借多样化、专业化、科学化的评价形式提升学生主体能力、党政领导干部主导能力，实现二者平等、有效地沟通，① 为高质量的常态化机制运行及其评价提供互动、互融、互促、互进动力。

---

① 魏崇辉、徐梦萍：《高校思政课教师评价：理论基点、现实困境与构建路径》，哈尔滨：《黑龙江高教研究》，2021 年第 4 期，第 113–116 页。

结　语

新时代高校党政领导干部讲思政课是高校思想政治理论课建设的重要内容，开辟了高校思想政治理论课改革创新的新领域。作为党的优良传统的继承和发展，高校党政领导干部讲思政课在革命、建设、改革的不同时期，呈现出不同的内容、特点，被赋予不同的功能、使命。中国特色社会主义新时代，高校党政领导干部讲思政课如何规范化发展，以确保其持续性、有效性、价值性？本课题力图从三个维度、五个方面勾勒出高校党政领导干部讲思政课的常态化机制：从历史维度探索其规律；从理论维度探究其根本；从现实维度分析其问题、建构其体系、提升其价值。

从历史维度来看，高校党政领导干部讲思政课在不同历史时期经历了不同的发展历程。在新民主主义革命时期，为了教育革命群众，培养工农群众的革命意志，提升革命实践的科学性，形成了以革命实践为主题的党的领导干部讲思政课的优良传统。在社会主义革命和建设时期，分别形成了以建构思政课要素为主要职能和以发展思政课要素为主要功能的高校党政领导干部讲思政课实践特色。在改革开放和社会主义现代化建设新时期，高校党政领导干部讲思政课的功能向以育人为核心的领域转向，在培育"四有"新人的目标指引下其制度化发展不断得以完善。新时代，高校党政领导干部讲思政课被赋予新的使命和新的要求，更加强化其在"立德树人"根本使命实现过程中的独特性，这一阶段，高校党政领导干部讲思政课制度建设进入快速发展阶段，制度体系化建设成效显著，规范化的运行机制不断得到型塑，为新时代高校思想政治理论课创新发展提供了新动能。因此，新时代呼唤高校党政领导干部讲思政课常态化机制不断地优化和完善。

从理论维度来看，高校党政领导干部讲思政课是无产阶级政党建设理论的重要组成部分，是马克思关于无产阶级教育理论的实然呈现。本课题以马克思主义理论的根本立场、观点和方法为基础，从思想政治教育灌输方法、党政领导干部权威效应、中国共产党关于领导干部讲思政课的历史传统、领导干部自身责任意识的梳理起步，对高校党政领导干部讲思政课进行理论透视，即高校党政领导干部"为什么讲""如何讲""讲什么"，从理论层面分析高校党政领导干部讲思政课的应然性和必然性，为现实层面的实践提供理论支撑。

从现实维度来看，高校党政领导干部讲思政课常态化机制表征为包含不同构成要素的体系，在现实运作中，要素内部不同元素之间、不同要素之间、要素与体系之间的交互性过程，使得这一体系在发挥实效性的同时也产生了一系列问题，尤其是不同要素内部以及要素之间存在一些影响整体运转和持续发展的困境。基于此，本课题基于现实问题的存在，有针对性地提出问题解决的途径，即展开对现存高校党政领导干部讲思政课常态化机制的优化和建构，以促进其实现可操作性价值。在建构新的常态化机制的基础上，本课题从实然和应然相结合的视角对这一机制的评价展开分析，以期更好地促进其适恰性。在评价的基础上相应地提出了这一机制可能产生的问题及其如何防范的措施，从整体上提升新时代高校党政领导干部讲思政课常态化机制的意义和价值。

高校党政领导干部讲思政课常态化机制的细化研究是未来研究的一个重要方向。这一机制在顶层设计层面建构的同时，也必须考虑到实施差异化的问题，但是，由于本课题的研究取向以及一些客观条件的限制，在关于常态化机制运行差异化方面的研究没有展开论述。但不可否认的是，新时代高校党政领导干部讲思政课常态化机制的持续发展，必然是历史、理论和现实的不断统一，必然是这一机制在不断调适过程中而逐渐优化和完善。当前，高校党政领导干部讲思政课常态化机制在历史维度和理论维度两个层面基本达到统一，我们既传承和发扬了历史传统，也坚持以马克思主义理论为根本指导，确保这一机制在发展和运转过程中保持正确立场和方向。然而，如何将现实维度与其他两个维度更好地统一，以实现高校党政领导干部讲思政课常态化机制的有效性，进而整体上激发其价值的凸显，以更好地支持高校思想政治理论课的不断创新和发展，这是未来本课题将继续思考和研究的另一个重要方面。

　　高校党政领导干部讲思政课常态化机制既是对高校思想政治理论课内容拓展、方式创新、价值拔高的一项重要工程，也是加强党对高校思想政治理论课领导力的一项重要工作。未来，随着高校思想政治理论课关键性课程作用的不断强化，高校党政领导干部讲思政课常态化机制建设和运转将更具完善性、更为规范化、更显独特性，也将与高校思想政治理论课自身的创新和发展进一步耦合，两者同向同行。

后　记

　　《新时代高校党政领导干部讲思政课常态化机制研究》，是国家社科基金高校思政课研究专项"新时代高校党政领导干部讲思政课常态化机制研究"的最终成果。该成果以习近平新时代中国特色社会主义思想为指导，聚焦新时代高校党政领导干部讲思政课常态化机制，主要研究三个问题：一是从角色认知、革命传统、新时代转向以及政策回溯、追踪调查等角度出发，探讨高校党政领导干部讲思政课常态化机制何以必要；二是基于常态化机制的建构理念、建构内容、建构操作，探讨高校党政领导干部讲思政课常态化机制何以实现；三是从常态化机制的评价、常态化机制的问题及其防范出发，探讨高校党政领导干部讲思政课常态化机制何以优化。

　　本书着重突出了研究主题及内容的时代性、创新性、应用性。构建新时代高校党政领导干部讲思政课常态化机制，是高校思政课改革创新的新思路、新做法之体现，也是高校思想政治工作取得新进展、新成绩之途径。新民主主义革命时期开启党的领导人讲思政课传统，此后，党政领导干部讲思政课成为新传统。改革开放后，党政领导干部讲思政课的优良传统被不断继承和发扬，为党的思想政治工作注入活力。中国特色社会主义进入新时代，高校党政领导干部讲思政课被赋予个体层面的成长成才、国家层面的民族复兴双重价值意蕴。高校党政领导干部作为高校思政课建设的"领导者"和"责任人"，如何直接参与思政课建设，助推思政课高质量发展，为培养堪当民族复兴大任的时代新人提供持续不断的动力和支持，成为时代性课题。如何"讲好"的实际问题、如何"常态化讲好"的机制问题，是本研究面向的关键论题。通过研究，不仅梳理了高校党政领导干部讲思政课常态化机制建构的历史渊源和历史样态，而且得出了高校党政领导干部讲思政课常态化机制建构的必要性、可行性、实践性等结论，系统搭建起高校党政领导干部讲思政课常态化机制的理论体系，能够为高校思政课的高质量发展、高校思想政治工作的高质量发展提供一定参考。

　　在本书撰写过程中，充分体现了团队合作、协同配合精神，一些中青年学者参与了本研究的开展及本书的成稿。麦均洪、王晓丽负责全书的整体思路和框架统筹，带领青年学者共同完成本书撰写工作，并对全书进行统修定稿；王俊飞参与了第一章的撰写；徐鑫钰参与了第二章的撰写；张振卿、黄元丰、韩东旭参与了第三章的撰写；张振卿参与了第四章的撰写；闻鑫静、陈雨琪参与了校稿工作。

　　由于研究时间和能力所限，本书还存在行文上、内容上等方面的尚需完善之处，请广大学者和读者批评指正！

麦均洪

2023 年 10 月 1 日